LA SAGA DES « LYONNAIS »
(1967-1977)

Hubert Nivon

LA SAGA DES « LYONNAIS » (1967-1977)

Collection
« Documents »

le cherche midi

23, rue du Cherche-Midi, 75006 Paris

Vous pouvez consulter notre catalogue général et l'annonce
de nos prochaines parutions sur notre site Internet :
cherche-midi.com

Sommaire

À mes enfants et petits-enfants...
À tous ceux que j'aime... et,
À « mon pote le Gitan »...

Elle est à toi, cette chanson,
Toi l'étranger qui, sans façon,
D'un air malheureux m'a souri,
Lorsque les gendarmes m'ont pris...

Georges BRASSENS

Préface

Un jour de décembre 1999, alors que nous déjeunions ensemble, mon ami Hubert me fit part de son intention de rédiger un livre sur Lyon et les « affaires » qui s'y étaient déroulées entre 1967 et 1977. Puisque je me trouvais directement concerné, il me demandait de l'aider dans sa démarche, du moins pour l'histoire du « Gang des Lyonnais ».

Jusqu'à ce jour, je n'avais jamais accepté d'évoquer publiquement cet épisode de ma vie. C'est donc après avoir longuement réfléchi et pris conseil que je lui donnai mon accord.

Deux éléments ont emporté mon assentiment. Tout d'abord, je connais Hubert depuis de nombreuses années et je sais ses qualités de cœur et l'engagement social dont il a témoigné après sa libération. Bien qu'il soit retiré des « affaires » depuis bien longtemps, il a souvent tendu la main à d'anciens détenus afin de faciliter leur réinsertion. Ma contribution à son travail est donc aussi un moyen de rendre hommage à tous ceux qui, d'une manière ou d'une autre, épaulent des hommes en difficulté.

Puis j'ai pensé aux compagnons qui ont partagé cette aventure avec moi, et plus particulièrement à ceux qui m'ont quitté. Une part de ce livre leur est consacrée, une façon de faire revivre ces amis qui m'étaient si chers.

Bien évidemment, pour ne gêner personne, il subsiste quelques zones d'ombre dans ce récit. J'ai laissé à Hubert toute liberté d'interpréter mes propos et lui ai accordé toute ma confiance pour aménager les passages délicats.

Edmond VIDAL
« Momon »

Avant-propos

Si j'ai décidé d'écrire ce livre, ce n'est ni pour défrayer la chronique ni par provocation, mais pour apporter mon témoignage et celui d'amis proches sur les hommes et les événements d'une décennie riche et trouble à la fois.

1967-1977 : les Lyonnais n'ont pas oublié ces années qui ont profondément marqué la mémoire collective. Les affaires se succédaient, s'entremêlaient, se recoupaient. Elles firent couler beaucoup d'encre. Elles révélèrent les liens parfois troubles qui existaient entre le monde politique, la bourgeoisie, la police, et ce que l'on appelle aujourd'hui encore « le milieu ».

Ce fameux « milieu », je l'ai approché. Ma participation active à Mai 1968, l'immense espoir que je nourrissais alors d'une société plus humaine, puis le sentiment amer des injustices qui subsistaient et enfin une révolte personnelle mal maîtrisée m'ont amené à une sorte de « suicide moral ». J'ai franchi la ligne de la légalité et suis devenu, pour un temps, marginal. Certes, cette solution n'était pas la bonne... mais à guère plus de vingt ans, la passion l'emporte souvent sur la raison. Après six années de détention, de 1969 à 1974 (pour une participation à deux hold-up réalisés sans violence), je suis redevenu un citoyen ordinaire avec une famille, un emploi, des activités sociales.

Après ma libération, fin décembre 1974, j'ai éprouvé le désir de soutenir ceux qui restaient derrière moi. Je souhaitais leur donner un peu de cette chaleur que m'avait apportée des bénévoles tels que les visiteurs de prisons, ou les professeurs de l'organisme Auxilia qui, pendant cinq ans, m'ont permis d'évoluer. Tous ceux également qui, à travers leur engagement religieux ou philosophique, aident des hommes à terre à relever la tête. Ainsi, je suis heureux d'avoir pu, modestement, participer au lancement du Mouvement d'action sociale (MAS) et du centre d'accueil des familles des détenus de la prison Saint-Paul à Lyon, le « San Marco ».

En 1981, la Cour d'appel de Lyon, en prononçant ma pleine et entière réhabilitation, mettait un point final à ma mésaventure.

Si l'envie m'est venue de témoigner, ça n'est pas pour faire l'apologie d'un quelconque « milieu », mais bien pour en parler différemment. Je souhaite décrire les hommes concernés sous un autre jour, montrer aussi leurs qualités et leurs motivations. Si la lecture de ces pages permet à certains de nuancer les appréciations, souvent négatives, qu'ils pouvaient avoir sur ces personnages, alors mon but sera atteint.

J'ai conservé, bien qu'ayant quitté ce monde depuis fort longtemps, des amitiés fidèles avec des hommes dont la forte personnalité m'a impressionné. J'évoquerai certains d'entre eux.

Si j'ai pu mener à bien mon sujet, je le dois essentiellement à un personnage dont le nom demeure un symbole pour toute une génération de Lyonnais ; il a bien voulu faire appel à ses souvenirs. Grâce à lui, des portes se sont ouvertes. Cet homme, un des derniers grands « seigneurs » de ce monde parallèle, c'est Edmond Vidal, « Momon » pour les siens, le leader et la pierre angulaire de ce que les médias baptisèrent le « Gang des Lyonnais ».

Dans ce livre, certains protagonistes des événements évoqués ont eu la possibilité de donner leur opinion, voire, pour certains, un témoignage sur ce qu'ils ont vécu. Quelques-uns n'ont pas souhaité être nommés, car ils ne veulent pas que leurs erreurs passées puissent gêner leurs proches. Beaucoup ont cependant accepté de figurer en clair et je les en remercie.

GUY REYNAUD

« Le Dingue »... ou « le P'tit Guy »

Guy Reynaud fut le premier, à Lyon, à se voir surnommé « l'ennemi public n° 1 » par les médias, et ce dès 1968. D'autres suivront, mais il reste en quelque sorte un « précurseur », bien qu'il ait toujours été considéré comme en marge du milieu lyonnais traditionnel.

Enfant de la Croix-Rousse, où son père est matelassier, il connaît les moindres recoins et les « traboules » de son quartier. Sur les bancs de l'école, il se lie d'amitié avec Marie-Claude P..., qui, à partir de 1975, sera mieux connue sous le nom d'Ulla, l'égérie des prostituées lyonnaises. D'abord simple « blouson noir », il monte sa première équipe avec des copains de son quartier dans les années 60. Adolescent, il suit un apprentissage de tapissier, mais s'engage rapidement dans l'armée. Son retour à la vie civile se passe mal ; pour un cambriolage commis avec un ami d'enfance, Michel V..., il est condamné à dix-huit mois de prison. Envoyé en centrale, il y rencontre plusieurs truands d'envergure. Il entre alors dans la marginalité. Âgé de vingt-cinq ans au moment des faits qui lui sont reprochés, son aventure durera, en réalité, à peine plus de deux ans. En avance sur son temps, il est sans doute l'un des premiers à avoir utilisé des talkies-walkies lors de ses opérations en groupe. Sa notoriété fut largement entretenue par la presse. Je me suis parfois demandé s'il ne s'était pas senti obligé d'en faire toujours plus pour correspondre à son image de « dur ». L'ancien commissaire Charles Javilliey, responsable de l'enquête à l'époque, m'a semblé partager cet avis. Volontiers provocateur, Guy Reynaud envoyait des cartes postales au juge Renaud, en charge de son dossier, alors qu'il était recherché par toutes les polices de France !

Les médias l'appelaient « le Dingue » ou « la Terreur », ses proches ou connaissances, « le P'tit Guy », bien qu'il fût de taille moyenne (1,68 m). Intelligent et d'un abord facile, il aimait les discussions entre amis. Je me souviens des quelques conversations que nous avons partagées. J'avais alors vingt ans, et mon engagement politique constituait mon principal combat. J'essayais de lui faire partager mon idéal, car je le savais révolté contre l'ordre établi. Il m'écoutait, me tapait sur l'épaule... et éclatait de rire !

Le P'tit Guy m'a lui-même raconté l'affaire du Grillon, ce cabaret lyonnais dans lequel un entrepreneur d'Annonay, Roger Seive, fut tué en 1968. La version de Guy ne diffère pas de celle des témoins qui se trouvaient sur place, mais il m'a affirmé qu'au moment où il a sorti son arme, il cherchait seulement à impressionner son adversaire. Une personne présente ce soir-là au Grillon, et qui a réussi à quitter les lieux avant l'arrivée des secours, car allergique à toute fréquentation policière, m'a confirmé l'état d'énervement général qui régnait dans le cabaret. Dans l'excitation du moment, Guy Reynaud m'a certifié avoir appuyé sur la détente sans vraiment réaliser la gravité et l'absurdité de son geste. L'alcool consommé en grande quantité n'était sans doute pas étranger à cette attitude...

C'est seulement à l'automne 1967 que l'on commence à entendre parler de Guy et de sa « bande du Gros Caillou ». Elle se compose de quatre copains : Jean-Claude et Gilles Porta (ce dernier, malgré son jeune âge, dix-neuf ans, est déjà un spécialiste de l'ouverture des coffres-forts ; certains journaux le surnommeront « l'Archange du chalumeau ») ; Maurice Gilly, trente-huit ans, ancien routier, dont la maîtresse gère un bar rue Dunoir, et enfin Louis C... Ensemble, ils cambriolent, à Lyon, une petite fabrique de bijoux. Puis, le 15 janvier 1968, ils emportent le coffre-fort d'un supermarché Gro que Gilles Porta découpe au chalumeau dans un bois de Miribel... Beaucoup de mal pour un maigre butin ! Pour ce coup, un cinquième homme, Alexandre M..., s'est joint à eux ; on ne le reverra pas sur les autres affaires. Peu de temps après, dans la nuit du 23 janvier, ils découpent, sur place cette fois, le coffre-fort de la société Simca, rue de Bourgogne. Le remplaçant d'Alexandre M... s'appelle André Ben Arrab, un homme qui fera parler de lui pour ses démêlés avec le juge Renaud. Un certain Modesto G... rejoint également le groupe.

D'autres arriveront en chemin, avec plus ou moins de régularité : V..., Laputet, Tonietti, Delienne... Dans le courant du premier trimestre 1968, ils s'en prennent essentiellement à des grandes surfaces et montent des expéditions jusqu'en Saône-et-Loire, dans le Jura, à Lons-le-Saunier, à Arbois, à Givors (Le Capitole de Givors était ouvert depuis trois jours seulement !), à Gap, à Bourg-en-Bresse, et sans doute d'autres lieux que l'on ne connaîtra jamais. À la gare de Lyon Guillotière, ils déménagent un coffre-fort à l'aide d'un diable trouvé sur place et vont le découper dans un coin de campagne. L'aventure se révélera de courte durée pour cette équipe, mis à part Guy Reynaud... Ils seront en effet presque tous arrêtés courant mai 1968 par les hommes du commissaire Javilliey. Mais la relève ne se fera pas attendre bien longtemps.

Dans la nuit du 24 au 25 juin 1968, devant le bar Le Corsica tenu par les époux Marriagi, et alors que tout le quartier semble endormi, une longue série de détonations déchire le silence. Une voiture est passée au ralenti, conduite par Gilles Porta ; c'est de là que sont partis les coups de feu. Parmi les passagers, René Pourrade brandit un revolver ; quant à Guy Reynaud et Michel V..., ils manœuvrent chacun une mitraillette Sten. Michel V... a eu un différend avec les tenanciers du bar et quelques habitués. Il fréquente en effet une prostituée depuis peu. Le milieu corse, dont Le Corsica est un lieu de rendez-vous, a voulu interdire cette liaison et a tenté d'intimider l'indésirable en le mettant à l'amende. Le mitraillage constitue la réponse de Michel V... à leur mise en demeure. Il a recruté ses trois amis pour le seconder dans cette opération punitive. Le bar étant fermé à cette heure tardive, les balles ne blesseront personne, mais dix-sept impacts seront relevés, tant sur la façade qu'à l'intérieur du café.

Dans la soirée du 27 juin, la même équipe se livre à un second mitraillage, vers deux heures du matin, à Villeurbanne ; cette fois, ils visent le bar L'Homme de bois, dans le quartier du Tonkin, à l'angle de la rue Bonnard. Apercevant des clients encore attablés, ils se montrent prudents et ne tirent pas tout de suite, car ils ne veulent tuer personne. Lors de leur deuxième passage, ils reconnaissent un de leurs adversaires ; pour prouver qu'ils ne reculeront pas, ils lâchent en hauteur une trentaine de cartouches. L'une d'elles ricoche et touche à la fesse Louis Nourri, un consommateur qui ne s'est pas couché assez vite. La blessure se révélera sans réelle gravité et, lors du procès, le blessé ne viendra même pas témoigner.

Trois affaires conduisent les médias à s'intéresser à Guy Reynaud. Dans la nuit du 19 au 20 juillet 1968, cinq hommes pénètrent dans le supermarché Carrefour de Villeurbanne. Alain Baisa, qui y travaille, a révélé à Guy Reynaud l'existence d'un coffre-fort. Pour cette opération, le P'tit Guy a embauché ses amis proches, René Pourrade, Gilles Porta, Michel V..., ainsi que Dominique R... Dissimulés sous des passe-montagnes, ils braquent les employés encore présents sur le site et les enferment dans une réserve pour produits frais, prenant soin de leur laisser boissons, cigarettes, sacs de couchage et couvertures.

Gillou Porta, « l'Archange », découpe l'armoire blindée en deux heures, et la bande s'enfuit, sans incident ni violence, avec un butin d'environ 320 000 francs. Deux événements les ont particulièrement amusés. Tout d'abord, au début de l'opération, un livreur d'essence surgit et appelle de l'extérieur. Michel V... le reçoit, lui demande d'entrer en prétextant que le responsable de la sécurité veut lui parler puis, dès qu'il a franchi le seuil, le braque et le boucle dans la réserve avec les autres. Un peu plus tard, alors que Gilles Porta actionne le chalumeau, une voiture de police qui patrouillait dans le coin s'arrête devant le magasin. Deux policiers en descendent et se rendent au photomaton ; ils passeront un quart d'heure à se faire tirer le portrait et repartiront sans rien remarquer !

Hélas ! cette affaire conduira, indirectement, à un drame imprévu. Le 22 juillet, Guy Reynaud, accompagné de son frère Daniel, de René Pourrade et de Jean-Claude Porta, dit « Chriss », ainsi que de trois jeunes femmes, arrosent leur succès en faisant la tournée des grands ducs. En fin de soirée, ils arrivent dans le quartier des Célestins et entrent dans le cabaret Le Grillon, tandis que d'autres amis, dont Michel V..., choisissent Le Longchamp, situé juste à côté. Ils sont déjà passablement éméchés.

Pendant que Guy et René Pourrade discutent au bar avec le patron, qu'ils connaissent bien, son frère Daniel et Chriss prennent place à côté de la table qu'occupe un entrepreneur d'Annonay en Ardèche, Roger Seive. Ils sont excités, un peu bruyants, et bientôt Chriss s'accroche avec les hôtesses assises à la table de Roger Seive. Celui-ci se trouve au Grillon avec un ami pour fêter l'obtention d'un marché conclu dans la journée. Agacé par le chahut causé par Daniel Reynaud et Jean-Claude Porta, le portier et un consommateur, M. Perrin, essaient de les faire taire. Daniel menace alors le portier d'un couteau et lance un coup de pied au client.

Roger Seive intervient pour tenter de calmer le jeu. Une discussion entre lui, Guy et ses amis s'engage. On parvient finalement à trouver un terrain d'entente... et chacun se rassoit ! Mais le tumulte reprend vite et Roger Seive qui, comme tous les clients, a sans doute bu un verre de trop, intervient et élève la voix... Il les apostrophe avec force et leur adresse des menaces. Quelques insultes fusent, une bousculade s'ensuit. Comme il est très grand, Roger Seive toise Jean-Claude Porta. Ils ne sont plus séparés que d'un mètre. Guy Reynaud, sentant son frère et son ami en danger, quitte le bar et cherche à intimider l'entrepreneur en sortant l'arme qu'il porte toujours sur lui depuis qu'il se sait recherché.

Pour l'impressionner, il tire trois balles : une par terre, près de ses pieds, une autre à côté qui finira dans le piano, et la troisième, fatale : il a voulu viser le plafond, mais le coup est parti au moment où il levait le bras, touchant M. Seive entre le cou et l'omoplate. Ce dernier s'effondre, tué net. Guy Reynaud, que la scène a dessaoulé, ne veut pas croire à une telle absurdité, et déclare aux personnes qui se penchent sur la victime : « Vous ne voyez pas qu'il fait du cinéma ? » Il a beau regretter son geste inconsidéré, il ne peut revenir en arrière. Ses amis et lui s'éclipsent et vont se cacher sur les pentes de la Croix-Rousse, côté Saint-Clair, chez une amie de Guy, Josette F...

Gilles Porta est arrêté le 31 juillet 1968, après avoir tenté de se suicider en se tailladant les veines du poignet et en avalant des barbituriques. Dans la foulée, Daniel Reynaud et M. Tonietti sont interpellés, privant le P'tit Guy de ses alliés les plus fidèles.

L'arrestation de Daniel a lieu dans une rue de la Croix-Rousse, montée Saint-Sébastien, alors qu'il vient de déposer Guy et René Pourrade. Dans sa voiture, les policiers découvrent des sacs de monnaie provenant du casse de Carrefour.

Suite au drame survenu au Grillon, René Pourrade se constitue prisonnier le 9 septembre. Sa compagne d'alors, Chantal B..., est également arrêtée dans le quartier de la Croix-Rousse, alors qu'elle montait en voiture. La police trouve dans son coffre des armes et de l'argent du casse. Chantal fera un an de prison. Pourrade est un délinquant occasionnel et il estime que l'aventure est allée trop loin. Âgé de vingt-six ans au moment des faits, il est entré dans la marginalité un peu par hasard. Trompé par sa femme, il s'est mis à traîner dans les bars et boîtes de nuit, où il a rencontré Chantal, prostituée et sœur de l'un de ses coïnculpés, avec laquelle il s'est plus ou moins installé. C'est elle qui lui a présenté des amis en marge de la loi, dont Guy Reynaud, et c'est ainsi qu'il a participé au braquage du Carrefour. Condamné à huit ans de réclusion criminelle, il est libéré en 1974, reprend une vie normale avec sa femme (qui lui est revenue) et ses enfants. Il trouve un emploi comme grutier à la cimenterie Vicat, à Montalieu, dans l'Ain. Il meurt en 1977 dans un accident du travail. De l'avis de ceux qui l'ont connu, c'était un garçon charmant et toujours prêt à rendre service.

En novembre 1968, la police soupçonne Guy Reynaud d'avoir abattu un ancien complice, Gilles Pivot, proxénète à ses heures. Dans la nuit du 2 au 3 novembre, accompagné de son fidèle chauffeur [1], Étienne Delienne, Guy fait appeler Pivot alors que ce dernier se trouve au bar Le Longchamp, place des Célestins. Il lui demande de le rejoindre dans l'allée de l'immeuble voisin car il souhaite lui parler. La discussion s'anime ; Guy reproche à Pivot d'avoir séduit la compagne de son frère Daniel, alors en prison. Or les règles du milieu sont claires sur ce point. De plus, Guy n'a jamais caché son peu de sympathie pour les proxénètes... Quelques heures plus

1. Guy Reynaud avait besoin d'un chauffeur car il n'avait pas de permis de conduire.

tard, on découvre Gilles Pivot, grièvement blessé d'une balle de pistolet, devant la porte du Longchamp où il a tenté de se réfugier. Il ne survivra pas. Le motif de cette exécution est sans doute que Pivot, à cause de ses bavardages, portait la responsabilité de l'arrestation, en mai 1968, d'André Ben Arrab, Maurice Gilly, Louis Crotte, Modesto Garcia, Alexandre Méjean et Dikran Constantinian. On raconte aussi qu'aurait existé entre les deux hommes un problème de partage de butin ou de dénonciation ; une autre rumeur a couru dans le milieu, selon laquelle Gilles Pivot profitait de la situation délicate de Guy Reynaud pour lui louer, hors de prix, un appartement sur la Côte.

Franco Gabrielle, un homme présent au Longchamp ce soir-là, témoignera spontanément : il n'a pas assisté au règlement de compte, mais a accompagné le blessé dans l'ambulance qui l'emmenait à l'hôpital Édouard-Herriot (Grange-Blanche). Gilles Pivot, avant de mourir, lui aurait clairement confié, à deux reprises, que Guy Reynaud lui avait tiré dessus. Mais Franco Gabrielle rechignera à confirmer son témoignage ; durant le procès, le président de la Cour d'assises devra le faire amener de force par la police. On ne saura jamais pourquoi Guy Reynaud a abattu Gilles Pivot. Tous deux ont emporté leur secret dans la tombe.

Toutes les affaires n'ont pas été aussi sombres. L'une d'elles pourrait presque prêter à sourire. Au casino de Charbonnières, le 27 novembre 1968, quatre hommes font brusquement irruption dans le salon de la roulette où se trouvent quatorze personnes, joueurs et personnel confondus. Ces quatre hommes fort peu expérimentés ne sont autres que Guy et trois amis originaires de la Croix-Rousse ; ils raflent tout l'argent qui se trouve sur les tables et dans la caisse. Ils sont équipés, pour trois d'entre eux, de fusils de chasse à canons sciés, et pour le quatrième d'une carabine 22 long rifle, dérobés quelques jours auparavant à l'armurerie Bourret, avenue Félix-Faure. Ils repartent du casino avec 138 000 francs. En quittant la salle, Guy Reynaud se retourne et lance, non sans humour : « Eh bien, messieurs, soyez beaux joueurs, les jeux sont faits, rien ne va plus ! » Un des croupiers, interrogé, avouera qu'à aucun moment il ne s'était senti vraiment menacé... Les armes seront toutes retrouvées dans la Saône le lendemain du hold-up, un peu en aval du pont de Couzon, par des ouvriers mariniers qui draguent le fleuve.

Trois des participants seront vite arrêtés. Raymond Patureaux, Jean-Claude Roux et Jacky Étiévant ont été dénoncés avant même l'opération. Quelques jours plus tôt, un des indicateurs du commissaire Javilliey a en effet signalé à ce dernier qu'il avait surpris une conversation entre Guy Reynaud et les trois hommes, évoquant une possible attaque sur Charbonnières. D'autres éléments viennent étayer cette thèse, mais il en existe un plus prosaïque : le relevé d'une de leurs empreintes sur la vitrine de l'armurerie cambriolée.

Guy Reynaud trouve rapidement de nouveaux complices. Dès leur première opération, ils réussissent un coup de maître. Ils attaquent les deux chauffeurs convoyeurs de la Compagnie générale des voitures de Lyon, à l'angle de la rue Gentil et de la rue de la République, le 24 décembre 1968. Il fallait être « gonflé » pour tenter pareille entreprise à la veille de Noël... dans les embouteillages, et en plein quartier commerçant ! C'est en face de la banque, dans une Estafette jaune volée quelques jours auparavant et immatriculée avec de fausses plaques, qu'ils attendent la Simca 1000 des convoyeurs. Ceux-ci ont été retardés, d'une part parce qu'ils ont commencé leur tournée deux heures plus tard qu'à l'accoutumée, d'autre part en raison de la circulation dans la rue Jean-Detournes, où ils ont ramassé la recette du magasin Gro. C'est donc seulement vers 20 heures qu'ils arrivent devant la banque Veuve-Morin-Pons, 12, rue de la République, où ils doivent déposer les fonds. À peine sont-ils descendus de leur voiture que deux hommes encagoulés les menacent de leurs armes et leur arrachent les deux valises pleines d'argent. Les assaillants sautent à l'arrière de la camionnette en leur criant : « Joyeux Noël », et celle-ci démarre en trombe pour s'engouffrer dans la rue Gentil. Le butin se monte à environ 330 000 francs.

Cela ne pouvait pas durer bien longtemps... Recherché par toutes les polices de France, Guy est de plus en plus isolé, ses amis tombant les uns après les autres. Le dernier en date, un fidèle de la première heure, Michel V..., est arrêté fin octobre 1968 à Marseille, alors qu'il sort d'une boîte de nuit. Michel V... subira, sans jamais craquer, un interrogatoire tellement « poussé » physiquement qu'il m'a confié avoir mis plusieurs années à effacer ce souvenir de sa mémoire... Tant qu'il se terre dans son quartier de la Croix-Rousse, Guy échappe facilement, grâce aux traboules qu'il connaît par cœur et à la complicité de ses nombreuses relations, aux quarante officiers de police qui le traquent dans une dizaine de voitures radio, mais il sent l'étau se resserrer. Il a besoin de se faire oublier, aussi décide-t-il de quitter Lyon.

Alors qu'il s'est réfugié dans le Midi, à Théoule-sur-Mer, près de La Napoule, deux gendarmes en patrouille le remarquent, le 27 janvier 1969, sortant d'un hôtel en compagnie d'Étienne Delienne, qui lui sert toujours de chauffeur. En cette saison, la station balnéaire est peu fréquentée. Les gendarmes trouvent les deux hommes suspects et cherchent à contrôler leurs papiers. Aussitôt, Guy et Étienne tentent de prendre la fuite. L'effet de surprise a joué en leur défaveur et Delienne se fait vite rattraper. Malgré la résistance qu'il oppose, il sera finalement contraint de se rendre. Guy, quant à lui, parvient à s'échapper ; il arrête un automobiliste en le menaçant de son arme, l'extirpe de sa voiture et prend sa place au volant.

Mais il n'a pas été assez rapide : le temps qu'il redémarre, un gendarme surgit et l'agrippe par le bras gauche. Guy, qui tient son arme de la main droite, rechigne à tirer sur un représentant des forces de l'ordre. Pourtant, il veut à tout prix éviter les interrogatoires « musclés » régulièrement pratiqués à l'époque dans les bureaux du commissariat de la rue Vauban (les policiers appellent cela « le passage à la barre »). Pour être certain de ne pas parler sous la contrainte, il ne voit plus qu'une solution : se tirer une balle dans la cuisse gauche. De cette façon, on le conduira inévitablement à l'hôpital, où il se trouvera sous la protection du corps médical.

L'instruction de cette affaire sera confiée au juge Renaud. C'est le premier dossier important qu'il traite sur Lyon. Dès le début des auditions, des incidents éclatent entre lui et quelques-uns des prévenus dont, bien évidemment, Guy Reynaud. Les altercations les plus vives ont surtout lieu avec Guy et André Ben Arrab, ce dernier niant farouchement tout ce qui lui est reproché. Parfois, des insultes fusent, et la virilité de certains est souvent mise en cause. Suite à un accrochage plus violent que les autres, Guy Reynaud décide d'entamer ce qu'il appelle une « grève de l'instruction » et refuse de se rendre aux convocations du juge. Ce dernier le fait amener à son cabinet sur une civière, pieds et poings liés. Par le truchement de son avocat, Me Thomassin, André Ben Arrab tente de faire dessaisir le juge, l'accusant d'avoir, à son égard, une attitude franchement hostile et partiale. De nombreux témoins défilent, certains des accusés reviennent sur leurs aveux... L'instruction s'éternise. Dans le doute, le juge choisit d'incarcérer Georges B..., dit « Jo » ; l'équipe se retrouvait parfois chez lui, à Fontaines-sur-Saône, et notamment après le hold-up de Carrefour. Cet homme sera libéré avant le procès final ; l'enquête a en effet formellement établi qu'il n'avait agi que par amitié et n'avait participé à aucune action délictueuse.

À la fin de l'instruction, fin juin 1971, a lieu un récapitulatif des faits en présence des inculpés et de leurs conseils. Selon le juge, il est clair que Guy a été le meneur, le cerveau des opérations, tant pour la période qui précède son arrestation que durant sa détention. Voilà ce qui lui est reproché. Guy se défend comme un diable, traite le magistrat de bourreau, de sadique... Le ton monte, et Guy apostrophe François Renaud : « Est-ce que tu couches toujours avec ta greffière ? » Cette sortie déclenche immédiatement l'hilarité de ses complices. Hors de lui, le juge fait inculper Guy pour outrage à magistrat. Pour ce motif et pour une tentative d'évasion, il écopera de quatre mois de prison supplémentaires.

Le procès s'ouvre le lundi 19 juin 1973, soit cinq ans après les faits incriminés. Me François La Phuong assure la défense de Guy Reynaud (son premier défenseur était Me Nicolaï, décédé pendant l'instruction). En dépit de son manque d'expérience, chacun reconnaîtra le talent de ce jeune avocat lyonnais tout au long du procès (il deviendra par la suite l'un des ténors du Barreau lyonnais). Au total, dix-sept personnes comparaissent devant la Cour d'assises du Rhône, huit prévenus libres et huit détenus (le dix-septième, un Italien[1] en cavale, sera jugé par contumace). Certains

1. Il est décédé d'un cancer en 2001.

d'entre eux n'ont jamais été condamnés ; ceux qui ont un casier judiciaire n'ont été jugés que pour des affaires mineures. Dans le parterre des avocats se pressent les plus grands noms du Barreau lyonnais : Me Muselli défend Alain Baisa, Raymond Patureaux et Jacky Étiévant ; Me Thomassin, André Ben Arrab ; Me Soulier, Jean-Claude Roux, Me Ambre, Étienne Delienne et Maurice Gilly ; Me Breysse, Louis Crotte ; Me Renaud, Laputet ; Me Gardas, Modesto Garcia et enfin Me Muselli, Michel V... Face à eux, du côté de l'accusation, le Procureur de la République, M. de Bonnefoy des Aulnaies, et pour diriger les débats, le président Roche.

Au bout de deux semaines d'audience, parfois houleuse, l'avocat général requiert les peines. À la surprise générale, il ne demande pas la peine de mort pour Guy Reynaud. Son réquisitoire est empreint d'une certaine tolérance et, à plusieurs reprises, l'émotion est perceptible dans la salle. L'inculpation d'homicide volontaire pour la mort de Roger Seive a été retirée du dossier d'accusation contre Guy Reynaud. Les défenseurs plaident le lendemain ; certains se surpassent. Ils s'attellent à ramener à un juste niveau la dangerosité des inculpés. Compte tenu du réquisitoire, le verdict se révélera modéré. Guy Reynaud est condamné à vingt ans de réclusion criminelle, Michel V... à douze ans de la même peine, Gilles Porta[1], Louis Crotte, Maurice Gilly, Jacky Étiévant et Jean-Claude Roux à dix ans, René Pourrade et Raymond Patureaux à huit, Modesto Garcia et Laputet à cinq, Étienne Delienne à quatre ans et enfin Daniel Reynaud à un an. Contre toute attente, André Ben Arrab[2] se voit acquitté... mais il a quand même accompli cinq ans de prison préventive.

---

1. À sa sortie de prison, Gilles Porta ouvrira un bar, Le Bora-Bora, à proximité du palais de justice. Je m'y arrêtais de temps à autre pour bavarder avec lui, et il m'avait questionné sur les démarches à effectuer pour obtenir une réhabilitation. Mais le destin en décida autrement : l'homme qui l'a abattu ne lui a pas laissé le temps d'entreprendre quoi que ce soit.

2. André Ben Arrab connaîtra une fin tragique et sera abattu de plusieurs balles de colt 11,43 mm, dans son bar du quartier des Terreaux, Le Chambéry, dans la soirée du 1er juin 1977. La rumeur dit que le tueur était Raymond Vaccarizzi, lui-même assassiné par un tireur d'élite, le 14 juillet 1984, dans sa cellule de la prison de Barcelone. Ce soir-là, le tireur fit également feu sur la femme d'André

J'ai revu le P'tit Guy, fin 1987, au restaurant Le Florentin, à Fleurieu-sur-Saône. Il avait été libéré courant 1986, après dix-sept ans de réclusion purgés dans des conditions parfois atroces, notamment à l'hôpital psychiatrique de Villejuif, où calmants et antidépresseurs l'avaient transformé en zombi. Après Lyon et un court passage à Fresnes, il avait séjourné deux ans à la centrale de Muret, en Haute-Garonne. Je m'y trouvais aussi à cette époque, et nous avions eu de longues conversations dans la cour de promenade.

Le retrouver dans ce restaurant à Fleurieu était inattendu ; je me tenais accoudé au bar, discutant avec Roger, le patron. Tout à coup, Roger me dit : « Tiens, regarde, c'est Guy qui arrive. » Je suis sorti et me suis dirigé à sa rencontre sur le parking. Quand il m'a vu, ses yeux se sont mis à briller de joie. Nous nous sommes fait « la bise », et j'ai senti mon estomac se nouer tant l'émotion était forte. Nous avons assez peu bavardé car il était accompagné par des membres de sa famille et quelques amis. J'ai eu le temps de lui dire que j'envisageais un jour d'écrire son histoire, s'il en était d'accord, et il m'a répondu que bien qu'ayant toujours refusé de répondre à des journalistes, il acceptait sans problème de m'apporter sa coopération. Nous nous sommes quittés en nous promettant de nous revoir. Mais sa mort, quelques années plus tard, nous en a empêchés. Il avait vécu un temps avec une femme ; ensemble, ils avaient essayé de relancer l'atelier du père de Guy, mais le couple n'avait pas tenu. Depuis leur séparation, il vivait seul dans une chambre située au-dessus du Grand Café de la Soierie, place des Tapis, dans son quartier de prédilection, la Croix-Rousse.

Un soir, les clients de ce café, parmi lesquels un de ses amis d'enfance, Michel V..., et une copine de toujours, « Chouchou », ont vu de l'eau dégringoler du plafond. Inquiet, le patron du café monta à l'étage et frappa à la porte de Guy, en vain. Il appela aussitôt les pompiers qui ouvrirent la porte à l'aide d'un passe, et

---

Ben Arrab, Solange M., qui s'était réfugiée au fond de son bar, mais il rata son coup. La pauvre femme assistait pour la seconde fois à un règlement de compte : elle était en effet l'ancienne compagne de Claude Guerry (associé de Joanny Chavel), abattu sous ses yeux en septembre 1973.

trouvèrent Guy inanimé, le corps penché sur un lavabo. Il avait avalé une grande quantité d'eau et il semble qu'il se soit étouffé avec les médicaments qu'il ingurgitait à fortes doses. Je ne sais s'il existe un lien de cause à effet, mais son frère Daniel m'a raconté que, la veille au soir, il avait dîné avec lui ; avant de prendre congé, Guy lui avait posé la main sur l'épaule et avait déclaré : « Tu sais, Daniel, il ne faudra pas m'en vouloir. » Comme il s'étonnait de ce propos et en demandait la signification, Daniel avait obtenu une réponse évasive [1]...

Certains pensent qu'il a voulu en finir, d'autres que c'est un accident... Qu'importe ! Le P'tit Guy avait sans doute perdu depuis longtemps le goût de vivre ! Transporté à l'hôpital Saint-Joseph, il est décédé dans les heures qui ont suivi, à l'âge de quarante-sept ans, le 21 janvier 1991. La cause officielle du décès fera mention d'une infection pulmonaire (il fumait deux paquets de cigarettes par jour). Je reste cependant persuadé qu'il est parti usé, moralement et physiquement, par son séjour en prison.

Personne n'a approuvé la mort de Roger Seive, et Guy en a souvent parlé comme du plus grand regret de sa vie. En souvenir de nos conversations, je devais raconter l'histoire de Guy Reynaud sous un autre éclairage... Si, après m'avoir lu, quelques-uns changent d'avis sur un voyou qu'ils croyaient sans pitié, et acceptent aujourd'hui de le voir comme un jeune, dépassé par la réputation qu'on lui avait faite, alors je n'aurai pas écrit ce livre pour rien. Le P'tit Guy repose au cimetière de la Croix-Rousse. Une foule nombreuse était présente le jour de son enterrement.

---

1. Deux semaines avant sa mort, Guy avait remis son album de photos à son fils Robert, ce qui pourrait accréditer la thèse d'un départ volontaire.

PIERRE RÉMOND

«Nonœil»
1969

Le mardi 2 décembre 1969, en fin de matinée, la nouvelle éclate à Lyon comme un coup de tonnerre : Pierre Rémond, dit « Nonœil » (Paul, pour sa famille et ses amis), vient d'être abattu par la police, vers dix heures trente dans le quartier d'Ainay. Lors de l'intervention, deux autres personnes ont trouvé la mort : le compagnon de Nonœil, un Italien nommé Roméo Monari, ainsi que Jean Bianchini, un policier. Le troisième homme accompagnant Nonœil, Bernard Sabatier, a été arrêté sans dommage.

Comment a-t-on pu en arriver à un dénouement aussi tragique ? Peut-être parce que la violence est présente tout au long de cette histoire, et qu'elle est l'aboutissement logique des événements qui ont précédé, des années durant, la tuerie.

L'évocation de ce 2 décembre 1969 est aujourd'hui encore pénible pour ceux qui l'ont directement vécu, mais aussi pour les familles des victimes. J'ai rencontré bien des réticences avant d'obtenir certains témoignages. Un dicton populaire dit qu'il faut laisser les morts reposer en paix... Mais l'histoire de Nonœil se confond avec celle de Lyon et je ne me suis pas senti le droit de l'occulter. Les avis des deux parties en présence étant divergents sur le déroulement de cette journée, je me suis efforcé de demeurer objectif.

À propos de ce dossier encore sensible (Nonœil fait partie de la légende du milieu lyonnais et il ne se passe guère de semaine sans que son histoire soit évoquée dans quelque bar de Lyon), j'ai rencontré les anciens commissaires Charles Javilliey et Marcel Gaden, ainsi que les officiers de police Pierre Baume et Gabriel Pelisson, qui formaient alors l'équipe chargée de l'enquête. Seul Pierre Baume, présent sur les lieux, joua un rôle direct, lors de cette matinée meurtrière. J'ai aussi longuement discuté avec la personne la plus proche de Nonœil, son frère aîné d'un an, Pierre, « Youyou » pour les intimes. Ce dernier gérait une carrosserie à la Croix-Barret, dans le quartier de Gerland. Plusieurs fois champion de France (en 1971, 1972 et 1974) et du monde (en 1972 et 1974) dans la discipline des boules lyonnaises, Youyou représentait pour Nonœil davantage qu'un frère : un second père. Il fut constamment à ses côtés quand le besoin s'en ressentait. Il ne l'a jamais laissé tomber, même dans les pires moments, lui a rendu visite chaque fois qu'il était détenu, et l'a caché quand il était recherché.

Une « planque » avait été aménagée dans son garage, qui permettait de passer d'une porte camouflée, créée pour l'occasion, vers le fond d'un grand transformateur de l'EDF. Ayant réussi à se procurer des clés, Nonœil pouvait s'enfuir par là en cas de besoin. Youyou m'a parlé de son frère avec beaucoup d'émotion et de passion. « L'ennemi public n° 1 » avait certes des coups de colère, mais aussi et surtout des coups de cœur. À différentes reprises, Youyou a tenté de le raisonner, mais son frère était allé trop loin et ne pouvait plus reculer.

La seconde personne avec qui j'ai pu évoquer Nonœil est Christian V..., un des membres de sa seconde équipe. Il participa, de manière ponctuelle, à des actions marginales et de moindre envergure, ce qui n'a pas empêché qu'il soit lourdement condamné. À sa libération, à force de travail et d'acharnement, il a réussi à créer une entreprise et jouit à présent d'une position sociale confortable. Lui aussi me l'a dépeint comme un être attachant, serviable, plein d'humour ; un homme fidèle en amitié, respectueux des petites gens mais se déclarant sans ambiguïté l'ennemi des nantis et de l'ordre établi.

À bien des égards, l'histoire de Nonœil est passionnante. Il fut le premier sur Lyon à s'en prendre à certains éléments du milieu, et plus particulièrement aux tenanciers de maisons closes. S'il en avait eu la dimension politique, et s'il avait vécu au début du siècle, on aurait pu le qualifier d'anarchiste... C'est certainement la définition qui lui aurait le mieux convenu.

De toutes les équipes qui marquèrent l'histoire du banditisme à Lyon dans les années 60, la sienne se révéla sans doute la plus sanglante et la plus dangereuse. Les deux bandes qu'il dirigea se distinguèrent par leur audace et leur témérité, parfois leur inconscience. À chaque fois, cela se termina dans le sang. Après l'arrestation de la plupart des membres de sa première équipe, Nonœil s'enfuit en Espagne. Dès son retour, il monte un second gang qui devient rapidement opérationnel. Leur folle odyssée se finira en tragédie et met en scène des policiers, les commissaires Charles Javilliey, Louis Tonnot ou l'inspecteur Simmonin, qui se feront ensuite connaître des médias pour des affaires qui, à tort ou à raison, ont défrayé la chronique.

Pour Nonœil, né le 31 mai 1930 à Châtelard-en-Bauges (Savoie), le destin se montre peu clément et se manifeste très tôt. En mars 1930, sa mère, enceinte de sept mois, et son père, ancien combattant de la guerre 14-18, rentrent d'une foire où ils ont travaillé. Ils sont arrêtés par les gendarmes pour une histoire de contrainte par corps contre Michel Périoche, le père de Nonœil. En fait, l'amende ayant justifié cette contrainte a déjà été réglée. Les gendarmes profitent de l'occasion pour contrôler leur vieux camion américain, un Wytt datant de la Grande Guerre, et intiment au couple l'ordre de descendre rapidement. Un peu nerveuse, Mme Périoche trébuche sur le marchepied et tombe sur le ventre. Cette histoire, Nonœil la connaissait. Son frère aîné me l'a racontée. Enfant, il est souvent la cible des gendarmes qui, à cause de son strabisme, l'interpellent méchamment : « Dis donc, toi, le loucheur, viens voir par ici. » Ils lui font subir brimades et vexations. Selon son frère, Nonœil en souffrait ; dès l'âge de 10-12 ans, il affirmait qu'un jour il se vengerait de ces affronts.

Adolescent, alors qu'il taille des arbres chez un agriculteur, la tronçonneuse glisse et lui entaille sérieusement le bras droit. À dater de cet accident, il garde des séquelles douloureuses et ne peut plus se servir de son bras que partiellement.

En 1951, à Saint-Claude (Jura), il épouse Jeanne Vetter, qui lui donnera deux enfants. Il se stabilise, trouve un travail régulier. Mais le mariage bat de l'aile, et le couple se sépare rapidement. Nonœil commence à avoir quelques démêlés avec la justice et est condamné pour proxénétisme. C'est lors de ces séjours en prison qu'il se fait tatouer un grand Christ dans le dos. Son père, Michel Périoche, est devenu sur le tard une sorte de patriarche gitan, un chef de tribu respecté. Passionné d'échecs, il s'est fabriqué une machine fonctionnant à l'aide de poulies, de courroies et de leviers, qui lui permet de jouer seul.

Durant les années 1967-1968, Nonœil se lie d'amitié avec des noms connus du milieu lyonnais, tels que Roger Ribes, Roger Osternaud ou Régis Roche, dit « Pierrot ». Sa première équipe se compose de Jean-Louis Beneyton (« Gros But »), Roger Decrossac, Émile Périoche (un de ses neveux, aussi appelé « le Chinois »), Michel Lautissier (« le Parigot »), J. L..., Adrien Maestracci (« le Tigre ») et enfin Nicole Trouillet, la nouvelle compagne de Nonœil. Ensemble, ils commettent plus de quatre-vingts hold-up ou cambriolages. Il serait fastidieux de tous les évoquer. Trois ou quatre affaires marquent cependant les esprits à l'époque. La première, qui se déroule le 30 mars 1968, ne présente rien de dramatique, mais elle est plutôt amusante. Nous sommes à Alixan, sur la route entre Romans et Valence, vers deux heures du matin. À l'hôtel-restaurant cabaret Le Royans, accessoirement hôtel de passe, la gérante, Maria B..., voit entrer un homme jeune, assez grand, portant des lunettes fumées. Il s'agit de Roger Decrossac ; il commande un « baby », jette un œil sur la salle, boit rapidement son verre, demande « combien », règle et s'en va. En tout et pour tout, il n'aura prononcé que deux mots. Un quart d'heure plus tard, il revient, cette fois accompagné de quatre hommes, tous chaussés de lunettes noires et munis d'une arme de poing.

Ils braquent une douzaine de personnes, clients, entraîneuses et personnel. L'un d'entre eux, Jean Beneyton, arrache les fils du téléphone pendant qu'un autre, Émile Périoche, menace l'assistance avec un gros revolver. Ils vident la caisse, prennent l'argent des clients et les bijoux des dames. Puis, tranquillement, ils leur ordonnent de se déshabiller et se font servir le champagne tandis que deux d'entre eux entraînent la gérante et une pensionnaire, Gisèle M..., dans les chambres. La gérante précisera aux policiers lyonnais venus enquêter que « le sien » ne s'est même pas déshabillé et qu'il a gardé ses lunettes, et son revolver à portée de main ! Gisèle M..., quant à elle, observera que celui qui l'a emmenée s'est montré beaucoup plus doux.

Près de deux mois s'écoulent, et le commissaire Jacques Reillac, sous-directeur de la police judiciaire, prend l'affaire en main. Il convoque les policiers pour un briefing au cours duquel sont exposés les différents méfaits attribués à cette équipe ; il compare les divers éléments relevés lors des enquêtes. C'est ainsi que le commissaire Charles Javilliey, prenant connaissance des témoignages dans lesquels revient régulièrement la description d'un homme affublé d'un fort strabisme, pense tout à coup à Pierre Rémond. Il l'a croisé à la carrosserie, chez son frère Youyou, et celui-ci lui a d'ailleurs adressé des menaces sans équivoque. Il n'est sûr de rien, mais il garde tout de même ce nom présent à l'esprit. Peu de temps après, un indicateur de Valence confirme au commissaire Javilliey, par l'intermédiaire de l'officier de police Poncet, les noms de Nonœil, Decrossac et Émile Périoche, dit « le Chinois ».

Dans les mois qui suivent, le gang réalise de nombreux hold-up, toujours à bord de Citroën DS 19 ou ID, tant en banlieue parisienne que dans la région lyonnaise. Ils opèrent jusqu'à cinq ou six fois par semaine. Tous les services de police sont sur les dents, quand un indicateur appelle Charles Javilliey pour lui demander d'intervenir en sa faveur auprès de la Sûreté de Lyon, car il a été contrôlé alors qu'il est interdit de séjour dans cette ville. Il lui propose d'échanger ce service contre des informations qu'il détient sur la bande qui sévit dans la région. Bien entendu, le policier accepte et, en quelques minutes, arrange son affaire avec ses collègues de la Sûreté. Cet informateur confirme à Javilliey que la bande qu'il traque est composée de Pierre Rémond, Roger Decrossac, Émile Périoche, ainsi que de plusieurs Lyonnais dont il ignore l'identité, et que leur chef est bien Nonœil.

La police met immédiatement sous surveillance les différents points de chute où ils sont susceptibles de se rendre, dont la carrosserie de la Croix-Barret à Gerland. Les familles des suspects sont également guettées, mais en dépit de ce déploiement, les « planques » ne donnent rien. Les hold-up continuent de plus belle. Lors de l'attaque du Crédit Lyonnais de Miribel, Decrossac s'est même offert le luxe de faire passer, par l'intermédiaire du directeur de l'agence, un message au commissaire Javilliey. Brandissant sa mitraillette, il a déclaré : « Dites à Javilliey que là-dedans, il y a au moins une balle pour lui, et que dans tous les cas, il ne m'aura pas vivant. »

Juste après le braquage de Miribel, un autre indicateur dénonce Decrossac et un complice inconnu jusque-là, Gilbert A..., qui vient juste de rejoindre l'équipe. Il annonce au commissaire qu'ils préparent un hold-up dans une grande bijouterie du quartier des Jacobins. Une souricière est immédiatement mise en place. Le 20 juin 1968, dans la soirée, au n° 48 de la rue Édouard-Herriot, le GRB (Groupe de répression du banditisme, appelé aussi Brigade anti-gang) intercepte, sans anicroche, trois hommes. Deux d'entre eux sont maîtrisés, mais le troisième parvient à s'enfuir. On emmène les prisonniers au commissariat de la rue Vauban, où ils subissent un interrogatoire serré... Vers minuit, ils finissent par craquer et avouent leur participation à de nombreux méfaits. Mais surtout ils donnent les noms de leurs équipiers, dont celui de J. L..., le troisième homme.

Ils seront tous arrêtés, parfois avec de grandes difficultés. À Pont-de-Claix, J. L... se barricade, et il faudra plus de cent gendarmes ou CRS pour le forcer à la reddition. Michel Lautissier, « le Parigot », est appréhendé le 31 août 1968 à Buenos Aires, en Argentine, où il sera condamné à deux ans de prison pour trafic de stupéfiants, en attendant d'être extradé vers la France. Cependant, Nonœil a réussi à fuir en Espagne en compagnie d'un autre rescapé, son neveu Émile Périoche, « le Chinois », ainsi que de leurs compagnes respectives, Nicole Trouillet, 31 ans, et Monique Lautissier, 21 ans, la sœur de Michel. Les policiers savent que Nonœil a suffisamment d'ascendant sur le milieu pour remonter rapidement une équipe. Aussi repartent-ils immédiatement en chasse !

C'est le commissaire Juan Chamorro, de la police de Barcelone, qui les repère place Cataluna, à la pension de famille Ginebra où ils ont élu domicile. Il en informe ses collègues français. Le commissaire espagnol a été aiguillé par une information venue de la Brigade de recherches et d'intervention de Paris (BRI) du commissaire Le Moël. Le repérage s'est effectué en deux temps : tout d'abord, les faux papiers que détenaient Émile Périoche et Monique Lautissier (respectivement Hubert Reille et Monique Servet) ne sont pas passés inaperçus ; ensuite, « Fabienne », une prostituée bien connue sur le boulevard Laurent-Bonnevay, a indiqué à la PJ de Lyon que le Chinois, Nonœil et leurs amies se trouvaient à Barcelone. Elle a prévenu les policiers pour éviter que son homme, un proche de Nonœil, ne soit inquiété par la police espagnole.

Les Espagnols repèrent les deux couples de fugitifs grâce à l'enregistrement de leurs faux noms sur les fiches de police de la pension de famille (l'Espagne vivait encore sous le régime franquiste et les contrôles étaient nombreux). Ils préviennent leurs collègues français, mais s'opposent, en raison de la loi espagnole, à ce que les hommes du commissaire Javilliey participent directement à l'arrestation. Ces derniers ne pourront qu'assister, de loin, à l'opération du 27 novembre 1968. Bien que l'un d'entre eux, le commissaire Marcel Gaden, ait mis les Espagnols en garde sur la dangerosité de Nonœil et du Chinois, et leur ait conseillé d'opérer plutôt par la ruse, ils ont choisi d'utiliser la manière forte. La suite prouvera qu'ils ont eu tort de les sous-estimer !

À la pension de famille Ginebra, lorsque les policiers espagnols se manifestent, vers 22 heures, des coups de feu sont échangés dès les sommations réglementaires. On ne saura sans doute jamais qui a tiré en premier. Les deux compères laissent leurs femmes à l'étage supérieur et tentent une sortie, sans succès, car les policiers ont envahi tout l'hôtel. Émile Périoche est tué sur le coup, d'une balle en plein cœur, et deux policiers espagnols sont blessés. Nonœil profite de la confusion provoquée par la fusillade pour sauter par la fenêtre et passe du balcon du troisième à celui du second ; c'est là qu'il reçoit une balle tirée par un policier. Blessé, il force la porte-fenêtre d'une chambre et s'enfuit par l'escalier.

Arrivé dans la rue, il se retrouve face à un taxi dont le moteur tourne au ralenti. Menaçant le chauffeur de son arme, il l'oblige à démarrer en trombe et disparaît en direction de la France. Nicole Trouillet et Monique Lautissier, qui est enceinte, sont arrêtées et écrouées à Barcelone. Elles nieront avoir eu connaissance des activités de leurs compagnons. Nicole, l'amie de Nonœil, sera extradée vers la France six mois plus tard, en juin 1969, et remise en liberté le 2 décembre, jour de la mort de son amant.

Juste après cette opération coup de poing, les policiers ratissent la Catalogne et mettent la main, à Massanet de la Selva, sur un autre complice de Nonœil, Adrien Maestracci. Plusieurs Français réfugiés en Espagne tomberont également dans leurs filets, dont Francis Vanverberghe, bientôt connu sous le sobriquet de « Francis le Belge ». La Guardia Civile ayant découvert plusieurs armes dans le refuge de Maestracci, il est écroué à Gérone le 6 décembre 1968.

Nonœil, blessé au bas-ventre, va réaliser un véritable exploit en traversant les Pyrénées, alors enneigées, à pied et sans équipement. Bravant l'hiver rigoureux, il choisit de passer par les chemins muletiers. Il doit se cacher des hélicoptères de la Guardia Civile et échappe de peu à leur tir, près de Bourg-Madame, dans les Pyrénées-Orientales. Arrivé du côté français, épuisé et en loques, il est pris en stop par deux employés d'EDF, auxquels il raconte qu'il a eu un accident. Ils l'emmènent à Perpignan où il pourra se restaurer et acheter des vêtements neufs, ainsi qu'un chapeau et des lunettes. Il reprend alors contact avec Lyon, et un membre bien connu du milieu, Régis Roche dit « Pierrot », lui envoie des amis de la région. Ceux-ci le récupèrent à Sète et le déposent à la gare, d'où il prend le train pour Vienne. Grâce à des échanges téléphoniques codés entre « Pierrot » et « Youyou » (les coups de fils sont passés depuis le restaurant La Mère Vittet, la Brasserie Georges et autres lieux publics), Youyou, accompagné d'un ami fidèle, René C..., prend à son tour son frère en charge à sa descente du train, à Vienne.

Après avoir reçu des soins, Nonœil raconte à plusieurs reprises son histoire dans les bars de Lyon, en particulier chez Jeannot dans le quartier de Gerland, où son frère Youyou tient sa carrosserie. Il fait également savoir autour de lui qu'il tient les commissaires Javilliey et Gaden pour responsables de la mort du Chinois et qu'il se réserve le droit de les « flinguer », si l'occasion se présente. Dès son retour d'Espagne, Nonœil est entré dans la légende ; il sera désormais craint et respecté par le milieu.

Après quelques mois, il revient sur le devant de la scène avec une nouvelle équipe : Roméo Monari dit « Lucien », un Italien de 28 ans évadé de la prison d'Alessandria (Italie) où il purgeait une peine de huit ans pour hold-up, considéré comme le premier lieutenant de Nonœil ; Pierre Pourrat, 41 ans, Louis Guillaud, 40 ans, Claude Parent, Jean Reinosa, Christian V..., 23 ans, Michel Four,

25 ans, Libério Gabayet, 37 ans, Jean Delussinges, 38 ans, et enfin un proche de l'entourage de Jeannot Augé, Henri Simonelli, dit « Riri », 33 ans[1]. De juillet à décembre 1969, Nonœil est hébergé dans une villa, avenue Paul-Delorme à Sathonay-Camp, par sa nouvelle maîtresse, Yvette Adler, veuve d'un ancien associé de Youyou. C'est ce dernier qui les a présentés et il semble qu'ils se soient plu immédiatement[2].

On entend parler de cette équipe pour la première fois le 5 septembre 1969, à l'occasion du meurtre de Jean Monin, ancien ferrailleur et retraité du milieu, qui rendait de temps à autre de menus services en arbitrant les conflits entre truands. Monin a sollicité une entrevue avec Nonœil, au Annie Bar, quartier Sainte-Irénée ; il tente d'intercéder auprès de lui afin qu'il abandonne les mises à l'amende des tenanciers de maisons closes tels que « Gaston la Pute », Dédé de Sathonay, le Grand Marcel ou Louis Bassot. Le rôle qu'il a joué dans cette affaire semble particulièrement trouble. Les individus cités, et bien d'autres, brassaient d'autant plus d'argent dans la prostitution hôtelière qu'ils bénéficiaient de « condés », ces autorisations tacites que la police leur octroyait en échange de renseignements.

Nonœil ayant refusé la conciliation, des bruits persistants lui viennent aux oreilles, rapportant que Jean Monin voudrait le « donner » à la police. Nonœil décide alors d'abattre le vieux truand. Il le cueille chez lui, rue Courteline à Villeurbanne, pendant qu'il dîne. Il lui tire dessus à travers une fenêtre : une balle à sanglier, avec un fusil de chasse.

Le 28 novembre 1969, François Lannes, 27 ans, un magasinier qui habite le VIIIe arrondissement, est assassiné. Nonœil ne connaît pas cet homme, mais le hasard l'a placé sur son chemin. Dans le courant du mois d'avril, François Lannes s'est séparé de sa femme. Depuis, il boit beaucoup et devient alors agressif et violent. Ancien sportif de bon niveau, il est doté d'une constitution athlétique, ce

1. « Riri » Simonelli sera assassiné à Paris, au restaurant Le Gentilly, en même temps que « Pépé » Nesmoz et Daniel Renard, le 19 mai 1973.

2. Yvette s'occupait à Paris de leur obtenir de faux états civils, en vue d'un prochain départ en Amérique du Sud, lorsqu'elle apprit la mort de son amant.

qui le rend très sûr de lui. Il a passé la soirée au restaurant Le Relais fleuri rue du Transvaal. Vers 23 h 15, sur le boulevard de ceinture, et à la suite d'un dépassement mal réalisé, la voiture que conduit Nonœil, avec à son bord Louis Guillaud («la Carpe»), gêne celle de François Lannes. Ce dernier, vexé, les poursuit et, parvenu à leur hauteur, les insulte copieusement.

Il leur demande de s'arrêter pour s'expliquer, «s'ils sont des hommes»... ce qu'ils font un peu plus loin, près de Jonage. Lannes possède un avantage physique sur eux, mais il ne s'attend pas à se trouver face à des adversaires aussi décidés. Une bagarre commence. Les trois hommes échangent des coups, puis Louis Guillaud sort de sa poche un pistolet automatique Beretta de calibre 7,65. Il donne des coups de crosse sur la tête de François Lannes. La tension est à son comble. Devant la résistance du magasinier, qui risque de prendre le dessus, Louis Guillaud tire une première fois au niveau de la poitrine, puis une seconde dans la tête... Lannes est tué net. Afin de retarder les recherches, Nonœil et Guillaud camouflent le véhicule au bord du canal de Jonage, puis arrosent d'essence la R 8 du magasinier, dont le corps a été placé sur la banquette arrière, et y mettent le feu. Cela ne servira pas à grand-chose. La nuit même, Guillaud est appréhendé au Café de la Mairie, à Miribel. Des clients ont appelé la police, car Guillaud est en pleine bagarre avec Yves Luya (pour des motifs restés inconnus). Au cours de leur intervention, les policiers fouillent le bar; au milieu de la cour qui jouxte l'établissement, ils trouvent sur le sol un chargeur de pistolet automatique de calibre 7,65 mm contenant cinq cartouches. À un portemanteau, ils repèrent un pardessus taché de sang et y découvrent un pistolet de calibre 7,65 mm et de marque Beretta. Ils s'enquièrent de son propriétaire, mais Louis Guillaud, que des témoins désignent, nie formellement reconnaître ce vêtement. Il sera cependant inculpé. Grâce à Me Breysse, qui assurera sa défense, il bénéficiera, en 1972, d'un non-lieu pour le meurtre de François Lannes.

Nonœil n'a pas été inquiété par la police. Il reprend ses activités de plus belle. Entre juillet et novembre 1969, les hold-up se succèdent. Cependant, et c'est peut-être ce qui le perdra, Nonœil se met à racketter de plus en plus de bars, d'hôtels de passe, de «clandés» et autres boîtes de nuit. La terreur qu'il inspire pousse certains à quitter Lyon momentanément ; quant aux autres, ils paient les amendes qu'il leur inflige... Une chose est sûre, il se fait des ennemis prêts à tout pour l'abattre ! Lorsqu'il passe dans les bars, les hôtels louches ou les clandés qu'il veut « taxer », souvent accompagné de son fidèle lieutenant Roméo Monari, il explique aux tenanciers qu'il compte sur eux pour lui procurer de l'argent afin de quitter la France et de gagner l'Argentine. Comme il n'entend pas vivre au rabais, il fixe le montant de ses besoins à cinq millions de francs. À ceux qui n'ont pas l'air de saisir, il dépose dans la nuit un pot de chrysanthèmes devant la porte... de manière à ce qu'ils comprennent mieux le message ! C'est l'un de ces « mis à l'amende » qui fournira les premières indications qui permettront à la police de tendre le piège de la rue Franklin. Il révèle au commissaire Javilliey le modèle de la voiture (une Renault 16 blanche) utilisée par Nonœil et son numéro d'immatriculation. Grâce à ce numéro, les policiers identifient le propriétaire du véhicule, qui se trouve être le garage Maggiore, rue Franklin, dans le quartier d'Ainay. Le commissaire Javilliey y envoie un inspecteur, M. Algudo, qui revient peu de temps après avec deux informations : l'homme qui a loué la R 16 s'appelle Bernard Sabatier. Âgé de 24 ans, il s'agit d'un petit truand peu connu, vaguement proxénète. M. Algudo a de plus pris rendez-vous le soir même avec la secrétaire chargée de faire signer les contrats, Marie-Claude U... Il doit l'emmener au restaurant.

Le lundi 1er décembre en fin d'après-midi, l'inspecteur, qui s'est lié d'amitié avec Marie-Claude, informe le commissaire que celle-ci l'a appelé pour lui signaler le passage imminent de Sabatier à l'agence. Sabatier a prévenu qu'il viendrait le lendemain matin au garage changer la R 16, car elle présente quelques problèmes mécaniques. Un plan est immédiatement mis sur pied pour coincer Nonœil, dont on devine qu'il ne se déplacera pas en personne au garage Maggiore. Aussi, dès le mardi 2 décembre à 8 heures du matin, une vingtaine de policiers, dont plusieurs détachés d'un service parisien, se postent aux environs du garage. Une voiture a même été placée au bord de l'autoroute, près de la raffinerie de Feyzin, en direction du sud, car on sait que Nonœil affectionne particulièrement la région de Valence, où il compte de nombreux amis et de la famille. Dans le même temps, la carrosserie de la Croix-Barret à Gerland est sous contrôle des officiers de police Gabriel Pelisson, Pierre Scotto et René Cicerello. Enfin, les inspecteurs Thevenon et Isman font le guet devant l'Eden Hôtel, rue Confort, un clandé tenu par Nicole P..., compagne d'un des associés de Nonœil.

Dans le quartier d'Ainay, vers 9 h 30, ce même 2 décembre 1969, la vie s'écoule paisiblement au Café de la Mairie. La façade principale, où se trouve la porte d'entrée de la clientèle, se situe rue Franklin ; une porte de service donne dans une petite rue perpendiculaire, la rue d'Enghien. Elle n'est utilisée que par les livreurs ou la propriétaire, Marie-Louise Schmitt qui, à cette heure-ci, sert des cafés ou des petits blancs et prépare quelques casse-croûte pour les ouvriers du coin. En tout, une quinzaine de consommateurs sont attablés. La police a placé deux voitures radio, une 4 L (en code « Métro 9 ») et une R 8 (en code « Velours ») aux abords immédiats, l'une rue d'Enghien, l'autre rue Franklin. Quatre officiers de police, Pierre Baume, Guy Martelloni, Foignier et Lelièvre, en sortent et pénètrent dans le Café de la Mairie. Ils boivent un « petit noir » en attendant la suite des événements, sans avoir montré leur carte de police. Le brigadier Jean Bianchini se tient près du garage Maggiore et observe attentivement les clients qui entrent.

À 10 heures, une R 16 blanche se gare, rue d'Enghien, juste derrière la 4 L des policiers. Trois individus en descendent. Ils scrutent les alentours, puis se scindent en deux groupes : le plus jeune des trois se dirige vers le garage Maggiore, situé à une vingtaine de mètres, et les deux autres vont au café. Nonœil entre le premier, suivi de Roméo Monari ; ils s'accoudent au comptoir. Nonœil prend soin de se placer au fond, près du percolateur ; dos au mur, dans l'angle formé par le bar et la cloison, il garde le regard braqué vers la porte et commande trois cafés. Rien de ce qui se passe autour de lui ne peut lui échapper, pas plus que les allées et venues dans la rue, qu'il scrute à travers les larges baies vitrées. Sa main gauche reste enfoncée dans la poche de sa gabardine. Monari, accoudé au bar, côté porte, se montre aussi attentif et méfiant que son chef. À la table des policiers, on a reconnu Nonœil et c'est la stupeur : ils ne s'attendaient pas à lui tomber dessus aussi facilement.

Pierre Baume réagit le premier et prend les choses en main. Il invite ses collègues à sortir avec lui, comme de simples ouvriers partant au travail. Pendant ce temps, Bernard Sabatier est arrivé au bureau de chez Maggiore. En le voyant s'approcher, la secrétaire, Marie-Claude U..., lui adresse un signe discret et désigne un bout de papier sur lequel elle a écrit : « Attention, tout autour, c'est plein de poulets. » Cette attitude incompréhensible, si l'on se rappelle que cette femme a elle-même prévenu la police de la venue de Sabatier, ne peut s'expliquer que de deux façons : soit c'est son employeur qui lui a donné l'ordre d'appeler, soit elle a réfléchi durant la nuit à la gravité de son geste ; ne voulant pas causer la perte d'hommes qu'elle connaît à peine, elle a alors voulu se racheter en prévenant Sabatier... Mais voilà, il est trop tard !

En voyant Pierre Baume et ses trois collègues sortir, Nonœil a sans doute un pressentiment. Il sort précipitamment et balaie la rue du regard, puis revient s'installer dans le même angle, dos à la cloison. Il répétera son manège plusieurs fois ; sa nervosité est palpable. À ce moment, Bernard Sabatier, qui a garé rue d'Enghien la nouvelle R 16 blanche louée chez Maggiore, les rejoint. Les policiers se sont éloignés tranquillement, prenant soin de ne pas se trahir par une hâte inopinée. L'officier Baume rejoint la 4 L ; en se dissimulant derrière un journal, il appelle sur la radio du véhicule le commissaire Charles Javilliey, pour s'enquérir de la marche à suivre.

Le commissaire hésite, car il craint les réactions de Nonœil, qu'il sait acculé et qui fera tout pour s'échapper. L'avis de ses collègues s'avère unanime : il faut intervenir immédiatement, dans le café. Un élément plaide en faveur de cette solution : les consommateurs sont attablés de l'autre côté de la salle, seuls les trois gangsters sont au bar. Le risque de blesser un des clients est donc minime. Après quelques hésitations sur la méthode à employer, Charles Javilliey décide que Pierre Baume, assisté des trois autres policiers, doit passer à l'action pendant que Nonœil et Monari se trouvent dans le bistrot. Il ordonne à l'officier de police d'interpeller Nonœil et ses deux complices, et carte blanche lui est donnée sur la façon de s'y prendre. Toutefois, il lui conseille fortement de tirer le premier.

Instantanément, Pierre Baume organise son équipe : il entrera lui-même dans le café avec le brigadier Jean Biancchini, qui s'est porté volontaire, pendant que les officiers Lelièvre et Foignier, armés chacun d'un pistolet mitrailleur MAT 49, se dirigeront vers la porte de service, rue d'Enghien. Dans le même temps, Guy Martelloni, armé également d'un MAT 49, se postera près des Pompes funèbres, dont les locaux sont proches, de manière à barrer toute retraite.

Que s'est-il passé exactement ? Selon la version officielle, Pierre Baume pénètre le premier dans le bar, tenant son pistolet dans le dos ; le brigadier Biancchini le dépasse soudain et se jette sur Nonœil en criant : « Ne bouge pas, Nonœil, ne bouge pas ! » Il empoigne Nonœil par le bras droit, tout en lui appuyant son arme (un MAC 50) au niveau de l'estomac. Nonœil se dégage d'un bond et fait feu de la main gauche, à travers sa poche ; la balle touche Biancchini près du cœur. Il s'écroule.

Baume, qui braque son pistolet sur Roméo Monari, croit le voir esquisser un geste vers ses poches. Il lui tire une balle dans la tête et fait ensuite feu sur Nonœil. Cinq balles partent, dont trois l'atteignent au ventre et deux finissent dans la machine à café. Nonœil, bien que gravement touché, tente en titubant de gagner l'arrière-salle, dans l'espoir d'atteindre la porte de service. Mais l'inspecteur Lelièvre l'y attend. Sans doute pris par l'action, il tire une première rafale à bout portant, aussitôt suivie d'une seconde salve. Il l'achèvera en lui vidant presque tout le chargeur de son pistolet mitrailleur dans le corps. Un témoin, chauffeur de trolleybus, se précipite sur l'officier Baume et tente de le ceinturer. Le fonctionnaire de police ne pourra se dégager qu'en lui criant : « Police, police, lâchez-moi ! »

Le moment de panique passé, on remarque que le brigadier Jean Biancchini est resté à terre et qu'une tache de sang s'élargit sur sa chemise. Deux témoins essaient de lui porter secours, ils lui retirent sa cravate, desserrent le col de sa chemise et dégrafent sa ceinture. Biancchini n'est pas mort, mais sa blessure paraît grave. Aucun client du bar n'a été touché.

Le spectacle qui s'offre aux yeux de chacun n'est guère réjouissant : Monari gît dans une mare de sang, une balle lui a traversé la partie droite de la tête. Nonœil est tombé sur le dos, les bras en croix, son postiche de cheveux s'est décollé, et il porte encore ses lunettes fumées. Les officiers Martelloni et Foignier, venus à la rescousse, tiennent en respect le troisième homme, Bernard Sabatier, qui s'est réfugié sous une table, et lui passent les menottes. Ce dernier, n'ayant à aucun moment mis les forces de l'ordre en danger, est arrêté sans violence. On ne trouvera d'ailleurs aucune arme sur lui. Les deux blessés sont emmenés à l'hôpital Édouard-Herriot, mais on ne pourra les sauver. Jean Bianchini[1] décédera à son arrivée et Roméo Monari, vers midi.

De nombreuses personnalités, tels M. Bourge, procureur, et MM. Geugnard et Durin, commissaires divisionnaires, arrivent sur place. Après que l'identité judiciaire a fait son travail, les pompes funèbres mettent les corps en bière sur place et les emmènent à l'institut médico-légal. Lors de l'autopsie, pratiquée par les docteurs Vitani, Do et Arcadio, on ne relèvera pas moins de vingt-huit impacts sur le cadavre de Nonœil. Seul un petit nombre des personnes présentes pourra témoigner utilement (notamment MM. Claude Vast, Louis Vannet, Roger Dominger et Paul Méon), la plupart ayant eu pour premier souci de se cacher sous les tables ou de se réfugier dans la cuisine. Il s'en sera fallu de peu que Nonœil échappe à ses poursuivants : en effet, vers 11 h 30 ce même matin, soit une heure après sa mort, le « Parrain » lyonnais, Jeannot Augé, se présente chez « Youyou », le frère aîné de Nonœil, pour lui apporter les papiers nécessaires à son passage en Amérique du Sud. Youyou, qui revient de la rue Franklin, où la police ne l'a pas laissé entrer au Café de la Mairie, lui apprend alors que son frère n'a plus besoin de rien.

Nonœil avait peut-être un sombre pressentiment car, la veille, il était passé chez son frère et l'avait serré contre lui, comme s'il savait

1. Quelques jours après le décès de Jean Biancchini, un de ses informateurs à Décines (un proxénète) confia 3 000 francs de l'époque à l'un des policiers de l'équipe pour qu'il les remette à sa veuve.

déjà qu'il ne le reverrait plus. Il avait bien compris qu'il n'existait aucune échappatoire, et il affrontait son destin avec lucidité.

Le lundi 8 décembre, une jeune femme se rend chez le juge Ogier pour se constituer prisonnière. Il s'agit de la dernière amie de cœur de Nonœil, Yvette Adler. Elle raconte que, quelques mois avant sa mort, Nonœil s'était ouvert à elle, lui confiant que s'il l'avait connue cinq ou six ans plus tôt, sa vie aurait pris un autre chemin. Nonœil était très attaché aux deux enfants de cette jeune veuve, qui le lui rendaient bien. Yvette aura des mots touchants pour décrire la détresse de son compagnon. Bien qu'ayant eu connaissance de ses activités hors-la-loi, son amour pour lui n'en était que plus fort. Nonœil avait enfin trouvé l'équilibre affectif qui lui avait sans doute tant manqué, et lui aurait permis de s'en sortir... Mais ce bonheur arriva trop tard.

Nonœil a été inhumé le 9 décembre 1969 dans un caveau du cimetière de la Croix-Rousse, en présence de toute sa famille et de nombreux amis.

Suite à cette journée sanglante, plusieurs arrestations eurent lieu, et la seconde équipe de Nonœil fut vite décimée. Le brigadier Biancchini fut promu, à titre posthume, au grade supérieur et fit l'objet d'une citation à l'ordre de la Nation. Le 8 juillet 1970, les officiers de police Baume et Lelièvre reçurent la médaille d'argent de première classe pour acte de courage et de dévouement. Dans les trois ans qui suivirent, les compagnons de Nonœil se virent tous, hormis Louis Guillaud, condamnés à de lourdes peines de réclusion, pour la plupart de quinze à vingt ans.

JEAN AUGÉ

Le « Parrain » de Lyon

Jean Augé, dit « P'tit Jeannot », fut sans doute le dernier grand Parrain de Lyon. Son ascension, autant que sa mort, en font un homme hors du commun. À la fois truand, membre éminent du Service d'action civique, et homme distingué qui accéda, sur la fin, à la bourgeoisie locale dont il fréquentait certains éléments, il est le symbole personnifié d'un monde interlope qui tenait alors le haut du pavé.

Avec le succès, Jean Augé oublie ses origines modestes et tente d'accéder à un niveau social plus élevé. Aux sports d'hiver, où il se rend souvent, il se présente ou se fait présenter comme un homme d'affaires lyonnais. Mal lui en prend, car il renie ainsi les principes et les règles de vie qui lui ont permis d'en arriver là. Il se croit intouchable, au-dessus de tout, et commettra de grosses bévues, notamment en manquant de psychologie et en « pesant » mal la détermination d'une équipe de jeunes truands, qui voulaient aussi atteindre le haut de l'échelle. Ces négligences et ce mépris affiché lui coûteront la vie !

Le P'tit Jeannot (il mesurait 1,62 m) n'est pas seulement le Parrain lyonnais, mais également un membre influent du milieu français, dans lequel il fréquente, entre autres, la famille Guérini, de Marseille, « le Maréchal », le « Gang des blouses grises » de Paris, ainsi que tous les membres du clan Zemmour, à qui il est allié. Ses connaissances dans ce monde sont vastes et touchent tous les domaines : vols, braquages, trafics en tous genres, y compris la drogue. À cela s'ajoutent d'importantes fonctions au sein du Service d'action civique, que son activité comme « barbouze » pendant la guerre d'Algérie lui a permis d'obtenir. Il n'est pas rare en effet de rencontrer les mêmes personnages évoluant dans ces deux univers.

Jean Augé est né à Marnia, en Algérie, le 12 janvier 1923. Sur sa vie pendant la période de l'Occupation subsistent de nombreuses zones d'ombre. Il semble qu'il ait d'abord joué la carte de la collaboration, puis, comprenant très vite où résidait son intérêt, il change de camp : en 1944, il abat dans un café de Grenoble deux soldats allemands qui boivent un verre et ne représentent manifestement aucun danger. Il fera plus tard étalage de ce geste comme d'un acte d'héroïsme et s'en servira de référence tout au long de sa vie. Les hostilités finies, il se réadapte mal à la paix et vit d'un certain nombre de trafics et vols divers. Pendant la guerre, il a participé à quelques hold-up au profit de la Résistance, et sur la fin, il garde pour lui le produit d'un braquage à la Trésorerie centrale de Grenoble. Il profite de la situation floue de l'immédiat après-guerre pour racketter d'anciens collaborateurs qu'il menace de dénoncer. Il comparaît pour la première fois devant les Assises de l'Isère, en novembre 1951, où il est question d'une affaire de vol de cartes de ravitaillement commis en décembre 1945. Plusieurs condamnations sont prononcées à son encontre entre 1945 et 1965, mais la plus importante n'excède pas trente mois.

En 1950 cependant, il échappe de peu à une forte peine, pour la mort de son patron de l'époque, Léon Meisterman, tué en 1944 au cours d'une partie de chasse. Jean Augé obtient un non-lieu, les preuves de sa culpabilité n'ayant pu être apportées. Il se verra malgré tout inscrit au fichier du grand banditisme dès cette année-là. Dans les années 60, il se stabilise et s'installe définitivement à Lyon, où il assure très vite son emprise sur le milieu local. Il achète des participations dans plusieurs établissements lyonnais, dont certains sont spécialisés dans le service de nuit, notamment les hôtels de passe. À titre personnel, il devient propriétaire, rue Tupin, du bar Le Glacier. Parmi les affaires originales dans lesquelles il se lance figure en bonne place la société Europe Anis, qui produit un apéritif anisé proche du Pastis, dont de nombreux Lyonnais se souviennent. Cette société lui permet de placer un pied dans plusieurs pays d'Europe, mais aussi d'Afrique.

La guerre d'Algérie se révèle pour lui une véritable aubaine. Les relations qu'il a conservées de son court passage dans la Résistance le contactent pour animer et participer à une guerre secrète, d'abord contre les Algériens du FLN, puis contre les pieds-noirs de l'OAS. Il acquiert vite la renommé d'un tortionnaire sans pitié, et torture sans distinction les uns et les autres. Ses comparses de l'époque le surnomment «Jeannot la Cuillère», car sa spécialité consiste à faire sauter les yeux de ses victimes à l'aide dudit ustensile. Son responsable, le commandant René Porte, est abattu à Alger le 23 octobre 1961 par un commando Delta de l'OAS. C'est en 1966 que le SDECE (services secrets) lui renvoie l'ascenseur, alors qu'il est jugé devant le tribunal de grande instance qui le poursuit pour un vol de bijoux à Toulouse. Le capitaine Simoni, délégué du SDECE, vient confirmer à la barre la loyauté de Jeannot Augé envers l'État. Il atteste que les vrais faux-papiers portant la photo d'Augé et découverts chez Ange Corticchiato, un serveur du bar L'Anouk à Lyon, impliqué dans un cambriolage commis le 10 décembre 1964 à Péage-de-Roussillon, lui ont été fournis le plus légalement du monde, afin d'être utilisés dans des missions officielles, en Algérie. À l'issue de ce procès, Augé est relaxé, mais le Parquet fait appel et obtient finalement sa condamnation à cinq mois de prison, ce qui correspond à la période effectuée en détention provisoire.

En homme d'affaires avisé, Augé diversifie ses activités et touche à tout ce qui peut passer pour louche aux yeux de la loi. Mais il sait aussi investir dans des commerces ayant pignon sur rue. Il acquiert ainsi un établissement renommé à qui il donnera une « envergure », la boîte de nuit La Grange aux Boucs, sur les quais de Saône. Cette boîte lui sert de quartier général, il y reçoit beaucoup, notamment les représentants d'entreprises de bâtiment à Lyon. La Grange aux Boucs ne lui suffisant pas, il achète le Whisky Club, puis le Bar de l'Étoile à Saint-Étienne, et prend des participations dans de nombreux commerces, y compris à l'étranger. C'est durant cette période fastueuse, dans les années soixante, qu'il lance une société d'exploitation de jeux, de type flipper ou baby-foot, dans les débits de boisson de Lyon et de la grande banlieue. Comme il bénéficie d'une certaine impunité grâce aux services de toutes sortes rendus à des politiciens, il ne se gêne pas pour élargir son champ d'action et se livre ainsi aux braquages, rackets, trafics de drogue... On raconte que des policiers, eux-mêmes proches du SAC et d'Augé, sont parfois intervenus pour faire libérer ses amis, lorsque par hasard on les arrêtait, et qu'Augé avait même réussi à se faire restituer des armes saisies.

Sa société de jeux lui vaut pas mal de démêlés avec un nouveau venu, Jean Schnaebelé qui, en 1963, devient son concurrent direct en créant à son tour une affaire, la Sogématic. Pour tenter de le couler, Jean Augé utilisera contre lui des procédés pas toujours élégants. Contrairement à Augé, Jean Schnaebélé est un authentique résistant ; il en a vu d'autres et, malgré les sabotages que les hommes d'Augé font subir à son matériel (injection d'acide dans les monnayeurs ou pièces enduites de colle), il s'accroche. À partir de 1967, ils finiront par trouver un terrain d'entente, ce qui permettra à chacun d'exploiter au mieux son commerce. Jeannot Augé, qui dirige par ailleurs une équipe de racketteurs, dispose ainsi de gros moyens financiers, et il mène grand train.

On peut le rencontrer au Martini, un bar chic situé aux Brotteaux et tenu par Lily Hervé. Il y croise parfois le juge Renaud, ainsi que de nombreuses personnalités locales du commerce et de l'industrie. À cheval entre ces deux mondes que sont la pègre et « l'establishment » lyonnais, il doit jongler, pour se maintenir au sommet, entre l'interdit et le toléré. Il compte parmi ses relations plusieurs personnages de la jet-set lyonnaise, notamment issus du milieu médical. Mais il côtoie aussi des hommes du milieu tels que Raphaël Dadoun, Henri Regeff dit « le Colonel », Pépé Nesmoz, Pierre Manlay dit « Manluche », Henri Simonelli, Sébastien Casanova, Georges Lavista, Roger Ribes, Gavin Coppolani, les frères Mosca, Félix Lesca dit « Roger la Bricole », Jean-Baptiste Croce, Nicolas Caclamanos, Roger Boule (un spécialiste de l'ouverture des coffres-forts) et bien d'autres personnages à la réputation de « pointures ». Henri Regeff par exemple, membre important du SAC, est l'un des principaux actionnaires d'un hôtel de passe de la rue Port-du-Temple, La Tulipe d'Or, où exerce régulièrement une douzaine de prostituées.

Parmi les « voyous » figure un des plus grands spécialistes de l'ouverture des coffres-forts, Pierre Blaize. Il s'agit d'un vieil ami d'Augé, et l'aventure curieuse qu'il a connue mérite d'être contée. En 1970, Blaize purge une peine d'emprisonnement à la Santé.

Alors qu'il est en cellule, on l'appelle au parloir : c'est la police qui vient le chercher pour ouvrir un coffre au ministère de l'Intérieur. La porte a été refermée avec les clés à l'intérieur et personne n'a réussi à la rouvrir... Pierre Blaize y parviendra ! Il sera libéré peu de temps après. On raconte que les services secrets auraient ensuite fait appel à lui à plusieurs occasions !

Plusieurs des hommes que nous venons d'évoquer seront abattus à Paris, notamment le 19 mai 1973 au bar Le Gentilly. La guerre des gangs oppose des parrains parisiens tels que Jean-Claude Vella, Jean-Pierre Bacri ou Marcel Gauthier à de nouveaux arrivants, d'origine pied-noir, les frères Zemmour. Jean Augé, dont la police a acquis la conviction qu'il est membre de la « French Connection », a réussi à échapper aux poursuites concernant un trafic de drogue auquel il est mêlé ; pour cela, il a, semble-t-il, donné au bureau des narcotiques américain un ou deux des réseaux qui effectuent la liaison entre les laboratoires de transformation de l'héroïne base, situés dans le Midi de la France, et les États-Unis. Dès lors, Augé utilise tous les moyens pour passer à travers les mailles du filet.

Quelques mois avant sa mort, il habite une somptueuse résidence à Saint-Didier-au-Mont-d'Or, où il vit dans le grand luxe avec sa compagne et leur fille Sandra. Comme son futur exécuteur, Joanny Chavel, il rêve de ressembler à ces bourgeois lyonnais qu'il envie tant.

Début 1973, un proche de Jean Augé, Louis Nesmoz dit « Pépé » et Nick Caclamanos se rencontrent à la demande de Pépé. Ce dernier explique à Nick qu'Augé et lui-même doivent faire face à un gros problème de trésorerie ; il sollicite un prêt de 50 millions de centimes (environ 2 500 000 francs aujourd'hui, soit 380 000 euros à peu près) qu'ils s'engagent à rembourser sous huit jours. Nick Caclamanos transmet la requête à Edmond Vidal, « Momon ». À cette époque, Augé jouit encore d'une solide réputation. C'est pourquoi Momon, Chavel, ainsi qu'un troisième membre du gang acceptent, sans aucune rétribution et juste pour lui rendre service, de leur avancer cette somme, soi-disant destinée à financer un transport de drogue. Hélas, Augé a pris la fâcheuse habitude de sous-estimer les jeunes qui montent et qui, logiquement, cherchent à prendre leur place sur l'échiquier lyonnais. Ça n'est pas la première fois qu'il profite de son expérience et de son « aura » pour exploiter une équipe qui tente d'accéder à son niveau. En réalité, cette demande d'emprunt constitue une tentative d'escroquerie visant ceux que l'on commence à appeler « le Gang des Lyonnais ».

Le temps passe. Bien entendu, plus personne ne parle de rembourser quoi que ce soit. Au bout de deux mois, Momon et ses amis, agacés et vexés, vont trouver Augé. Celui-ci leur répond qu'il est désolé, mais qu'il n'a pas eu les rentrées d'argent escomptées, car la drogue a pris l'eau lors du transbordement et n'est donc plus vendable en l'état. Il leur demande des délais, qui lui seront accordés un peu à contrecœur. Cependant, Momon et ses associés apprennent bientôt que Jeannot Augé vient de racheter le bar Le John's, rue Grolée. Il ne leur faut pas longtemps pour saisir qu'ils ont été bernés et ils entrent dans une colère noire. Jeannot est mis en demeure de s'acquitter de sa dette. Inquiet de la tournure des événements, il cherche une échappatoire pour ne pas payer. Peu après, les membres du gang sont informés par des amis qu'ils ont dans l'entourage du « clan » Augé, que ce dernier recrute des tueurs pour les éliminer... ce qui, bien évidemment solderait sa dette !

La décision est alors prise de le devancer et de se débarrasser physiquement de lui.

Le vendredi 15 juin 1973, vers 15 heures, Jean Augé gare sa voiture, une DS 23 Pallas, sur le parking privé du Sporting club de Lyon-Plage. Momon et ses amis ont remarqué qu'il aimait le tennis et se rendait au club, presque invariablement, à horaires et à dates fixes. Augé a déjeuné en compagnie de deux amis au restaurant l'X Bar, rue des Archers. Il a rendez-vous sur le court de tennis avec un membre du club, dentiste de profession, contre qui il a déjà joué la veille. Décontracté, P'tit Jeannot s'avance, la raquette à la main, vers la sortie du parking. Il suit la clôture grillagée et arrive rue du Bois-de-la-Caille, aux abords du complexe sportif. Sur le point de franchir le portail d'entrée, il ne prête pas attention à l'Estafette garée à quelques mètres de là. La porte latérale du véhicule s'ouvre brusquement et des coups de feu partent. Un seul homme a tiré. Jeannot Augé est touché, mais reste debout ; il trouve la force de faire quelques mètres pour se cacher derrière une voiture en stationnement. Un deuxième homme, cagoulé, descend de l'Estafette. Il est grand, de forte corpulence et porte un imperméable. Il contourne le véhicule et, s'appuyant de la main gauche sur une DS en stationnement, vide un chargeur de pistolet automatique sur Augé à terre. Puis il remonte tranquillement dans la fourgonnette et s'éloigne avec ses complices. On peut imaginer comment se répartirent les rôles au sein de ce trio : Momon au volant, le premier tireur étant probablement Pierre Zakarian, « Pipo », et l'homme qui acheva Jean Augé, sans doute Joanny Chavel.

Lorsque les secours arrivent, Jeannot est déjà mort. Sur les onze coups de feu tirés par deux armes différentes, huit balles de calibre 11,43 mm (colt 45) l'ont touché : deux à la tête, une dans le cou et cinq dans le thorax. On ne peut plus rien tenter pour lui ; l'ambulance transporte directement son corps à l'institut médico-légal. Un seul témoin affirmera avoir aperçu deux hommes, à une distance d'environ cinquante mètres. Il ne pouvait évidemment pas voir le troisième, resté à l'intérieur de l'Estafette tout le temps de l'action. Celle-ci est retrouvée au bout de quarante-huit heures sur le parking d'un immeuble situé 38, rue Brunier, à Caluire. Le commissaire Legouge, chargé de l'enquête, ne pourra y relever aucun indice lui permettant d'avancer dans son enquête. Quelques jours plus tard, après l'autopsie du corps, on enterre Jeannot au cimetière de La Guillotière ; bien peu d'amis sont là pour l'accompagner. Beaucoup, sans doute, ont craint de se faire remarquer par la police ou, qui sait, par ceux-là mêmes qui ont procédé à l'exécution. De la porte de son restaurant Le Chalet, situé juste en face du cimetière de la Guillotière, un ancien compagnon de route de Jean, Nicolas Caclamanos [1], regarde passer le cortège. En guise d'éloge funèbre, il confie à deux ou trois journalistes du cru, qu'on ne savait plus très bien de quel côté se situait P'tit Jeannot !

Ainsi s'achève la carrière de « Monsieur Jean ».

Sa mort bouleversa les codes du Milieu lyonnais et déclencha des règlements de compte en série. Dans les deux ans qui suivirent,

---

1. Il sera lui-même abattu, environ quinze ans plus tard, juste devant Le Chalet.

près de trente personnes disparurent de façon violente... Joanny Chavel, l'assassin présumé d'Augé, fut lui-même abattu quatre mois plus tard.

Cependant, avec ou sans Jeannot, les « affaires » se poursuivirent à Lyon. Officiellement, sa mort ne fut jamais élucidée. Mais le commissaire Pierre Richard avait sa petite idée et s'en ouvrit au juge Renaud qui, bien que n'étant pas chargé de l'instruction, s'y intéressait de très près !

LE PETIT PRINCE
DE L'HÔTELLERIE LYONNAISE

Yves Marin-Laflèche
1974

En ce jeudi 4 juillet 1974, à Champagne-au-Mont-d'Or, près de Lyon, c'est une belle journée d'été qui commence. Pourtant, peu après 8 h 30, dans la villa des Marin-Laflèche, deux personnes sont en proie à la plus vive agitation. Il s'agit d'Anne-Marie Gavand, secrétaire du propriétaire des lieux, et de Roger Dury, gardien du domaine. Ils cherchent leur employeur, Yves Marin-Laflèche, car il doit rencontrer un antiquaire avec qui il doit négocier la vente d'environ 300 000 francs de meubles anciens. Anne-Marie Gavand, très au courant des affaires de son patron, sait qu'il doit à tout prix procéder à cette vente, afin de renflouer les caisses de certains de ses hôtels, alors en difficulté financière. Elle constate avec le gardien que la voiture d'Yves Marin-Laflèche n'est pas garée à sa place habituelle.

Le gardien semble d'autant plus surpris qu'à 5 h 30, lorsqu'il est sorti pour la première fois, il n'a pas vu l'Alfa Romeo de « Monsieur Yves » et qu'il a trouvé, dans l'allée menant de sa loge à la villa, le trousseau de clés de son employeur. Ils remarquent que les portes et les volets sont clos, à l'exception d'une porte-fenêtre qui se ferme seulement de l'extérieur. Anne-Marie Gavand, très inquiète, appelle le comptable que Jean-Gérard Calvy, l'administrateur en second de la société d'hôtellerie, vient de faire embaucher. Le comptable téléphone à son tour à Calvy, qui lui ordonne de se rendre à la villa et d'y pénétrer par n'importe quel moyen, afin de s'assurer de la disparition du PDG. Il rejoint donc les deux employés au domaine, et ils parviennent à entrer dans la chambre d'Yves Marin-Laflèche. Ils réalisent immédiatement que quelque chose d'anormal s'est produit. Les draps du lit ont été remplacés par des nappes prises dans une armoire du rez-de-chaussée, et on aperçoit quelques gouttes de sang sur la taie d'oreiller et la descente de lit.

Originaire d'une famille savoyarde aisée et honorablement connue, bien installée dans le secteur hôtelier de Lyon, Yves Marin-Laflèche, âgé de 42 ans en 1974, a d'abord développé l'entreprise familiale par une gestion judicieuse et volontaire du patrimoine existant. Par la suite, il a fait preuve d'un solide sens des affaires en confortant, grâce à de bons investissements, l'assise financière de son groupe.

Bel homme brun, grand, mince et distingué, toujours tiré à quatre épingles, Yves Marin-Laflèche a su montrer des capacités incontestées de meneur d'hommes. Peu de temps avant sa mort, il est d'ailleurs un personnage très en vue de la vie mondaine lyonnaise. À un détail près... Les cercles dans lesquels il évolue constituent un univers bien particulier, où se croisent le monde des « affaires » et le milieu plus interlope des homosexuels et des adeptes de l'échangisme. De fait, Marin-Laflèche côtoie parfois des personnages étranges, voire dangereux, et il semble qu'il trouve dans ces situations ambiguës un excitant supplémentaire. Au volant de sa Jaguar blanche, il n'hésite pas à aller draguer ses compagnons d'un soir, surtout du côté du quai Augagneur, lieu de rendez-vous notoire des homosexuels. On le voit aussi régulièrement dans le Vieux Lyon, au Thym's Tam, une boîte fréquentée par des homosexuels de toutes origines sociales [1].

La vie décousue de cet être hypersensible et fantasque, sujet à de violentes sautes d'humeur, fait qu'il flirte constamment avec le danger. Il en est sans doute conscient, mais ses tendances perverses l'emportent sur ses bonnes résolutions, et il s'enfonce peu à peu dans ce marécage glauque, comme s'il ne pouvait plus s'en arracher. Bizarrement, il semble vouloir trouver un apaisement spirituel pour compenser ses outrances et assiste régulièrement à l'office du dimanche. À ses amis proches, il confie qu'il envisage un jour de se retirer dans un couvent. Mais le soir venu, ses angoisses le rattrapent, et il retourne à sa quête de compagnons d'une nuit.

---

1. On raconte même que parmi la clientèle du Thym's Tam figurait un préfet.

L'entretien de ses conquêtes passagères engendre un besoin croissant d'argent. Des témoins qui le côtoyaient à l'époque s'accordent pour dire qu'il dépensait jusqu'à 4 000 ou 5 000 francs par nuit. Lorsqu'il manque de fonds en cours de soirée, il passe dans un de ses établissements et n'hésite pas à relever la caisse, omettant généralement tout justificatif. C'est durant cette période que le monde cosmopolite dans lequel il vit l'affuble des surnoms de « La Flèche » ou de « Petit Prince de la nuit ».

En 1969, Yves Marin-Laflèche a acquis une immense villa de dix-huit pièces. Il s'agit presque d'un château, construit au milieu d'un parc de cinq hectares planté de cèdres bleus, de hêtres et de tilleuls. Ce « manoir », propriété de la fille de Gustave Eiffel, lui a été cédé au dixième de sa valeur, suite à une succession difficile. Une partie des héritiers ayant attaqué en justice pour faire annuler la vente, Marin-Laflèche s'adjoint les services d'un conseiller juridique, Jean-Gérard Calvy, qui l'a déjà épaulé pour des transactions commerciales. Ébloui par l'efficacité de ce jeune juriste, grâce auquel il gagne le procès, Marin-Laflèche en fait vite son homme de confiance. Également homosexuel, et ne s'en cachant pas, Calvy est un personnage haut en couleur.

Jean-Gérard Calvy, 34 ans, est stéphanois d'origine. Ancien comédien, il a dû quitter la troupe de Jean Dasté dans laquelle il officiait comme imitateur, à cause de son embonpoint (il pesait 120 kilos). L'ambition le dévore et, manifestement, il ne s'embarrasse d'aucun scrupule pour parvenir à ses fins. À l'aise dans les manœuvres en eaux troubles, il sait entretenir ses nombreuses relations, tant financières que politiques. Mythomane notoire, dévoyé, il traîne derrière lui un long passé d'escroqueries en tout genre... mais, il faut le reconnaître, accomplies avec un certain panache. Sous le coup d'une condamnation à vingt mois de prison, dont huit avec sursis, il a fait appel, ce qui a eu pour effet de suspendre l'exécution de la peine.

Ces péripéties ne l'ont pas empêché d'ouvrir un cabinet de conseil juridique, la société Efigeco, à Paris, dont le siège se situe avenue Pierre-Ier-de-Serbie. Il y donne de somptueuses réceptions, dans lesquelles se pressent nombre de personnalités en vue. Parmi ses amis haut placés, le député de Lyon René Caille, qui tient ses permanences électorales à l'hôtel National, propriété de Marin-Laflèche, et dont le parti politique reçoit des dons de Calvy, ou le préfet de police de Paris, M. Paolini, ont sans doute joué un rôle déterminant pour l'obtention des autorisations nécessaires à son installation... car sa condamnation en appel, le 13 avril 1973, à vingt mois de prison dont huit avec sursis ne lui facilitait sûrement pas la tâche. C'est encore en formant un pourvoi en cassation qu'il réussit à faire suspendre l'exécution de sa peine. Il est propriétaire d'un bureau à Nice, au 15, boulevard Victor-Hugo, que gère son associé et coïnculpé pour leurs escroqueries passées, Gérard Ripol. Il a également acheté une villa à Cannes, dans laquelle il invite nombre de personnalités connues, non seulement pour s'ouvrir des portes, mais aussi pour redorer son blason. Il court après la respectabilité de façade qui lui manque à Lyon. Un mariage « blanc » avec une jeune femme de la bourgeoisie locale est même envisagé. Cependant, le plan ne fonctionne pas ; il ne trouvera jamais cette compagne rêvée qui pourrait l'aider dans son ascension sociale.

Il crée Fidélio, une troisième société de financement et de placements, à Genève, avec Michel Hyvers, ex-directeur de la boîte à la mode de Saint-Tropez, le Byblos. Ce dernier vient d'être expulsé du Maroc. Marin-Laflèche l'a connu à l'hôtel Miramar et il l'impose un moment comme directeur du Grand Hôtel. Il s'est même payé le luxe, durant l'été 1973, de fêter son premier milliard dans les fastes de sa résidence cannoise, où seront bien entendu conviées de nombreuses personnalités, dont des parlementaires et des hauts fonctionnaires.

Début 1974, la société holding que dirige Marin-Laflèche est en grande difficulté. Les fonds commencent à manquer. Selon une rumeur, Gérard Calvy, qui le seconde dans la gestion de la société hôtelière, a volontairement mis Marin-Laflèche en difficulté, notamment en lui faisant contracter des emprunts inutiles, dans le but de reprendre l'affaire à son propre compte. Des employés de l'hôtel confirment avoir assisté à des querelles parfois violentes entre les deux hommes. L'hôtelier se confie à des proches et leur dit la crainte que lui inspire Calvy. Les avocats de la famille Marin-Laflèche, Me Jean Didier, ainsi que l'excellent et médiatique

Me Soulier[1], parleront des « angoisses » de Marin-Laflèche durant cette période. Gérard Calvy s'est débrouillé pour lui faire signer une reconnaissance de dette de 700 000 francs, non échéancée, par laquelle il devient son principal créancier, ce qui lui permet de faire pression sur lui.

C'est dans cette ambiance tendue que le 4 juillet 1974, alors que ses employés le cherchent partout, Marin-Laflèche reste introuvable. Sa voiture a disparu. Sa secrétaire, Anne-Marie Gavand, qui a alerté Calvy par téléphone, signale lors de l'enquête que le lit n'avait pas été ouvert et que les draps avaient été remplacés par des nappes. Après analyse, il s'avère que le sang relevé sur l'oreiller appartient bien au même groupe sanguin que celui de l'hôtelier.

Calvy arrive de Paris dans la nuit du 4 au 5, accompagné de son avocat, Jean-Marie Hyest, et de son propre conseil juridique, André Theullier. Partis vers 20 heures, ils ont roulé aussi vite que possible. Ils réveillent le comptable et Anne-Marie Gavand, qui couchent au Grand Hôtel rue Grôlée, et les emmènent à la villa afin de fouiller dans les affaires du PDG. Curieusement, Calvy se comporte déjà comme s'il savait que Marin-Laflèche ne réapparaîtrait plus... Après avoir soigneusement visité toutes les pièces, ouvert les meubles et sondé sommairement la plupart des murs, comme s'il cherchait une cachette secrète, Calvy efface les empreintes. Ses conseillers quittent la villa vers 5 heures du matin, accompagnés de la secrétaire et du comptable, pour retourner au Grand Hôtel. Calvy, lui, s'installe dans le bureau de Marin-Laflèche et passe le reste de la nuit à trier les archives du PDG. A-t-il trouvé les fameux papiers dont YML menaçait de dévoiler le contenu quand il se sentait menacé ? On ne le saura sans doute jamais, mais ce qui est certain, c'est qu'il emporte avec lui de nombreux documents.

Dans la même journée, le 5 juillet, le comptable du Grand Hôtel, Christian Tellier, est surpris dans les toilettes en train de

1. Me Soulier devint célèbre grâce à l'affaire Devaux, ce garçon boucher condamné pour le meurtre de la fille de ses patrons, puis acquitté quelques années plus tard grâce à l'intervention de Me Soulier et du père Boyer.

détruire certains documents, un comportement fort étrange lorsque l'on sait que ce comptable vient d'être mis à pied huit jours pour avoir commis plusieurs indélicatesses. On le licencie immédiatement et on le remplace par André Theullier, une relation de Gérard Calvy, en réalité déjà dans la place depuis quelque temps. C'est seulement dans la matinée que Calvy prévient Mme Léa Marin-Laflèche, qui vit à Tresserve, un village situé au bord du lac du Bourget, de la disparition de son fils. C'est elle qui, dans l'après-midi du 5 juillet, avertit la gendarmerie de Limonest, dont dépend Champagne-au-Mont-d'Or.

Lors de sa déposition, elle signale la présence dans la voiture de son fils d'une robe lui appartenant et déclare avoir remarqué des taches foncées sur la moquette de sa chambre. Elle a également noté l'absence du fusil de chasse de calibre 12 à canons superposés, que son fils gardait sous son lit. Dès le lendemain, Gérard Calvy se charge de réunir un conseil d'administration afin de nommer la secrétaire, Anne-Marie Gavand, celle-là même qui l'avait prévenu de la disparition de Marin-Laflèche, PDG de la holding. Cette promotion sera annulée courant août, car les procédures légales n'ont pas été respectées.

Moins de trois mois auparavant, début mai 1974, Yves Marin-Laflèche, toujours à s'enticher de personnages étranges, s'est attaché les services d'un homme tout aussi excentrique que ceux qui l'ont précédé. Il s'agit de Joël Matencio, 26 ans, qu'il employait comme gérant du café Le Français. Matencio est sorti de prison vers la fin février, où il a purgé une peine d'un an pour proxénétisme. C'est en rendant visite à une amie travaillant dans le groupe hôtelier Marin-Laflèche, au Café des Étrangers, qu'il a fait la connaissance du PDG. Leur relation équivoque, mêlant sexe et argent, fera de lui un suspect idéal.

C'est d'ailleurs cet homme que Gérard Calvy essaie de joindre toute la journée du 4 juillet, dès que l'on constate la disparition du PDG. Au juge Renaud, chargé de l'affaire depuis le 16 juillet et qui l'interroge pour connaître la nature exacte de leur relation, Matencio avoue avec beaucoup de réticence qu'il avait effectivement des relations homosexuelles avec Yves Marin-Laflèche, mais seulement pour de l'argent. Dans l'après-midi du 5 juillet, soit le lendemain de la disparition, il remet au commissariat de Bellecour divers courriers qui prouvent le différend grave entre Marin-Laflèche et Calvy. Matencio précise aux policiers que Marin-Laflèche lui a laissé comme consigne de livrer ces éléments à la police, au cas où il lui arriverait malheur.

Mais Matencio n'est pas pour autant dédouané des soupçons qui pèsent sur lui, et les enquêteurs l'interrogent longuement. Il reconnaît ainsi avoir, en mai, à la demande expresse de Marin-Laflèche, contacté puis pris en charge Daniel Le Sant, dit « Dany ». Ce dernier, ancien serrurier et cambrioleur professionnel, qu'il a connu pendant son séjour à la prison de la Santé, est un spécialiste de l'ouverture des coffres-forts, et il a été libéré courant avril.

Cet homme plutôt petit, râblé, devait récupérer des documents compromettants – dont des photos très spéciales –, chez Gérard Calvy à Nice ou dans les bureaux de la société Ormac à Cannes. Comme par hasard, le cambriolage devait avoir lieu le 5 juillet, lendemain de la disparition du PDG, et Matencio et Marin-Laflèche comptaient y participer en assistant Le Sant. Joël Matencio affirme aux policiers que le jour précédant la disparition, le 3 juillet, Daniel Le Sant était en possession d'un attaché-case rempli de billets, que Calvy lui aurait confié la veille, afin qu'il le remette à Marin-Laflèche.

Lors de l'enquête, Matencio et Le Sant déclarent avoir passé ensemble l'après-midi du 2 et la journée du 3 juillet. Ils ont visité la ville, et plus particulièrement certains de ses points chauds. Le 2 au soir, ils ont soupé au Saloon Grill, puis ont rendu visite à des prostituées. Enfin, ils sont rentrés au Grand Hôtel où leur chambre était réservée. Le soir du 3, Matencio dit avoir retrouvé Marin-Laflèche au café Le Français, place Antonin-Poncet. Le Sant les y aurait retrouvés pour les conduire à Crépieux-la-Pape, au restaurant Larivoire. Ils se sont installés sur une terrasse dominant le Rhône, et l'essentiel de la conversation aurait tourné autour d'hypothétiques achats de tableaux. Vers 22 h 45, ils ont quitté le restaurant pour regagner Lyon, où ils sont arrivés à 23 heures, devant le Grand Hôtel.

Selon Matencio, un homme qu'il ne connaissait pas, un certain

« Michel », les attendait sur le trottoir devant l'entrée. Il est monté à l'avant du véhicule pendant qu'Yves Marin-Laflèche reprenait le volant, afin de déposer Daniel Le Sant rue de la République. Puis il fait un crochet place Carnot, au Café des Étrangers, où il prélève 400 francs dans la caisse. La seule information que l'on obtiendra sur ce Michel est celle donnée par Matencio ; selon ce dernier, le PDG lui aurait confié qu'il était un de ses anciens amants. Ils se rendent ensuite à la gare de Perrache. Le Sant et Matencio disent avoir pris le train de 0 h 08 pour Paris tous les deux, mais séparément. Leur passage à Paris est confirmé, car Matencio est allé voir sa petite fille le lendemain, mais Le Sant et lui ont très bien pu monter à Paris dans la nuit avec la voiture de Marin-Laflèche et redescendre à Lyon de la même façon. L'Alfa Romeo est retrouvée le 9 juillet, garée sur le quai Perrache, toutes portières fermées. Elle a été vue en stationnement à la même place depuis la nuit du 6 au 7 juillet, et un témoin affirmera avoir aperçu Daniel Le Sant à son volant dans la journée du 6 juillet.

Lors de leur passage au Café des Étrangers, vers 23 h 30, la serveuse, Mlle Maurin, qui a remis les 400 francs à Marin-Laflèche, n'a vu qu'une seule personne dans l'Alfa Romeo, et elle a clairement identifié Joël Matencio. Vers 1 h 30, Marin-Laflèche repasse au Grand Hôtel, échange quelques mots avec le portier de nuit et monte dans son bureau, où il reste une dizaine de minutes. C'est la dernière fois qu'Yves Marin-Laflèche sera vu vivant. Le portier distingue alors nettement une silhouette assise à l'avant de la voiture, mais ne cherchera pas à l'identifier. Ils repartent. Vers 2 heures du matin, Marin-Laflèche appelle le portier pour lui demander de le réveiller impérativement à 8 h 30. Le concierge précisera aux enquêteurs que c'est la première fois qu'Yves Marin-Laflèche lui donne cette consigne. Avec ce nouvel élément, les policiers commencent à douter qu'on se trouve en présence d'un enlèvement.

L'idée leur traverse même l'esprit qu'il s'agit peut-être d'une fugue destinée à masquer un éventuel krach financier ou un scandale mondain. Cela leur paraît d'autant plus probable qu'Yves Marin-Laflèche a démissionné de son poste de PDG du conseil d'administration du Grand Hôtel le 1er juillet, soit trois jours avant sa disparition. Cette hypothèse sera rapidement abandonnée et l'enquête se réorientera vers le rapt.

Au Grand Hôtel, Yves Marin-Laflèche a croisé et connu bien des personnages en vue, vedettes de la chanson, du spectacle, de la politique... Les policiers, motivés par une affaire aussi médiatique, poussent très loin leurs recherches et entendent de nombreuses personnes. Plusieurs enquêteurs, et non des moindres, les commissaires Kuhn, Franket et Richard, travailleront sur ce dossier. C'est ainsi que lors des auditions des deux premiers suspects, un nom est prononcé, ou plutôt un prénom : Michel. Ils vont tout tenter pour l'identifier, mais ne le retrouveront jamais et en viendront à douter de son existence.

Et pourtant, Michel existe bel et bien ! Grâce à l'intervention de quelques relations qui le connaissent, j'ai pu le contacter, il a accepté de me rencontrer et de me dire ce qu'il sait sur cette affaire.

Dans le courant 1973, Michel fit la connaissance d'Yves Marin-Laflèche, alors qu'il circulait rue de Marseille. Arrivé à la hauteur de l'hôpital Saint-Luc, il voit une Renault 16 de couleur foncée faire une queue de poisson à la Jaguar blanche de YML, qui est obligé de piler. Trois hommes jaillissent de la R 16, agressent verbalement Marin-Laflèche et le menacent. Michel est un sportif en excellente condition physique. Témoin de la scène, il gare son Alfa Romeo et intervient vigoureusement. Quelques coups sont échangés et les assaillants, mis en infériorité, se sauvent sans demander leur reste.

Michel et Marin-Laflèche se présentent et vont déjeuner au Grand Hôtel, rue Grôlée, afin d'y discuter tranquillement. Lors de cette conversation, Marin-Laflèche, impressionné par le courage physique et la vivacité de Michel, lui propose de travailler pour lui. Il lui offre une place de chauffeur-accompagnateur lors de ses déplacements, tant professionnels que privés.

Michel accepte. De 1973 à 1974, il le conduit lors de nombreux voyages, notamment à Paris, au cabaret Chez Michou, dans le quartier de Pigalle, qu'Yves Marin-Laflèche affectionnait, ainsi qu'avenue Foch. Il se souvient aussi avoir emmené le PDG et Gérard Calvy plusieurs fois à Vienne, au restaurant La Pyramide. Michel connaît également Joël Matencio, qui se trouvait fréquemment à la villa de Champagne-au-Mont-d'Or. Il remarque que ce dernier ne laisse rien paraître de son homosexualité et qu'en public ses relations avec YML ne trahissent nullement leur intimité.

Un climat de confiance s'instaure bientôt entre Michel et Yves Marin-Laflèche. Michel considère son patron comme un homme affable et généreux. Quant à Marin-Laflèche, il n'hésite pas à se confier à son employé. Il a peur, peur de Gérard Calvy, dont les propos et l'attitude font peser une menace sur sa vie.

Selon Michel, les relations entre Marin-Laflèche et Gérard Calvy se dégradent considérablement durant le premier semestre 1974. YML a commencé à négocier l'achat d'un château à Sainte-Colombe-lès-Vienne, et c'est ce qui a déclenché les hostilités. Michel est, pour sa part, convaincu qu'il existe un lien de cause à effet entre l'achat de ce bien et le meurtre. Dans les trois mois précédant sa mort, Yves Marin-Laflèche lui a souvent demandé de le conduire à l'Auberge des 7 Fontaines, à Seyssuel dans l'Isère. C'est, semble-t-il, dans cet établissement, qui était alors ce que l'on appelle pudiquement une maison de tolérance, qu'il retrouvait certaines de ses relations d'affaires... peut-être les personnes concernées par la vente du fameux château de Sainte-Colombe !

Toujours est-il qu'à cette même époque, mars-avril 1974, Yves Marin-Laflèche demande à Michel de lui procurer une arme. Celui-ci lui remet un pistolet automatique « Beretta » de calibre 22 long rifle. Michel, qui doit subir une intervention chirurgicale, espace ses contacts avec YML. Puis, sitôt remis sur pied, il tente de le joindre par téléphone, sans succès. Il dépose alors un mot avec ses nouvelles coordonnées sur le pare-brise de la Jaguar garée devant le Grand Hôtel.

Yves Marin-Laflèche le rappelle rapidement, et rendez-vous est pris dans une petite ville située au sud de Vienne. Il lui confie de nouveau ses angoisses et le supplie de reprendre son rôle d'accompagnateur. Il lui parle aussi des négociations pour l'achat du château de Sainte-Colombe-lès-Vienne, qui se passent mal. Marin-Laflèche est persuadé que Gérard Calvy joue, dans son dos, un rôle trouble et malsain.

Malheureusement, Michel ne peut accéder immédiatement à sa demande. Ancien technicien, on vient de le muter au service commercial de son entreprise, ce qui ne lui laisse pas suffisamment de temps pour faire le chauffeur. Il promet cependant à son ancien patron de tout tenter pour se rendre plus disponible. Il ne revit pas Marin-Laflèche et c'est par la presse qu'il apprit la nouvelle de sa mort.

Après le meurtre et le battage médiatique qui s'ensuivit, Michel, qui habitait alors dans le Vieux Lyon, rue Lainerie, près de la gare Saint-Paul, attendit les policiers... Ils ne vinrent jamais !

L'achat du château de Sainte-Colombe explique peut-être la mallette que Daniel Le Sant transportait depuis Paris et qui aurait pu faciliter la transaction : en clair, un « dessous de table ».

Peu après la disparition de Marin-Laflèche, dès que le juge Renaud est chargé de l'affaire, il demande à la police de prendre Matencio en filature. Un inspecteur le suivra jusqu'à Paris le 13 août 1974 et procédera à son interpellation dans un bar, le Relais d'Alsace, place de la République, alors qu'il est en compagnie d'un nommé Dany (Daniel Le Sant) et d'une certaine Angélique Lebec. Cette Angélique, ex-prostituée d'une quarantaine d'années, dont les enquêteurs connaissaient l'existence grâce aux écoutes téléphoniques sur Matencio, admettra par la suite avoir servi d'intermédiaire pour cette rencontre. Après interrogatoire, cette femme est relâchée.

Les deux autres sont placés en garde à vue dans les locaux du commissariat et, comme il est d'usage dans ces cas-là, on leur a retiré leur ceinture, leurs lacets, ainsi que tous les objets personnels susceptibles de présenter un danger pour leur vie. Pourtant, Matencio tente de se suicider en se nouant une chaussette autour du cou. Vraie tentative ou mise en scène ? La question demeure sans réponse. Pendant les interrogatoires qui s'enchaînent à un rythme soutenu, Daniel Le Sant finit par concéder qu'il a connu YML en mai et que Matencio les a présentés. Il confirme en gros ce qu'a dit Matencio sur le déroulement de la soirée du 3 juillet, sauf sur un point important : il ne parle pas de « Michel ». Il précise qu'après être rentré de l'auberge de Crépieux-la-Pape, à 22 heures, il a pris un verre au bar du Grand Hôtel, puis se serait fait emmener à Perrache en taxi et aurait pris le train de 0 h 08 pour Paris.

Courant juin, Yves Marin-Laflèche lui aurait demandé de se rendre au bureau de Calvy à Paris pour y prendre de l'argent. Selon lui, un inconnu lui aurait bien remis une mallette contenant 600 billets de 500 francs, et il aurait déposé cette somme au PDG dans la matinée du 3 juillet. Jusque-là, l'explication de Le Sant correspond aux déclarations que Calvy a faites au juge, puisque lui-même convient avoir remis de l'argent à Le Sant. Cette mallette lui aurait été rendue vide par Marin-Laflèche, qui l'aurait dédommagé de 300 francs pour ses frais de déplacement. Puis, à midi, ils auraient déjeuné au Grand Hôtel avec le dirigeant d'une institution religieuse pour parler de vente de tableaux. Après les quarante-huit heures de garde à vue, les inspecteurs redescendent à Lyon et présentent les suspects au juge Renaud. Ce dernier les inculpe de séquestration arbitraire et les fait incarcérer le 15 août. Calvy est déjà écroué à Saint-Paul depuis le 1er août, et inculpé d'abus de confiance et de faux en écriture, après que le juge a ordonné la perquisition de ses bureaux de Paris, Genève et Nice.

Grâce aux interventions du bâtonnier Bernascon auprès de la chambre de mise en accusation, Calvy bénéficie, fin août, d'une mise en liberté sous caution. Il reste cependant détenu car il doit encore purger la peine d'un an dont il a écopé pour ses escroqueries passées.

Matencio, dans ses déclarations, se contredit souvent. Son défenseur, Me Joannès Ambre, dira de lui qu'il paraissait insaisissable, tant sa mémoire était poreuse et sa personnalité fantasque, ce qui le rendait encore plus suspect aux yeux du juge. Évidemment, chacun nie être impliqué en aucune façon dans cet imbroglio. Le magistrat ne peut se fier qu'à son intime conviction.

Bien que terrorisé par le juge Renaud, qui ne le ménage pas lors des interrogatoires, Matencio s'en tirera grâce à des faux-fuyants. Il prétendra avoir eu une altercation au bar Le Français avec un client éméché, pour expliquer les traces de griffes qu'il portait au visage le 4 juillet, jour de la disparition. Cependant, deux employés du bar témoignent qu'ils se rappellent l'incident, mais que ça n'est pas Matencio qui a « sorti » le client ivre. Les policiers ayant retrouvé la prostituée à cause de laquelle Matencio a été condamné pour proxénétisme, Denise Bokobza, elle leur révèle que, fin juillet, il a prétendu détenir une somme de 500 000 francs en Suisse. Matencio rétorque au juge qu'il s'agissait d'une vantardise de sa part... L'enquête piétine.

Peu de temps auparavant, des faits insolites se sont produits. Gérard Calvy, qui se rend à une convocation de la police, le 17 juillet 1974, est la proie, en plein jour et face à la porte du Grand Hôtel, d'une tentative d'enlèvement. Un témoin, qui a vu deux hommes le pousser de force dans une voiture, appelle la police et lui signale l'incident. Les policiers rattrapent rapidement les ravisseurs qui leur déclarent avoir agi pour essayer d'arracher la vérité à Gérard Calvy, car ils craignent d'être eux-mêmes inquiétés. Ces deux hommes, dont l'un n'est autre que Maurice Martin, gérant de la discothèque Le Ménestrel appartenant à YML, sont relâchés sans être autrement inquiétés. En effet, Calvy a étrangement refusé de déposer plainte contre eux. Au cours de mes recherches, j'ai appris de source policière que ces deux hommes avaient été « téléguidés » par la police pour impressionner Gérard Calvy et le faire parler. Les officiers qui enquêtaient sur le dossier leur avaient même prêté des armes factices.

Les incidents se poursuivent. Mme Marin-Laflèche mère est assaillie de demandes de rançons au téléphone, et son mari est violemment agressé et passé à tabac par des inconnus le 5 novembre 1974. Curieusement, il dépose une plainte, puis la retire très rapidement.

Le juge Renaud demande la mise sur écoute téléphonique des trois protagonistes de l'affaire, ainsi que de quelques personnes qui leur sont proches. C'est lors de ces écoutes que l'on découvre l'existence d'Angélique Lebec, prostituée à Saint-Mandé, dont le mari est en prison. Un journaliste de *France-Soir*, Roger Colombani, dévoile, vers la fin août 74, un élément primordial, le plus important connu à ce jour et surtout la seule pièce matérielle saisie. En effet, le lendemain de la disparition de son fils, Mme Marin-Laflèche déclarait aux gendarmes de Limonest que, la veille, ce dernier l'avait accompagnée chez un couturier, à la boutique Jeanne Aubert, où elle devait récupérer une robe. Cependant, à son retour, elle avait oublié la robe sur le siège arrière de la voiture et son fils était donc reparti avec. Dans sa déposition, Mme Marin-Laflèche avait également signalé la disparition du fusil caché sous le matelas de son fils.

Le journaliste, bénéficiant de quelques indiscrétions policières, entre rapidement en contact avec Angélique Lebec, qui partage son logement avec une amie, Coletta, et la persuade de se confier. Il la rencontre le 20 août et elle lui répète avoir servi d'intermédiaire pour une rencontre entre Le Sant et Matencio vers la mi-août. Mais elle n'en reste pas là : elle montre à Colombani une robe que Le Sant lui a remis et lui a demandé de jeter car elle était tachée de graisse. Mais Angélique ne lui a pas obéi car la robe, de bonne facture, lui plaisait et parce qu'elle a pu la nettoyer.

Le journaliste constate en un clin d'œil que ce vêtement correspond à la robe que Marin-Laflèche avait offerte à sa mère. Quant aux taches de graisse, elles provenaient peut-être du fusil d'YML. Il s'agit là de la preuve évidente que Le Sant n'est pas remonté à Paris par le train comme il le prétend, mais bien avec l'Alfa Romeo dans laquelle se trouvait la robe. À l'appui de cette thèse, des serveurs du Café des Étrangers affirment qu'il était minuit passé quand YML est venu prendre 400 francs dans la caisse, et qu'ils ont reconnu Matencio assis à l'avant de l'Alfa Romeo, éclairée par les spots de la terrasse. De ce fait, il n'a pu prendre le train de 0 h 08, et on peut imaginer que Le Sant et lui sont allés à Paris avec la voiture. Angélique ajoute aussi avoir vu un fusil démonté dans la chambre qu'elle prêtait à « Dany », et que celui-ci lui a offert une montre de style « Rognon », du même genre que celle que portait Marin-Laflèche.

À cela, Le Sant rétorque que le fusil lui a été donné par Marin-Laflèche, en échange du pistolet qu'il portait sur lui. L'arme aurait été « empaquetée » dans la robe, ce qui expliquerait les taches de graisse, par Marin-Laflèche lui-même. Quant au fusil et à la montre, ils auraient disparu lors d'un cambriolage de l'appartement parisien de Le Sant !

L'enquête a nettement progressé. Cependant, malgré les fortes présomptions qui poussent les enquêteurs à croire à la mort de l'hôtelier, ils ne négligent aucune piste [1]. C'est ainsi que, dans le courant du mois de septembre, ils vont chercher en Tunisie, où il est en voyage d'agrément, le fils de l'ancienne propriétaire du château de Champagne, Jean-Christophe de Barry. Il semble que cet homme soit le seul à connaître les issues secrètes des souterrains de la vieille demeure, et les policiers pensent qu'il pourrait apporter la solution à l'énigme. Certains espèrent trouver les documents compromettants dont YML parlait souvent, des documents sur lesquels figureraient des noms du gratin lyonnais, aussi bien dans le monde politique que dans celui des affaires, et notamment des affaires de mœurs. Plus important, il n'est pas impossible que l'on retrouve le cadavre de l'hôtelier, même si l'on ignore toujours s'il est mort, séquestré, ou en fugue ! Un élément nouveau jette cependant le doute sur cette dernière hypothèse : courant septembre, un chèque daté du 24 juillet (soit trois semaines après sa disparition) est présenté au paiement dans une banque suisse. Renseignement pris auprès de ses proches, il s'avère qu'Yves Marin-Laflèche était un coutumier du chèque antidaté et qu'il faisait régulièrement de la « cavalerie » avec ses paiements, ce procédé lui permettant d'éviter les crédits à court terme. Tous ceux qui se trouvent en possession de ces chèques et qui les ont acceptés, bien que le système soit illégal, perdront leur créance, car les comptes de l'hôtelier sont désormais bloqués. L'hypothèse de la fuite est donc rapidement abandonnée.

Le 26 janvier 1975, la police arrête l'auteur du cambriolage de l'appartement parisien de Le Sant. Il s'agit de l'un de ses anciens codétenus de la Santé, Daniel Sergent, avec lequel il avait partagé une cellule pendant huit mois. Il connaissait parfaitement les lieux puisqu'il avait lui-même loué ce logement. Il dit avoir gardé le contact avec Le Sant jusqu'au 27 juin, date à partir de laquelle il ne l'a plus revu. Daniel Sergent reconnaît avoir cambriolé le

1. Un reporter de l'hebdomadaire *Minute*, Jacques Tillier, qui a recueilli des propos d'Anne-Marie Gavand, la secrétaire, concernant un personnage haut placé qui serait impliqué dans l'affaire, propose ses services au juge Renaud, qui les accepte. Mais François Renaud est tué peu de temps avant le début de cette collaboration. Jacques Tillier deviendra connu du grand public pour ses démêlés avec l'aventurier-gangster Jacques Mesrine.

logement, mais affirme n'y avoir trouvé ni montre ni fusil. Le juge Renaud le fait amener à son cabinet le 27 janvier et le confronte à Le Sant... Encore une fois, cela ne donnera rien.

Au fil des interrogatoires menés par le magistrat, Matencio et Le Sant déclarent avoir soupé avec Marin-Laflèche le 3 juillet, soit quelques heures avant sa disparition. Selon Matencio, c'est au cours de ce dîner que Le Sant, un peu éméché, a entrouvert son attaché-case plein de billets de 500 francs. Daniel Le Sant nie en bloc et affirme avoir remis la fameuse mallette au PDG le matin même. Selon les dires de Matencio et Le Sant, la conversation a principalement tourné autour d'un éventuel achat de tableaux. Pourtant, le personnel de l'auberge témoignera avoir entendu, par bribes, qu'il s'agissait de papiers à récupérer à Nice.

Les péripéties judiciaires ne manquent pas entre le juge Renaud, les inculpés et l'avocat de Matencio, le célèbre Joannès Ambre, une personnalité locale. Ce dernier, as du Barreau lyonnais, utilise plusieurs déclarations télévisuelles intempestives et prématurées de François Renaud, et met le magistrat en sérieuse difficulté. Il dépose même, le 12 décembre 1974, une requête de dessaisissement, pour suspicion légitime, à l'encontre du juge.

Un des incidents qui jalonnent l'enquête mérite d'être relaté. Alors que la police interroge, le 11 septembre, et pour la seconde fois, une collaboratrice de Gérard Calvy, employée dans son agence de Paris, elle leur révèle qu'un autre collaborateur de Calvy, Claude Giraud, lui avait laissé en dépôt les clés d'une consigne de la gare Saint-Lazare afin qu'elle les remette à son tour à un ami de Calvy, l'acteur de cinéma Michel Dauba. Les enquêteurs perquisitionnent immédiatement chez l'acteur et découvrent une des deux valises qui proviennent, en fait, de la consigne de la gare Montparnasse. Elle est vide. Interrogé, Michel Dauba indique qu'il tient ces valises de Calvy, qui lui aurait demandé de les cacher. Voyant la mauvaise tournure qu'ont pris les événements suite à l'arrestation de Gérard Calvy, Dauba a remis ces mallettes à Claude Giraud, qui les a lui-même expédiées à Me Bernascon, l'avocat de Calvy, à Lyon.

Mais l'avocat n'a pas voulu de cette masse de documents et les a renvoyés chez Calvy, à Paris. Ils sont saisis le 12 septembre lors d'une perquisition et analysés par des inspecteurs de la Brigade financière. Tous ces dossiers, une centaine de kilos, se retrouvent dans le bureau du juge Renaud courant mai 1975, soit près de huit mois après leur saisie. Le magistrat ne se sentant pas suffisamment compétent en matière de problèmes financiers, il confie – et c'est sans doute là une première dans l'histoire de la justice – l'étude de ce dossier à un avocat de la famille Marin-Laflèche, Me Meyra, spécialiste de ces questions. Là encore, on ne trouvera rien de déterminant.

Un élément nouveau intervient le 3 novembre : jusqu'à ce jour, Yves Marin-Laflèche était, aux yeux de la loi, seulement disparu. Or un chasseur, André Guillon, retrouve son cadavre dans un bois de Pommiers, aux environs de Villefranche-sur-Saône. Le corps, dans un état de décomposition avancée et en partie dévoré par les animaux sauvages, est enveloppé dans un peignoir qui appartenait au défunt, ainsi que dans des draps et une serviette de bain imbibés de sang. On identifiera Marin-Laflèche grâce à sa dentition et aux lambeaux de ses vêtements. L'autopsie, rendue extrêmement difficile par l'état du cadavre, laisse penser qu'il a été tué par un fusil de chasse avec une cartouche de type chevrotine ou balle à ailettes. Le motif d'inculpation devient alors le meurtre, au lieu de la séquestration, et la sanction encourue, la peine de mort.

La découverte du corps n'amène pas vraiment d'éléments nouveaux et les recherches ou interrogatoires qui suivent restent stériles. Le juge Renaud est convaincu de tenir les coupables, mais il ne peut les confondre. Matencio, le suspect numéro un, se défend en prétextant que, son patron mort, sa situation professionnelle disparaît.

La complicité Calvy-Matencio n'apparaît pas évidente, car Calvy a interdit l'accès aux caisses à Joël Matencio dès les jours qui ont suivi la disparition du PDG. Mais peut-être s'agit-il d'une manœuvre destinée à tromper les enquêteurs ? Depuis le printemps 1975, tous les inculpés ont été libérés et les investigations abandonnées... Peut-on encore croire que le mobile de l'assassinat était la mallette, celle que Calvy disait avoir remis à Le Sant et qui, d'après lui, contenait un million de francs, celle que Daniel Le Sant reconnaissait avoir transportée depuis Paris, et enfin celle que

Joël Matencio certifiait avoir vue pleine de billets de banque, la veille du meurtre ? On finira par la retrouver chez Daniel Le Sant... mais vide ! On peut imaginer qu'à la fin de la soirée du 3 juillet, à Crépieux-la-Pape, Le Sant a effectivement remis l'attaché-case à Yves Marin-Laflèche, qui l'a alors emporté à la villa de Champagne, et que son assassin l'a accompagné ou suivi afin de la récupérer.

On ne connaîtra sans doute jamais le fin mot de l'histoire. Nul ne sait ce qui s'est réellement passé cette nuit d'été 1974 à Champagne-au-Mont-d'Or, sauf les acteurs de ce drame. Les trois hommes inculpés par le juge Renaud, Gérard Calvy, Joël Matencio et Daniel Le Sant, ont chacun obtenu un non-lieu et les poursuites judiciaires se sont arrêtées *de facto*.

Pour ma part, et ceci n'engage que moi, une hypothèse demeure envisageable, et je précise encore qu'il ne s'agit que d'une conviction personnelle. Gérard Calvy était sans doute la tête pensante de cette machination. Cependant, il était doté d'une intelligence redoutable ; il a pu manipuler les deux autres de façon tellement subtile qu'il leur a insidieusement suggéré l'idée de l'assassinat, sans en parler clairement. Le meurtrier se nomme peut-être Joël Matencio, qui a prouvé deux ans plus tard qu'il était capable d'un tel geste. Et Daniel Le Sant serait venu prêter main-forte... Quant au mobile, il faut sans doute le chercher dans deux directions : d'une part, les relations complexes entre individus appartenant à un même groupe, le monde homosexuel, dans lequel les emportements passionnels ne manquaient pas ; d'autre part, le projet d'achat d'un château et la possession d'une somme importante d'argent liquide liée à cet achat, qui circulait dans leur cercle fermé.

Après la mort du juge Renaud, en juillet 1975, le dossier n'évoluera plus. Seule Mme Léa Marin-Laflèche mère s'intéressera encore à l'affaire... Les autres, ses « amis » de soirée, préférèrent probablement ne plus en entendre parler.

Que sont donc devenus ces trois personnages ? Daniel Le Sant, libéré pour cette affaire fin 1975, fut à nouveau arrêté en flagrant délit de cambriolage par un homme de l'Agence lyonnaise de sécurité, dirigée par l'ancien commissaire Charles Javilliey. On le remit en prison.

Joël Matencio, relâché en mars 1975, partit travailler à Grenoble dans une station-service. Pour une querelle futile, il tenta d'y mettre le feu. Arrêté, il fut rapidement relâché... Il aura une nouvelle fois la vedette dans les médias à la suite d'une affaire rocambolesque, sans doute conçue dans les méandres tortueux d'un cerveau malade. Courant juin 1976, Matencio kidnappe et assassine deux personnes : un couple grenoblois, Christian Leroy et Muriel Trabelsi, puis le 24 juillet, une jeune fille de 21 ans, Olga Moisenko. Il envoie des demandes de rançon, tapées sur sa propre machine à écrire, en prétendant être le représentant du « groupe 666 » des Brigades rouges. Dénoncé par un beau-frère, M. Fernandez, gardien de la paix, qui a reconnu sa voix lors de la diffusion, à la radio et à la télévision, de l'enregistrement d'un de ses appels, il sera arrêté le 20 octobre 1976 à Paris. Lors de son procès devant les Assises de l'Isère, il reconnaîtra ces meurtres et sera lourdement condamné.

C'est seulement en 1984, soit dix ans après, qu'ils obtiendront chacun une ordonnance de non-lieu concernant leur inculpation pour le meurtre d'Yves Marin-Laflèche.

Quant au dernier des trois, Gérard Calvy, il bénéficia, le 13 mars 1975, en même temps que Matencio, d'une mise en liberté sous contrôle judiciaire, mais ne put profiter de celle-ci, car il fut maintenu en détention pour son affaire d'escroquerie. Il sera relâché le 6 mai 1976 contre le versement d'une caution de 100 000 francs. Il semble qu'après cette affaire, il se soit fait complètement oublier... Ses nombreuses relations l'y ont sans doute aidé !

LE GANG DES LYONNAIS

1970-1975

L'affaire qui a le plus marqué la mémoire collective des Lyonnais, ces dernières décennies, est sans aucun doute celle du « Gang des Lyonnais ». On ne sait plus trop si ce terme fut inventé par la police ou les médias ; toujours est-il qu'il fit connaître au grand public une équipe exceptionnelle. La préparation minutieuse et ordonnée de ses opérations s'apparente plus souvent à des actions de commandos militaires qu'à de simples « braquages ». Ils se montraient d'une redoutable efficacité. À ce jour, ils n'ont toujours pas été égalés sur la place de Lyon. On compte une seule bavure sur tout leur parcours, et dont ils n'étaient, à l'origine, pas responsables.

Une telle équipe ne pouvait se composer que d'hommes peu ordinaires. Le secret de sa longévité s'explique par la cohésion jamais démentie entre ses membres. Ils avaient partagé leur enfance et leur jeunesse, un lien solide, indéfectible, que tout le monde ne peut pas comprendre. Ce ciment trouvait son origine dans une forme de misère, morale et sociale, qu'ils avaient en commun depuis toujours. De ce sentiment d'injustice naquit rapidement un sentiment de revanche, parfois proche de la haine, et un besoin d'affirmer sa révolte.

Tout au long de ce chapitre, je reviendrai sur chacun d'eux. J'en parlerai de façon précise car j'en ai connu plusieurs. Le premier d'entre eux, « Momon » Vidal, est resté près de moi pendant la rédaction de ces pages ; il m'a apporté un éclairage précieux sur le fameux « Gang des Lyonnais ».

Quelques mots d'abord sur Momon, 57 ans en 2002, le trait d'union et le lien incontesté entre les membres de cette équipe. Je le connais de longue date et lui voue une grande estime. J'ai souhaité le montrer tel que je l'ai vu dans l'intimité, ouvert, sensible, généreux et, surtout, fidèle en amitié. S'il avait vécu une autre jeunesse, il aurait sûrement occupé un poste de premier plan, car ses capacités à appréhender et à mener les hommes sont véritables et reconnues de tous, y compris par certains de ses anciens adversaires.

Nous avons, ensemble, longuement évoqué son enfance et son adolescence passées sur les terrains de campement réservés aux gens du voyage. Issu d'une famille gitane très pauvre, il a dû se battre constamment pour survivre dans des conditions particulièrement pénibles. Son clan vivait dans des caravanes ou des véhicules aménagés, comme de vieux tramways, sans eau courante. À une époque, avec sa mère, ses deux frères et sa sœur, ils furent même hébergés dans une cité des sans-abris de l'abbé Pierre. L'amour profond qu'ils se portaient compensait ce manque criant de confort. Momon, qui souffrait de la situation, a tout tenté pour soutenir les siens. À douze ans, il aidait son père à déferrer les métaux (à les séparer suivant leur qualité) ; puis il alla seul faire « la piotte » dans les décharges et les remblais. Il m'a parlé des vêtements que ses parents devaient acheter aux Puces et des chaussures qui restaient désespérément vides les lendemains de Noël. Sa mère vendait des draps au porte-à-porte, son père, souvent malade, travaillait à droite à gauche chez des ferrailleurs, mais n'avait pas de revenus réguliers. Momon m'a décrit les terrains sur lesquels ils vivaient, qui devenaient boueux dès qu'il pleuvait, les prières qu'il récitait à l'église pour que les quintes de toux de son père cessent... Il semble évident qu'un tel environnement ne favorise pas l'assiduité à l'école ! Très vite, on se rend compte qu'il est impossible de suivre. Alors, on se retrouve dans la rue et il faut apprendre à y vivre. Les lois de la rue forgent le caractère ; bien sûr, il s'agit d'un monde marginal, mais on y apprend des valeurs fondamentales : la fraternité et la solidarité.

Adolescent, Momon vit à Décines, petite ville industrielle de la banlieue est de Lyon, sur une parcelle que l'on appelle « le terrain ». Ici sont regroupées les roulottes et caravanes des familles manouches. Plusieurs communautés étrangères y ont également élu domicile, attirées par les emplois que procurent les industries textiles et chimiques. C'est le cas des Arméniens rescapés du génocide de 1915, et de quelques familles grecques que les hasards et les misères de la vie ont jetées hors de chez elles. Momon a passé une bonne partie de sa jeunesse ici et y a noué de solides amitiés.

Un de nos amis communs, « Dédé de Gerland », m'a raconté comment, vers l'âge de dix ans, Momon et lui avaient réparé un vieux triporteur. Ils s'en servaient pour faire la tournée des nombreuses usines qui se trouvaient sur le site dans les années 1950-60, où ils ramassaient de vieux métaux (boulons, tôle, fil de fer, etc.) qu'ils revendaient à des ferrailleurs. Cela leur permettait de se nourrir. Un peu plus tard, ils se cotisèrent à cinq ou six pour acheter un costume que chacun portait à tour de rôle, à l'occasion de sorties ou d'événements familiaux importants. Comme ils étaient chacun de taille différente, cela demandait quelques ajustements !

Tout au long de leur parcours, ils se sont serré les coudes comme ils avaient appris à le faire dans leur enfance... Là réside l'essentiel de leur force. Le juge Renaud croyait pouvoir ébranler cet édifice en les attaquant de façon non conventionnelle et peu élégante (il exerçait un chantage moral sur les inculpés en incarcérant leurs femmes, mères ou compagnes) ; en réalité, il n'a réussi qu'à renforcer leur solidarité. À aucun moment, il n'a compris leur psychologie ni n'a voulu tenir compte de la dimension humaine de cette affaire... Lors d'un entretien avec Me Ambre, il a cependant fini par admettre qu'avec Momon Vidal, il était tombé sur un homme de caractère.

Mais reprenons au tout début. L'association commence en 1970 et ne réunit que deux hommes : Pierre Pourrat et Joanny Chavel. Le « Gang des Lyonnais » n'existe pas encore, il n'en est qu'au stade embryonnaire. Les deux hommes possèdent un point commun : ils ont chacun connu un échec avec leurs précédents partenaires.

Parlons d'abord de Pierre Pourrat : originaire de Saint-Étienne, où il est né le 23 avril 1927, on le surnomme « le Vieux » (bien qu'il n'ait guère plus de quarante ans à l'époque). Certains l'appellent aussi « Pierrot la Chourave », d'autres « Patrick », et plus tard « le Docteur », en raison de son goût pour les vêtements élégants et de sa prestance naturelle, qui force le respect. De 1967 à 1969, Pierre

Pourrat a travaillé dans l'équipe de Pierre Rémond, dit « Nonœil », qu'il avait rencontré à la centrale de Nîmes. Mais il l'a rapidement quittée, car il désapprouve les méthodes violentes de son chef. Certes, il flirte souvent avec l'illégalité, mais il a la mentalité d'un voleur ingénieux (en argot, un « chouraveur ») et non celle d'un tueur. Pour quitter l'équipe, il use d'un stratagème, car Nonœil est craint et peut se révéler dangereux, y compris pour ses anciens amis ! Selon la version officielle, il doit se mettre en cavale et partir en Italie, car la police le recherche. La ruse ne tiendra pas longtemps : Nonœil aura vent du mensonge et lui en tiendra rigueur. La mort de ce dernier, en décembre 1969, mettra fin à ce litige latent.

Si le destin se montre parfois particulièrement dur pour certains, le Docteur en est la plus parfaite illustration. Abandonné par sa mère dès son plus jeune âge, confié à l'Assistance publique, il est ensuite, comme cela se pratique beaucoup à l'époque, élevé par diverses familles de paysans. Privé de l'affection et de l'amour dont un enfant a tant besoin, il effectue quelques séjours en maison de correction.

Sans ce parcours chaotique et semé d'embûches, Pierre Pourrat aurait pu connaître un tout autre destin. Un jour de 1938, alors qu'il a onze ans, le paysan chez qui il est placé le frappe avec une pioche. Bilan : il lui détruit un rein. La raison d'une telle violence semble difficile à croire : tenaillé par la faim, Pierre s'était juste introduit dans une grange pour chaparder un peu de nourriture ! Ici se pose la question que chacun d'entre nous élude inconsciemment : comment échapper à un passé aussi sombre ? Par quels moyens ? A-t-on vraiment le choix ?

Devenu adulte, Pierre Pourrat est avant tout un homme de tête, mais il aime la discrétion. À une exception près : lorsqu'il se trouve devant un tapis vert, car il est un acharné du jeu, un véritable flambeur. Comme me le racontait un de mes amis, Robert I..., qui le côtoyait souvent au casino de Charbonnières, il piquait des colères mémorables contre les croupiers lorsqu'ils n'annonçaient pas les numéros qu'il avait misés. C'était comme s'il mettait sa vie sur le tapis à chaque fois. En dehors de cette passion dévorante, il savait se montrer plein d'humour et de compagnie agréable.

Ce besoin impérieux de jouer lui venait sans doute de son enfance volée. Il affectionnait les plaisanteries un peu naïves, par exemple lancer discrètement des boulettes de pain sur les serveurs dans les grands restaurants. Il prenait ensuite un air consterné, et personne n'aurait songé à le soupçonner. C'est cette personnalité contrastée, à la fois grave et juvénile, qui amusait ses amis.

Le Docteur aimait flirter avec l'interdit, pour le petit frisson que cela lui procurait. Non-fumeur, il dérobait parfois un paquet de cigarettes en achetant son journal, puis l'offrait à un ami fumeur. Son geste n'était en rien motivé par l'appât du gain, mais par le goût du défi. Tous ces pieds de nez qu'il adressait à la société lui permettaient sans doute de prendre une revanche sur son enfance. Le Docteur était certes un voleur, mais il n'a jamais eu de sang sur les mains. Ses amis ne l'ont pas oublié... J'ai ressenti leur profonde affection lorsqu'ils ont évoqué sa mémoire en ma présence.

Le second homme à l'origine du « Gang des Lyonnais » se nomme Joanny Chavel, dit « le Gros Jeannot ». Il est né le 19 septembre 1937 à Villefranche-sur-Saône, dans une famille d'agriculteurs modestes du Beaujolais, et a grandi dans le village d'Arnas. De forte corpulence et de taille un peu supérieure à la moyenne, il arbore une moustache à la gauloise. À la différence de Pierre Pourrat, il a connu une enfance normale. C'est après la guerre d'Algérie, en 1960, dont il revient avec le grade d'adjudant-chef, que son caractère change. Il a participé à la lutte anti-OAS avec les « barbouzes », que l'on retrouve au Service d'action civique (SAC). Il raconte souvent à ses amis qu'il a vécu des moments très pénibles, en particulier lors d'interrogatoires poussés. Ils ont d'ailleurs remarqué que, derrière une façade calme, Chavel cache en lui une violence terrible. Cette guerre l'a marqué de façon indélébile, il en portera les séquelles toute sa vie.

Depuis son retour d'Algérie, et avant son association avec le Docteur, le Gros Jeannot ne possède pas vraiment d'emploi stable. Pendant quelques mois, il officie comme représentant en bijoux fantaisie et en chaussures de luxe copiées sur de grandes griffes. Mais il est déjà largement entré dans la délinquance. Condamné pour plusieurs cambriolages et soupçonné de vols de coffres-forts et d'attaque à main armée, il se retrouve inscrit au fichier du grand banditisme. Il a connu la maison centrale de Clairvaux, dont il est sorti courant mai 1969. Il décide alors de passer à la vitesse supérieure et convoite une place de « caïd » dans le milieu. À cette époque, son attitude générale se modifie : il cherche à se donner une image plus pondérée, voire distinguée. Sans argent à son retour de centrale, il vit un temps chez sa mère, puis reprend très vite son indépendance financière. Il fait la connaissance de Jeannine Thétard, avec qui il se met en ménage. Jeannine a des enfants, et Chavel parachève ainsi sa façade d'homme rangé et respectable. Comme il aime la chasse – il est un excellent fusil –, il se crée des relations dans le monde des chasseurs à Villefranche, ce qui contribue à le « poser » en société.

Jusqu'à la fin de sa vie, Joanny Chavel eut constamment ce souci du paraître. En 1972, sa mégalomanie le pousse à acquérir le château de Fléchères, à Fareins, dans l'Ain. Il y donne des fêtes somptueuses.

Avant d'en arriver là, il travaille avec un ami à la personnalité très affirmée, venu lui aussi de la campagne : Claude Guerry, dit « Petit Claude ». Ensemble, ils braquent les banques de la région caladoise, et deviennent pour la presse et l'opinion le « gang de la vallée de la Saône ». Claude Guerry, attiré par le monde de la nuit et grand amateur de femmes, devient un habitué du milieu lyonnais. Ses fréquentations déplaisent à Chavel, qui souhaite se donner une autre image (de préférence celle d'un commercial courtier en vins fins). Il veut éviter qu'on lui colle une étiquette de truand sur le dos et refuse d'être catalogué comme appartenant au milieu lyonnais. En raison de leurs modes de vie opposés, ils se sépareront assez vite.

Claude Guerry fit parler de lui par la suite, car il fut soupçonné d'avoir abattu le responsable du SAC lyonnais, et Parrain du moment, Jean Augé. Il fut lui-même exécuté quelques mois plus tard, le 3 août 1973, devant son bar L'Imprévu, rue Sébastien-Griphe. On a raconté dans le milieu que l'un des deux exécutants était un nommé Pierre Lieballe, dit « Ratat », un gitan particulièrement violent. Ratat voulait, semble-t-il, se venger de Claude Guerry, qui lui aurait pris une de ses « filles ». Le gitan avait déjà, dit-on, abattu un homme, Brahim Aouar, dans une boîte de nuit de

Sathonay, Le Lunaire, pour un différend entre proxénètes concernant les places affectées aux « dames » sur le boulevard de ceinture. Il n'avait pu être condamné faute de preuves.

C'est après la séparation des équipes Pourrat/Nonœil et Chavel/Guerry qu'un ami commun présente Patrick Pourrat à Joanny Chavel. Ces deux-là se conviennent tout de suite. Ils possèdent beaucoup de points communs et décident de poursuivre leur carrière ensemble. Ordonnés et méthodiques, ils réussissent quelques belles opérations, mais à deux leurs actions sont forcément restreintes. L'idée leur vient de chercher un chauffeur, afin de compléter l'équipe et de lui permettre d'aller plus loin. C'est par hasard, courant 1970, que Joanny Chavel retrouve Edmond Vidal, Momon, plus connu à l'époque sous le surnom de « Zieux Bleus ». Joanny Chavel a gardé un excellent souvenir de lui : alors qu'ils étaient tous les deux incarcérés à la prison Saint-Paul de Lyon, Momon avait partagé un colis de Noël avec lui. Ils ne se sont pas revus depuis, mais le Gros Jeannot n'a jamais oublié ce geste de solidarité.

Momon a eu vent de la réputation de Joanny Chavel : on le dit d'une efficacité redoutable pour l'organisation des hold-up. Sa renommée d'homme réfléchi et consciencieux le précède, aussi Momon lui propose-t-il ses services. Dans un premier temps, Chavel répond qu'il s'est retiré, mais demande à Momon de lui laisser ses coordonnées, juste au cas où... En réalité, Jeannot veut obtenir l'avis et l'accord de son associé Pierre Pourrat, accord qui ne tardera pas. Le rôle de Momon dans ce nouveau trio est celui de chauffeur.

Alors âgé de 24 ans, Momon est en liberté conditionnelle avec mise à l'épreuve sur deux ans. Il a purgé quatre années pour une rixe qui a mal tourné, dans un bar de nuit de Lyon, le Nelson Bar. Son équipier de l'époque s'appelait Jean-Pierre Gandebœuf.

Mais revenons en arrière. Dans les années 1960, Momon, comme beaucoup de jeunes issus de familles modestes, est plutôt du genre « blouson noir ». Un peu bagarreur – n'oublions pas que c'est la mode des « vogues », fêtes populaires par excellence – mais pas voleur. Ses proches se nomment Pierre Zakarian (Pipo), Michel Silmetzoglou (Michel le Grec ou Zorba), Jean-Pierre Mardirossian,

Georges Manoukian (Chaïm). Une bande d'amis d'enfance dont le rassembleur est déjà Momon et qui lui resteront fidèles jusqu'au bout. Ils rejoindront plus tard le Gang des Lyonnais.

La vie de Momon bascule à l'occasion d'un petit vol à l'étalage, une chose sans importance, mais que la police grossit volontairement et traite de façon inhumaine. Je veux raconter cette histoire en détail, car elle lui tient beaucoup à cœur et permet de mieux comprendre son attitude future. Momon et ses copains rentrent d'un bal du samedi soir. Sur un coup de tête, et par défi, ils s'arrêtent devant un petit magasin Casino qui ouvre dès 5 heures du matin. Ils dérobent un cageot de cerises posé devant la boutique. Un noctambule relève la plaque minéralogique de la voiture de Momon et la police vient l'arrêter dans les jours suivants. Il reconnaît ce vol à l'étalage sans problème, ne se doutant pas une seconde qu'un si petit larcin pourrait avoir des conséquences aussi graves. Est-ce son origine gitane qui a joué en sa défaveur ? Toujours est-il que le juge du tribunal de Vienne le garde un mois et demi en détention préventive, alors que, lors de son procès, il ne sera condamné qu'à quinze jours.

Là n'est pas sa plus grande blessure. Ce qu'il n'a pas supporté, c'est de voir les deux policiers chargés de l'enquête perquisitionner chez sa mère et la traiter avec mépris. Ils vident les placards, jettent le linge par terre et bousculent Mme Vidal qui, naturellement, veut s'interposer pour protéger son fils. Elle leur propose de rembourser le montant du larcin, mais ils refusent et emmènent Momon devant sa mère en larmes... Bouleversé, il se sent impuissant et en conçoit une vive rancune à l'égard de la police. Cette image, Momon n'a jamais pu l'oublier ; elle n'est certainement pas étrangère à la suite de sa carrière dans la marginalité.

C'est lors de ce premier séjour carcéral que Momon rencontre Jean-Pierre Gandebœuf, dit « Christo ». Ils se lient aussitôt d'une amitié profonde. Aussi est-ce tout naturellement qu'ils se retrouvent en sortant de prison, et commettent ensemble leurs premiers cambriolages. Momon aurait-il emprunté le même chemin s'il n'avait pas volé ces malheureuses cerises ? Sans doute que non. Mais le destin est ainsi fait...

Quelques mots sur Christo, un des tout derniers arrivés dans le

Gang des Lyonnais, et pourtant le plus lourdement condamné, sans doute plus pour sa froideur apparente que pour sa culpabilité. Il avait la réputation de porter malheur... « Christo la Guigne », en quelque sorte. La « scoumoune » semblait lui coller aux semelles ; pour preuve, cet épisode datant de 1966. Un soir, Momon et Christo arrivent au Nelson Bar, rue Masséna, accompagnés de deux amis, Dilita et Rodriguez. Sandra, la compagne de Christo, se trouve derrière le comptoir. L'ambiance leur semble franchement malsaine.

En effet, à une table voisine, Fernand Recchia, riche ferrailleur lyonnais, lorgne Sandra d'un œil salace. Il est en compagnie d'un nommé Rizzi (alors champion de boxe poids lourds) et de deux autres personnes. Christo, qui est amoureux de Sandra, s'aperçoit que Recchia et ses amis la traitent comme une prostituée, et ne supporte pas ce manque affiché de respect. Il le fait donc savoir clairement et demande à Sandra de quitter le bar. C'est alors que Recchia et Rizzi interpellent Christo et Momon, avec un certain mépris dans la voix : « Dites les Gônes, c'est pas bientôt fini, votre boucan ? » Seule la décence m'interdit de citer la réponse desdits Gônes, mais l'affaire dégénère et Rizzi (le champion de boxe) envoie un coup de poing à Christo, en plein sur la tempe.

La bagarre enfle, tous les clients s'y mettent, sauf les deux hommes qui accompagnent Momon et Christo ; sans doute impressionnés par la force et la réputation de Rizzi, ils choisissent la neutralité. L'avantage tourne donc en faveur de l'équipe Recchia. Momon et ses amis se retirent en promettant de ne pas en rester là. Ils quittent effectivement le bar et reviennent peu après avec, cette fois, une arme à feu. Ils se heurtent à une porte close. À l'intérieur, ils entendent Recchia et ses amis rire de leur mésaventure. De rage, Christo tire sur la serrure. Mais elle résiste et la porte ne s'ouvre pas. Un de ses compagnons prend alors l'arme des mains de Christo (un colt 45) et tire à son tour. La balle traverse la porte et atteint au ventre Jeanny Tisseur, la tenancière du bar, qui se tenait juste derrière. Bien que grièvement blessée, elle s'en sortira, mais Momon, Christo, Dilita et Rodriguez sont arrêtés et inculpés de tentative de meurtre. Lors de l'enquête, la voiture de Recchia, une grosse américaine, a été remarquée garée devant le Nelson Bar.

Interrogé, Recchia n'hésitera pas à dénoncer les quatre compères. Il recevra la monnaie de sa pièce quelques années plus tard. Le 14 décembre 1974 dans la nuit, une équipe de quatre hommes lui rend visite, abordant en canot pneumatique à l'arrière de sa villa d'Albigny, à Port-des-Monts-d'Or. Ils n'y trouveront que sa femme, mais allègeront son coffre-fort de 320 000 francs et de quelques documents compromettants.

Jugés devant une Cour d'assises pour tentative de meurtre, ils écopent tous d'une condamnation : sept ans de réclusion criminelle pour Christo, cinq ans pour Momon, trois pour Dilita et deux pour Rodriguez. Bien que le coup de feu qu'il a tiré ne soit pas celui qui a blessé Jeanny Tisseur, Christo est le plus lourdement condamné des quatre. Suite à cette affaire, Momon et lui sont inscrits au fichier du grand banditisme. Quand on ne le confond pas avec un autre, Christo s'attire encore des ennuis en se trouvant par hasard au mauvais endroit et au mauvais moment ! Ainsi, en 1988 à Marbella, en Espagne, alors qu'il rend visite à un vieil ami, Jean-Louis Camérini, le bref séjour qu'il avait projeté se transforme en emprisonnement de seize mois. En effet, Jean-Louis Camérini, Jean-Marie Caillol, Alain Coellier, Constant Georgoux, Angel Garcia Menendez (le jogger) et Antoine Espin Alonso ont kidnappé Mélodie, cinq ans, fille d'un riche promoteur immobilier libanais (et accessoirement trafiquant d'armes), Raymond Nakachian, et de Kimera, une chanteuse pop célèbre en Indonésie. La fillette a été retrouvée saine et sauve par la police, dans un immeuble de San Roque, avant que la rançon ne soit versée. Les ravisseurs se sont fait prendre (on a retrouvé les papiers d'identité du « jogger » sur la plage, ainsi qu'un message sur lequel figurait le nom de Mélodie). Au cours de l'enquête, les policiers ont eu connaissance, grâce au témoignage d'une femme de ménage, du passage de Christo à la villa des kidnappeurs. Une photo découverte lors d'une perquisition, le montrant sur une plage de Marbella, les conforte dans leur méprise. On l'arrête d'office, sans écouter ses explications et alors qu'il possède un alibi. Il sera incarcéré en France pendant seize mois, jusqu'à ce que la police espagnole le lave de tout soupçon... au grand dam, semble-t-il, des policiers français, à qui la situation convenait parfaitement !

Mais quittons les mésaventures de Christo et revenons au Gang des Lyonnais. Le nouveau trio Chavel-Pourrat-Vidal va vite ressentir le besoin de s'agrandir. Momon ne se cantonne plus à son rôle de chauffeur ; homme d'action, il quitte de plus en plus souvent son volant pour participer directement aux opérations. Il est donc grand temps de trouver un autre conducteur.

C'est ainsi qu'arrive Nicolas Caclamanos, appelé « Nick le Grec » ou le « P'tit Nicolas », alors âgé de quarante-trois ans (nous sommes en 1970). Il est déjà très connu dans le milieu, notamment à cause de plusieurs affaires retentissantes de l'après-guerre. En avril 1964, son nom apparaît à côté de celui de Louis Nesmoz, « Pépé », dans un coup de légende, le hold-up de la bijouterie Colombo à Milan, où plus d'un milliard de bijoux se volatilisent. Puis vient la célèbre tentative de hold-up aux Magasins du Louvre à Paris, qui date de Noël 1966 ; on y croise notamment deux vedettes du milieu : Xavier Panzani, tenancier bien connu du bar Le Lætitia rue Notre-Dame-de-Lorette, proche de Pigalle, et Jean-Baptiste Fournel, dit « Le Maréchal ». Nick le Grec est parvenu à passer à travers les mailles du filet, puisqu'il n'a jamais été condamné au-delà de quelques mois de prison. On le considère comme une « pointure », un homme de grande envergure. Ses amis constituent le gratin du milieu. Il est proche de l'incontournable Jean Augé, chef du SAC lyonnais, dont il deviendra même l'un des conseillers et, selon certaines rumeurs, le bras droit. Pour les coups accomplis avec le fameux Maréchal des années 1950 à 1966, il figure au fichier spécial de la lutte contre le banditisme dès 1965.

En septembre 1964, Nick le Grec est inculpé pour tentative d'attaque à main armée, en compagnie de Roger Lièvre, en Suisse. Sur ce dossier, il bénéficie d'un non-lieu, mais il est tout de même condamné à un an de prison, à Lyon, pour proxénétisme. À sa sortie, il s'associe avec son propre frère et Jeannot Augé. Ensemble, ils lancent une entreprise de maçonnerie. Cependant, soupçonné d'avoir participé à un vol qualifié en janvier 1969, il est de nouveau arrêté. Sa société de construction est mise en liquidation, et sa tentative d'implantation dans le monde de l'immobilier tourne court. Mis hors de cause pour l'inculpation de vol, Nicolas

Caclamanos devra toutefois purger les six mois qu'il lui reste de sa condamnation pour proxénétisme.

De retour à Lyon, il fait l'acquisition du café-restaurant Le Chalet avenue Berthelot, juste en face du cimetière de La Guillotière. Il est également propriétaire d'une maison à Vaulx-en-Velin et d'une villa en Espagne, à La Escala, près de Barcelone, dans laquelle séjourneront de nombreuses têtes du milieu lyonnais tels que Pierre Manlay, Pépé Nesmoz ou Henri Simonelli...

Nick le Grec, malgré sa petite taille, est un vrai concentré d'énergie. Tous les rôles lui conviennent, mais, de l'avis de ses coéquipiers, il est un chauffeur parfait, maître de ses nerfs et capable du plus grand sang-froid, même dans les pires circonstances... Ils savent qu'ils peuvent compter sur lui et opèrent donc l'esprit tranquille.

Joanny Chavel, Pierre Pourrat, Edmond Vidal et Nicolas Caclamanos forment donc le quatuor qui donnera au gang ses lettres de noblesse. Un peu plus tard, quand le besoin s'en fera sentir, Momon contactera ses amis d'enfance.

Le premier à rejoindre le groupe s'appelle Pierre Zakarian, dit « Pipo ». Né en janvier 1940 à Lyon, son passé judiciaire s'avère plutôt modeste : il y est surtout question de proxénétisme... Jusqu'à son service militaire, également effectué en Algérie, son nom ne figure pas dans la rubrique des faits divers. Cependant, fidèle à leur vieille amitié, il n'hésitera pas une seconde à répondre à l'appel de Momon. J'ai connu Pipo dans les années 1980. Il venait de lancer, avec Momon et un autre ami, Auguste Gruzelles dit « Gus », un grand magasin de discount dans la zone industrielle de Salaise-sur-Sanne, en Isère. Pipo était un personnage attachant. Certes, il avait parfois le verbe un peu haut, mais sa serviabilité à toute épreuve gommait ses petits défauts. Je me souviens avoir déjeuné avec lui dans un restaurant de Peyraud en Ardèche, environ deux mois avant sa mort. Atteint d'une tumeur au cerveau, il croyait fermement en sa guérison et me parla même des projets commerciaux qu'il avait en tête. Quelques jours avant son décès, il se sauva de l'hôpital et regagna Décines par ses propres moyens. À ses obsèques, ils étaient tous là pour l'accompagner, amis d'enfance en tête, proches ou moins proches, en une longue file silencieuse et recueillie. Je sais qu'il est encore présent dans leur mémoire.

À la même période arrive Michel Silmetzoglou, « Michel le Grec » ou « Zorba » (à cause de sa ressemblance avec l'acteur américain Anthony Quinn). Alors âgé de 33 ans, il est le boute-en-train de l'équipe. Très intelligent et plein d'humour, il aime amuser la galerie. Bien qu'on le soupçonne fortement de proxénétisme, son casier judiciaire est vierge et il possède des parts sociales dans un bar-dancing de Vienne, Le California, en association avec Joseph Vidal, le frère aîné de Momon.

Parmi les pionniers du Gang, on trouve enfin Jean-Pierre Mercarian, un homme d'une trentaine d'années originaire de Lyon. Un solitaire, que ses amis surnomment parfois « Mardir », et qui ne fréquente pas le milieu lyonnais. Il entre dans l'équipe par fidélité à ses copains d'enfance. Collectionneur acharné d'objets militaires américains, il est toujours à la recherche de raretés. On le croise de temps à autre au volant de sa Jeep dans les rues de Lyon. Après avoir purgé sa peine pour sa participation aux actions du Gang, il s'est définitivement rangé.

Ensuite viendront, au fil du temps, le frère de Michel Silmetzoglou, Constantin dit « Guitou », le frère de Jean-Pierre Gandebœuf, Robert, et enfin l'aîné de Momon, Joseph, que l'on surnomme encore aujourd'hui « Galane ». Ils n'occuperont pas une place de premier plan à l'intérieur du Gang, mais auront cependant un rôle à jouer, surtout vers la fin.

De ces derniers, je n'ai connu que Joseph Vidal, Galane, né en 1941. Je me souviens de nos longues discussions devant un verre au restaurant Le Chalet, à Décines. Nous écoutions de la musique gitane qu'accompagnaient de belles danseuses de flamenco. Galane était une sorte de « patriarche », qui donnait toujours l'air de contempler les choses d'en haut, de survoler les événements... Il représentait l'élément apaisant du groupe. Lors de nos conversations, j'ai souvent été surpris par l'acuité de son regard sur le monde, son analyse vive et pointue des comportements humains. Très attaché aux traditions gitanes, il n'a jamais voulu apprendre à lire et écrire ; comme je m'en étonnai, il me répondit simplement que, chez les gitans, le savoir se transmettait oralement. Par respect pour cette règle, il avait donc refusé l'écriture.

De la fin 1970 à la fin 1974, la police attribua à cette équipe plus de trente-cinq hold-up, dont un magistral, car commis sans aucune violence et d'un montant phénoménal pour l'époque. Le hold-up de la poste centrale de Strasbourg, le 30 juin 1971, rapporta à ses auteurs la coquette somme de 11 680 000 francs (on peut multiplier au moins par quatre aujourd'hui, soit environ 7 120 000 euros). Pour la première fois en France, les médias utilisèrent le terme de « hold-up du siècle », ne l'employant à nouveau que pour l'affaire des égouts de Nice, avec Albert Spaggiari.

Bien qu'aguerris par quelques hold-up de moindre envergure, les membres du Gang éprouvent le besoin, avant de tenter leur coup d'éclat, de procéder à une répétition générale, car l'opération est particulièrement délicate à réaliser, et personne ne veut de bavures. Cette répétition aura lieu le 23 décembre 1970 à la poste de Chambéry et sera planifiée jusque dans ses moindres détails par l'« adjudant-chef » Chavel. Ce n'est pourtant pas cet établissement qu'ils visaient à l'origine, mais la Banque de France à Chambéry. Pourtant, en observant les chargements devant la banque, Momon a remarqué qu'il y avait beaucoup de sacs destinés à la poste centrale. Il décide donc de convaincre Joanny Chavel de changer d'objectif. D'abord opposé à cette idée, Chavel finit, après d'âpres discussions, par adhérer à l'idée de Momon et de Patrick Pourrat. Ils modifient donc leur plan initial et commencent à monter leur expédition. Ils seront cinq à opérer directement, et un sixième les attendra près d'une petite porte de sortie, au volant d'une Estafette. Cachés dans les toilettes qui jouxtent la salle de tri, les cinq hommes, qui ont revêtu une blouse bleue, braquent sur leur parcours les convoyeurs chargés des sacs contenant l'argent (2 200 000 francs, soit environ 335 400 euros). Ils rejoignent ensuite leur complice dans la camionnette et prennent le large. Tout s'est déroulé comme prévu et les temps d'exécution sont parfaitement maîtrisés. Sur le chemin du retour, ils abandonnent l'Estafette pour utiliser une voiture-relais, puis laissent celle-ci afin d'emprunter, tels d'authentiques touristes, un petit train de montagne, dans le Jura. Pendant le voyage, Joanny Chavel se retire dans les toilettes du train pour consulter tranquillement les bordereaux d'accompagnement. Consterné, il revient vers Momon : « Tu vois, je t'avais dit que l'idée de la poste n'était pas bonne, il n'y a que 22 briques », déclare-t-il en lui montrant le papier sur lequel est inscrit le montant en nouveaux francs. Momon ne prête pas attention au nombre de zéros et commence à regretter son intervention auprès de Chavel. Devant sa mine catastrophée, « le Gros Jeannot » éclate de rire et lui demande de compter les zéros... Il y en a bien six ! Les 220 millions anciens escomptés sont donc bien au rendez-vous... et Momon peut souffler !

Cette opération réussie, sans aucune violence, permet de passer au stade supérieur. Prochaine cible : l'Hôtel des postes de Strasbourg. Quinze mois d'observation assidue leur seront nécessaires afin de déterminer le meilleur moment pour opérer. À tour de rôle, chaque fin de trimestre, ils viennent guetter l'arrivée des convoyeurs et compter le nombre de sacs qu'ils transportent dans les coffres de la Poste. Ils repèrent soigneusement les lieux, envisagent toutes les possibilités et, surtout, élaborent leur itinéraire de repli dans le détail, notamment grâce à des cartes d'état-major et à des relevés établis lors de parcours tests. À Strasbourg, ce travail colossal est réalisé par Patrick Pourrat, « le Docteur », assisté par Momon et cinq de leurs hommes. Une discussion vive oppose le Docteur à Joanny Chavel sur la manière d'opérer. « Le Gros Jeannot » voudrait attaquer les convoyeurs dans la rue principale, mais comme le risque est grand d'une fusillade avec les policiers armés, il a prévu de créer une diversion en faisant exploser une charge télécommandée placée une ou deux rues plus loin. Il espère pouvoir opérer pendant que les gardes iront voir ce qu'il se passe. Mais il ne rallie pas les suffrages, d'autant que, outre le risque d'accrochage avec les convoyeurs, il semble difficile d'exécuter un demi-tour avec l'Estafette dans cette rue bordée de trottoirs très hauts. C'est donc l'idée du Docteur et de Momon qui va l'emporter, approuvée par le reste de l'équipe. Le climat de rivalité qui régnait entre Chavel et Pourrat s'exprimait parfois violemment, obligeant souvent Momon à tenir un rôle de médiateur.

Ayant constaté qu'une porte condamnée, donnant sur une petite rue à l'arrière du bâtiment, pourrait faciliter leur sortie de la poste, ils dérobent un trousseau de clés passe-partout à un serrurier de Lyon. Quelques jours avant le braquage, Chavel, Momon et Pourrat, vêtus d'un bleu de travail, se présentent sous prétexte de vérifier les serrures de l'établissement, et changent celle de la porte condamnée. Ils ont tout prévu : Joanny Chavel, ancien serrurier, a copié la serrure d'origine de la poste, acheté le même modèle, puis retiré le mécanisme intérieur de façon à ce que n'importe quelle clé fonctionne. Ainsi, en cas de contrôle pendant les deux ou trois jours qui restent avant la date du hold-up, les employés pourront ouvrir normalement... et ne se douteront de rien ! Cette visite, qui n'a même pas éveillé les soupçons des postiers, a permis à la bande de tester un passe sur une petite porte repérée sur la façade du bâtiment. Apparemment, cet accès, qui se trouve à gauche de l'entrée réservée au public, n'est plus utilisé. Leur passe fonctionnant à merveille, ils décident que c'est par cette porte qu'ils pénétreront dans la poste.

La date du 30 juin 1971 est arrêtée. Peu avant 9 heures, les cinq hommes du commando (J. Chavel, P. Pourrat, Momon, Roland L... et Paul D...) sont entrés par la fameuse porte en façade, grâce à leur clé. Ils ont suivi le couloir jusqu'au petit hall par lequel les postiers doivent transiter, ont revêtu des blouses grises et dissimulé leurs armes dans des sacs de travail... Ils attendent l'arrivée des convoyeurs. Nick le Grec (le sixième homme) est allé garer l'Estafette derrière le bâtiment, juste à côté de la petite porte dont la serrure a été changée. Il patiente au volant. Dans le même temps, à 9 h 05, un fourgon blindé en provenance de la Banque de France, avec à son bord deux policiers et cinq convoyeurs armés, arrive avenue de la Marseillaise à l'Hôtel des postes. Il est escorté d'une voiture de police avec quatre agents en armes. Tous s'engouffrent par la porte principale dans la grande cour intérieure ; sur le côté se trouve une porte grillagée permettant l'accès à la salle de tri.

À l'époque, le règlement intérieur de la Poste interdit aux policiers de pénétrer dans les lieux, aussi se retirent-ils. Les huit sacs postaux contenant les 11 680 000 francs sont posés sur un chariot pour être véhiculés jusqu'à la salle des coffres, qui se trouve dans une autre aile du bâtiment. Pour y parvenir, il faut obligatoirement traverser la salle de tri et longer un couloir jusqu'au hall donnant accès à la salle des coffres. En arrivant, les cinq convoyeurs sont surpris par les cinq braqueurs, dont deux les tiennent en respect avec des mitraillettes. Ils n'opposent pas de résistance et, pendant que Joanny Chavel les surveille, les autres repassent la fameuse porte avec les huit sacs, et les chargent dans l'Estafette. Ils sautent dans la camionnette, bientôt rejoints par Chavel. Ce dernier prend le temps de coincer un petit bout de papier dans le canon de la serrure pour retarder les éventuels poursuivants. Nick le Grec démarre en trombe. Quelques passants, surpris, ont juste eu le temps d'apercevoir un homme moustachu et armé d'un fusil à canons, posté à l'arrière de la fourgonnette... Sur place, il ne restera qu'un foulard jaune, perdu pendant la fuite. Ainsi, en à peine cinq minutes, vient de s'accomplir l'un des plus importants hold-up de l'histoire de la cambriole. Pour la seconde fois, l'opération a été réalisée sans la moindre violence et sans aucun coup de feu !

À une vingtaine de kilomètres de Strasbourg, la bande s'arrête dans un petit bois, à Plobsheim, près de la clairière « des Sept Écluses », et transfère les sacs dans deux breaks DS 21. Un pêcheur a été témoin du passage de l'Estafette, puis quelques instants plus tard, dans le sens contraire, de celui des deux breaks, dont l'un est équipé d'un gyrophare, et qui étaient garés là depuis le matin. Les auteurs du hold-up retournent à Strasbourg et, selon une tactique éprouvée, ne rentrent pas immédiatement à Lyon : ils remontent d'abord vers l'Allemagne, puis effectuent un crochet dans le sens nord-ouest sur une centaine de kilomètres, piquent ensuite vers le sud et traversent les Vosges en empruntant des chemins vicinaux. Vingt-cinq heures leur seront nécessaires pour regagner Lyon. L'Estafette est retrouvée un peu plus tard par un promeneur, elle ne contient qu'un blouson usagé. Le vrai numéro minéralogique, que l'on découvre sous la plaque maquillée, permet d'identifier son propriétaire, un confiseur de Metz qui avait signalé le vol plusieurs mois auparavant.

Environ trente minutes après l'action proprement dite, la police commence seulement à interroger les employés témoins. Les barrages, établis sur tous les axes routiers convergents vers Strasbourg ainsi qu'à la frontière allemande toute proche, ne donnent rien. Quand les recherches débutent, les intéressés ont tous disparu et sont à l'abri. Aucune trace ou preuve matérielle de leur passage à la poste centrale ne peut être relevée. L'enquête s'annonce d'ores et déjà particulièrement difficile. Les seuls éléments dont disposent les policiers sont le foulard jaune, la serrure de remplacement et le morceau d'emballage de bonbons « Treets » qui était coincé dans le canon de la serrure.

Au cours des investigations, on retrouve près de Strasbourg trois autres Estafette stationnées (et bien entendu volées). La première est garée à cinq cents mètres environ de la poste, la seconde un peu plus loin, et la troisième à quelques kilomètres, au sud de la zone industrielle. Ces trois véhicules (que le Gang gardait dans un garage, à Strasbourg, depuis plusieurs mois) étaient prévus seulement pour le cas où les choses tourneraient mal. L'Estafette ayant servi au transport des sacs et des truands ne « parlera » pas, la police ne relevant aucune empreinte à l'intérieur.

On a beaucoup dit que ces hommes avaient bénéficié de complicités intérieures ; les enquêteurs en étaient persuadés. Il n'en fut rien. Pour réaliser un coup si parfait, le « Gang des Lyonnais » l'a simplement préparé avec une minutie époustouflante. N'oublions pas que, pendant deux mois, trois de ses membres vécurent à Strasbourg pour surveiller les allées et venues dans la poste. Ils notèrent tous les déplacements, les horaires ; à au moins cinq reprises, ils pénétrèrent dans les lieux, habillés comme des postiers, et eurent tout le loisir de se promener dans le bâtiment et d'en dresser un plan détaillé. Ils allèrent jusque sur les toits pour n'omettre aucune possibilité. Il n'avaient pas besoin d'une complicité interne.

D'autres rumeurs ont couru, fondées sur des suppositions : on a beaucoup évoqué un « parrainage » de Jean Augé dans cette affaire ; or ce dernier a juste fourni le logement de Strasbourg dans lequel les trois hommes qui préparaient l'opération ont séjourné. Malgré les allégations répétées du substitut François Colcombet qui, lors de l'émission de télévision « les Dossiers de l'écran », le 7 mai 1974, disait redouter que l'argent de Strasbourg n'ait servi à financer un parti politique, on peut affirmer aujourd'hui qu'il s'agissait d'une pure fiction et qu'aucun parti n'était concerné. Quant au Service d'action civique, souvent cité, il n'a joué aucun rôle. Enfin, l'avion de Jean Schnaebelé, que certains prétendirent avoir vu décoller de l'aéroport de Strasbourg ce jour-là, n'a aucunement servi à rapatrier les fonds : Schnaebelé n'était d'ailleurs pas au courant de cette opération.

L'enquête sera à la mesure de l'événement... gigantesque ! Plus de mille cinq cents employés des Postes (dont des retraités) sont entendus et on offre une prime de 100 000 francs (une forte somme en 1971 !) à quiconque donnera un indice susceptible d'aider à l'arrestation des malfaiteurs. Les policiers notent des similitudes entre les hold-up de Chambéry et Strasbourg, ainsi qu'avec quatre autres agressions commises dans la région lyonnaise début 1971, à Lagnieu (Ain) le 9 mars, à Bourg-en-Bresse le 13 avril, à Roanne (Loire) le 3 juin, et à Vienne (Isère) le 4 juin. Ils commencent à penser qu'il peut s'agir des mêmes exécutants. En effet, la méthode utilisée est sensiblement identique : l'utilisation de véhicules de type Estafette volés plusieurs mois auparavant, les blouses, les passe-montagnes, les postiches et les itinéraires de repli par de petites routes ou des chemins de traverse. Ces hold-up ont été réalisés avec fermeté mais sans violence, par des hommes qui ont conservé leur sang-froid dans l'action. Dans tous les cas, aucun incident n'est à déplorer. Pourtant, plus de six mois après, l'enquête n'a pas avancé d'un pouce. Un seul témoignage mérite que l'on s'y intéresse : celui des trois postiers qui, le 23 juin, ont donné, en toute bonne foi, des informations aux deux personnes venues changer les serrures. Mais la description qu'ils en font est trop imparfaite pour qu'on puisse mettre un nom sur les portraits-robots réalisés. Quelques témoins évoquent l'accent marseillais de certains auteurs du vol... En réalité, deux ou trois hommes du commando ont déguisé leur voix pour brouiller les pistes.

Curieusement, le premier renseignement livré aux enquêteurs provient de l'un des membres de l'équipe elle-même. Sachant que l'un de leurs véhicules, encore une Estafette Renault, a été repéré par des agents de police et qu'il est impossible de le récupérer, Momon appelle, le 11 août (soit cinq à six semaines après Strasbourg), la gendarmerie de Bourg-en-Bresse et signale la présence de cette fourgonnette devant le garage Renault. Il précise qu'elle est pleine d'armes et qu'elle pourrait présenter un réel danger si des enfants venaient à découvrir son contenu. Non sans ironie, il déclare qu'ils ont assez d'argent pour partir en vacances ; il gratifie le gendarme éberlué d'un « à bientôt » et raccroche.

L'équipe avait en fait prévu de réaliser un nouveau hold-up dans la région de Bourg-en-Bresse et avait transporté, puis stocké tout son matériel dans ce véhicule. Comme ils voulaient repérer une dernière fois leur itinéraire de repli, ils ont garé l'Estafette à Bourg-en-Bresse devant une banque et sont partis à pied. À leur retour, plusieurs CRS rôdent autour de la camionnette, tentant d'ouvrir les portes et de regarder à l'intérieur. Vraisemblablement, le personnel de la banque s'est inquiété de ce véhicule garé juste en face et a téléphoné à la police. Ils décident donc de filer à l'anglaise, d'où l'appel de Momon (sur le conseil de J. Chavel) à la gendarmerie. Ce coup de fil s'explique doublement : tout d'abord, éviter que des enfants ne se blessent (lorsque l'on sait l'amour que les gitans leur portent, on n'est guère étonné) et, par la même occasion, faire un pied de nez à la police !

Les gendarmes, sceptiques mais consciencieux, se rendent à l'emplacement indiqué et trouvent l'Estafette. À leur grande surprise, ils tombent sur un véritable arsenal : trois pistolets automatiques, quatre revolvers, deux fusils, une carabine de gros calibre, ainsi que les munitions correspondantes. Mais ce n'est pas tout : les gendarmes découvrent des foulards jaunes semblables à celui qui a été retrouvé à Strasbourg, des gants, des perruques, des postiches avec nez, moustaches, lunettes, etc. Il y a aussi des tubes de maquillage, une trousse de premiers secours, ainsi que des bouteilles d'air comprimé destinées à gonfler les pneus en cas de problème. Et puis une pince coupante, dont on pense qu'elle a pu servir à sectionner les chaînettes qui retiennent les sacoches des convoyeurs. Il s'agit d'un attirail de professionnels.

C'est à ce moment que le juge Renaud commence à s'intéresser à l'affaire. Lorsque le commissaire Richard lui suggère qu'il pourrait s'agir d'une équipe originaire de Décines, il commente en ricanant : « Ce sont des chenapans de banlieue, incapables d'organiser des opérations aussi complexes ! » Il révisera bien vite son opinion...

L'enquête rebondit le 5 avril 1972, lorsqu'un indicateur de la police de Strasbourg, résidant en Allemagne, donne le nom de

Joanny Chavel. Il précise que le reste de l'équipe est composé de gitans et d'Arméniens originaires de la banlieue lyonnaise. Très rapidement, un système de surveillance et de filature est mis en place sur le Gros Jeannot. Mais ce dernier, prudent, n'amènera pas les policiers jusqu'à ses complices.

Grâce à divers recoupements, les membres du Gang apprennent que l'indicateur est Georges Haebig, dit «Jo l'Alsaco». Après leur arrestation, ils en auront confirmation, de source policière. Plus spécialement proche de Joanny Chavel, il est également ami avec Momon Vidal qu'il a connu à Mulhouse, au Marquis, la boîte de nuit que tient sa maîtresse Marlène Jacoberger. Lorsque le 30 décembre 1969, Momon a bénéficié d'une mise en liberté conditionnelle, il s'est installé à Mulhouse et a fréquenté régulièrement Haebig. Celui-ci, qui se prétend alors agent immobilier, est en fait soupçonné de se livrer à un trafic de devises et de diamants avec la Suisse et l'Allemagne. Cet homme à qui ils avaient accordé leur confiance, et qui est donc au courant de leurs affaires, les a trahis. Ses motivations demeurent confuses : il a peut-être échangé ses informations contre une autorisation d'ouverture tardive pour le cabaret de sa maîtresse, ou, plus simplement, il a conclu des arrangements avec la police pour qu'elle ferme les yeux sur ses activités !

Le 18 novembre 1974, il meurt dans un « accident » de voiture. Sa Mercedes est tombée dans l'Aube, on le retrouve noyé. On peut penser que « l'Alsaco » a été exécuté pour sa forfaiture. Sa voiture est en effet passée entre un arbre et le parapet d'un pont, et il restait à peine la largeur d'une main de chaque côté. Il aurait fallu qu'il fût un conducteur émérite et bien entraîné pour réaliser l'exploit de se faufiler entre les deux obstacles !

Un événement décisif va confirmer aux enquêteurs la piste des « Lyonnais ». Fin juillet 1972, un informateur leur rapporte que l'équipe de Strasbourg est bien composée de Lyonnais ; il indique que l'un d'entre eux répond au surnom de « Gros Jeannot » et qu'il est un ancien sous-officier ayant opéré en Algérie comme « barbouze ». Pour accréditer ses dires, il précise qu'il a personnellement entendu des membres du Gang raconter qu'ils avaient mangé des « Treets » et autres bonbons trouvés dans une Estafette. Or, le propriétaire de la camionnette qui a servi à Strasbourg est confiseur et son véhicule contenait effectivement une cargaison de sucreries au moment où il a été volé, dont des paquets de « Treets ». L'informateur donne ainsi la preuve du sérieux de ses renseignements, car aucun journal n'a révélé qu'un morceau d'emballage « Treets » était coincé dans la serrure de la porte par laquelle les gangsters se sont enfuis, à la poste de Strasbourg. L'homme conclut en donnant deux surnoms supplémentaires : « Pipo » et « Momon ».

Cette nouvelle déclenche immédiatement la réaction des policiers : des filatures en tout genre sont organisées et on met en place des surveillances renforcées, en particulier à Villefranche-sur-Saône. Le restaurant Le Cygne fait plus spécialement l'objet de leur vigilance, car il est un des lieux de rendez-vous préférés de Joanny Chavel. À Décines aussi, on surveille de près les personnalités des communautés gitane et arménienne... les frères Vidal, les frères Gandebœuf, Pierre Zakarian, les frères Silmetzoglou, Georges Manoukian. Au cours de ces investigations, il est établi qu'ils n'exercent aucune profession.

Se sentant épiés, ces derniers deviennent méfiants et prennent de grandes précautions pour se déplacer et se rencontrer. Les policiers ne peuvent les mettre formellement en cause car, en dépit de leurs efforts, ils ne trouvent aucune preuve tangible. Les écoutes téléphoniques n'apportent quasiment rien : prudents, les membres de l'équipe utilisent en effet des codes pour se fixer rendez-vous. Ainsi, pour désigner le square près de l'église de Tassin-la-Demi-Lune, ils prononcent les mots : « Près du Bon Dieu. » La police finira néanmoins, grâce aux filatures, par identifier ce coin de Tassin.

Fin novembre 1972, le même informateur apporte aux enquêteurs de nouveaux éléments : il confirme que le hold-up de Strasbourg a été exécuté par Edmond Vidal (Momon) et Joanny Chavel (Gros Jeannot), ce qui n'est plus une nouveauté. Mais il ajoute un prénom, « Patrick », et révèle que ce dernier est en fait le cerveau de l'opération. L'enquête piétine. Cependant, on a commencé à se renseigner sur les revenus des personnes soupçonnées, et cela donne des résultats. Il apparaît clairement que les suspects dont l'indicateur a donné les noms ont un niveau de vie bien supérieur à leurs revenus officiels. Momon Vidal sort beaucoup, fréquente les restaurants à la mode et les boîtes de nuit, se rend aux sports d'hiver. Passionné de boxe, il assiste à tous les grands matchs. Il fait aussi profiter de sa bonne fortune ses amis moins chanceux, et sacrifie à son amour des belles voitures. Pipo Zakarian mène également grand train, se rend régulièrement au casino de Charbonnières et ne lésine pas à la dépense. Quant à Joanny Chavel, il étale sans complexe sa richesse en acquérant le château de Fléchères, dans l'Ain, où il donne des fêtes somptueuses. Voilà qui suffit à conforter les soupçons des policiers sur leur culpabilité.

Le 5 février 1972 en fin d'après-midi, sur le parking de Carrefour, la grande surface de Vénissieux, quatre hommes, le visage sommairement camouflé, équipés de trois revolvers et d'un fusil à pompe, braquent les trois convoyeurs de fonds chargés d'emporter la recette de la journée à la banque. Pour bien comprendre ce qu'il s'est passé, il faut examiner les détails de l'opération. En 1972, le bâtiment de Carrefour était bien différent de celui qui existe aujourd'hui. Lorsque, du parking clients, on regardait la façade, on apercevait, sur la droite, un escalier en colimaçon reliant le rez-de-chaussée au premier étage, où se trouvaient les services administratifs. C'est par hasard que Momon remarqua le fourgon de transport de fonds Transvaal qui se garait, tous les jours en fin d'après-midi, au pied de cet escalier. Il observa le ballet des convoyeurs, montant au premier étage, puis redescendant, un peu plus tard, chargés de sacs. L'idée de s'emparer de la recette de Carrefour vint de là, et deux ou trois jours de repérage suffirent pour constater que le processus de collectage des fonds était chaque jour identique.

Le scénario est rapidement élaboré par Joanny Chavel. Une Estafette, toujours avec Nicolas Caclamanos au volant, est stationnée sur le parking, près de l'escalier. De cette façon, on peut surveiller simultanément les déplacements des convoyeurs et l'escalier. Pipo Zakarian, Momon et Chavel se postent quant à eux devant le magasin, dans l'allée située entre le parking et l'entrée de la grande surface, et longée par une galerie marchande. Poussant chacun un caddie (dans lequel ils ont caché leurs armes) pour se donner une contenance, ils attendent de passer à l'action. Michel le Grec se tient sur le parking et fait les cent pas autour de l'Estafette. Un sixième homme, Bernard G..., reste en réserve, au cas où les choses se passeraient mal. Un code a été convenu avec Nicolas Caclamanos : dès qu'il apercevra les convoyeurs en haut de l'escalier, il allumera les feux de croisement de la fourgonnette pour donner le signal du départ, puis se mettra pleins phares lorsqu'ils seront parvenus au bas de cet escalier.

Les quatre hommes guettent fébrilement le signal. Lorsqu'enfin les codes s'allument, Joanny Chavel, crispé et impatient, démarre trop tôt. Il surgit devant l'escalier alors qu'un des convoyeurs arrive en bas, mais que l'autre, Jean Cros, un ancien gendarme, est toujours en haut. Ce dernier comprend vite de quoi il retourne en apercevant le fusil à pompe que brandit le Gros Jeannot, et tire cinq coups avec un pistolet automatique de calibre 9 mm. Sérieusement touché, Chavel a toutefois le temps de répliquer ; il tire trois fois, en visant volontairement à côté. Cette riposte sauve la situation pour les autres, car le convoyeur bat en retraite et cherche refuge à l'intérieur du bâtiment. À ce moment, le troisième garde, qui se trouve toujours au volant du fourgon blindé, tente d'ouvrir le feu pour soutenir ses collègues. Mais il retient son geste car il ne peut, à travers les meurtrières du véhicule, distinguer clairement ses collègues ou les clients du supermarché, et les assaillants. Momon tire alors dans le pare-brise et sur la calandre du fourgon afin de l'impressionner... Effectivement, le garde se met à l'abri dans son fourgon et ne pose plus de problème.

Dans le même temps, Pipo Zakarian s'accroche avec le deuxième convoyeur, Roger Pelletier, et récupère les deux sacs qui contiennent 1,7 million de francs en espèces, ainsi que de nombreux chèques (qui seront détruits par la suite). Il les jette à l'arrière de la camionnette. Momon et Michel le Grec soutiennent Joanny Chavel qui souffre terriblement et l'aident à monter dans l'Estafette. Affolé par les coups de feu, Bernard G..., qui était censé intervenir en cas de pépin, ne leur est d'aucun secours. Nicolas Caclamanos, après s'être assuré que personne ne manque à l'appel, démarre rapidement. À l'arrière de l'Estafette, le Gros Jeannot, en vieux baroudeur, déclare aux trois autres qu'il va mourir et que, si tel est le cas, il faudra l'enterrer dans la campagne, sans que personne n'en sache rien, de manière à ce que ses amis ne puissent être inquiétés. Michel le Grec, qui a les sentiments à fleur de peau, essaie de le rassurer. Des larmes dans les yeux, il lui jure que personne ne le laissera tomber et qu'ils vont le sortir de là. Momon réfléchit à toute vitesse ; il n'avait pas prévu cette situation et il n'a plus droit à l'erreur. Pour la première et unique fois, le Gang a tiré... mais en dépit du danger, ils n'ont pas perdu leur sang-froid. Ils ont volontairement fait feu à côté, pour couvrir leur retraite !

L'action s'est déroulée en début de soirée, exactement à 19 h 30, alors qu'il faisait sombre ; elle n'a duré que deux à trois minutes. Seul le convoyeur qui a tiré fournit une description assez précise de Joanny Chavel, mais pas suffisamment pour que l'on puisse l'identifier. Cependant, le sang prélevé sur le sol par les enquêteurs est du même groupe que le sien. De plus, il a perdu sa casquette et la sueur relevée sur le bord est analysée comme étant la sienne. Les deux autres convoyeurs n'ont pas vu grand-chose, leur témoignage n'apporte pas d'élément déterminant. Momon a vite étudié la situation et décidé de la marche à suivre. On transporte le blessé, toujours dans l'Estafette, en passant par le boulevard de ceinture, dans un appartement de Villeurbanne, au 123 de la rue Tête-d'Or. À cause de cet imprévu, la voiture qui était parquée en relais ne sera pas utilisée. Pendant que Nicolas Caclamanos et Michel le Grec vont garer la camionnette quelques rues plus loin, Momon et Pipo soutiennent Joanny Chavel, car le logement se trouve au quatrième étage sans ascenseur. La montée dans l'escalier constitue un véritable calvaire. Le blessé perd du sang. Dès qu'ils arrivent dans l'appartement, ils l'allongent sur un lit. Pipo reste à ses côtés, tandis que Momon s'empare d'une serpillière et d'un seau d'eau et redescend nettoyer les traces de sang. Alors qu'il s'affaire sur un palier, une porte s'ouvre et une vieille dame pointe la tête, s'inquiétant de tout ce bruit. Momon la rassure et lui dit que sa femme a parfois des problèmes d'hémorragie. La vieille dame compatit et rentre chez elle.

Momon contacte alors le docteur Jacques L..., qu'ils connaissent bien. Ce médecin s'intéresse aux coutumes gitanes et ils l'ont vu à de nombreuses reprises sur le « terrain » à Décines. Rendez-vous lui est donné dans le Vieux Lyon, devant Le Tire-bouchon, un bar de la rue du Bœuf, tenu par un certain Antoine Ibanez et où ils ont leurs habitudes. De là, ils l'emmènent à l'appartement de Villeurbanne. Dans la chambre, Joanny Chavel gît sur un lit, Michel le Grec à son chevet. Il est conscient, mais faible, car il a perdu beaucoup de sang. La balle a traversé le bras gauche, puis le ventre, sans néanmoins causer de dégâts irréparables. Le médecin lui administre les soins les plus urgents puis, accompagné par les trois hommes, se rend à la pharmacie Blanchet, place des Cordeliers. Il est environ minuit. Il achète, sous son propre nom, des ampoules d'antibiotique pour enrayer l'infection. Les compagnons de Chavel retournent auprès du blessé, et le médecin conseille à Momon de le montrer rapidement à un chirurgien. Celui-ci s'y engage et ramène le docteur à sa voiture. Pipo fait les piqûres, il a appris pendant son service en Algérie. Malheureusement, il s'avérera impossible de trouver un chirurgien qui accepte de soigner le blessé dans la discrétion. Joanny Chavel devra donc compter sur lui seul, et sur ses amis bien sûr. Doté d'une solide constitution, il s'en sortira.

C'est le juge Renaud qui est chargé de l'instruction judiciaire de cette nouvelle affaire. Après l'arrestation du Gang, la police arrivera à reconstituer cette soirée, grâce aux témoignages du docteur L... et du tenancier du Tire-bouchon, Antoine Ibanez. Le médecin se retranchera derrière le secret professionnel mais finira par raconter son aventure, hors procédure, et après bien des réticences. Le gérant du Tire-bouchon, en revanche, se confiera plus facilement et plus longuement. Il déclarera bien connaître les membres du Gang qui fréquentent régulièrement son établissement, d'autant plus que son achat a été financé par Joseph Vidal, Pierre Zakarian et Michel Silmetzoglou. Plusieurs réunions entre Momon, le Docteur et le Gros Jeannot se sont tenues chez lui. Il racontera que, dans la soirée du 5 février (jour du hold-up de Vénissieux), Momon et Pipo sont venus chez lui et ont été rejoints par Roger l'Arménien et Bernard G..., deux personnages bien connus du milieu (ils sont cités dans plusieurs affaires retentissantes sur Lyon, notamment celle des « Escuries du Roy »). Après une discussion aussi discrète que possible, ils sont repartis. Le lendemain, le docteur L... est venu manger et lui a raconté son histoire de la nuit. Il paraissait très ennuyé et avait bien compris, en lisant le journal du matin, de quoi il retournait.

Mais les enquêteurs n'en sont pas encore là. Le lendemain du braquage, le 6 février, des gendarmes remarquent, à Décines, vers le canal de Jonage, une BMW garée à côté d'une Estafette. Le coffre de la voiture est ouvert et il leur semble que les deux chauffeurs opèrent un transfert d'un véhicule à l'autre. Trouvant cela curieux, ils s'arrêtent. En les apercevant, les deux chauffeurs démarrent aussitôt. L'Estafette s'éloigne rapidement, mais la BMW s'embourbe et les gendarmes interpellent le conducteur. Il s'agit de Momon, qui prétend s'être arrêté ici pour satisfaire un besoin naturel. Il leur déclare avoir vu l'Estafette avancer dans sa direction et s'en être inquiété. Il a alors voulu démarrer et s'est embourbé. Bien entendu, il a à peine eu le temps de voir le chauffeur de la camionnette, qu'il ne connaît évidemment pas... Rassuré par l'arrivée des gendarmes, il a alors voulu redémarrer normalement, sans aucune intention de s'enfuir. Ces derniers, n'ayant rien de particulier contre lui, le relâchent, mais notent l'incident et le signalent à la PJ de Lyon. Plus tard, le commissaire Richard utilisera cet argument contre les membres du Gang.

Voici en fait ce qui s'est vraiment passé : ils sont venus dans les bois pour y abandonner l'Estafette. Nicolas Caclamanos la conduit, Pipo à ses côtés. Momon les précède avec sa BMW, car il faut quelqu'un pour les ramener. En entrant sur le chemin forestier, Momon se rend compte qu'il est boueux et s'arrête pour dire aux autres de ne pas aller plus loin, car il s'est lui-même embourbé. C'est alors qu'il aperçoit le véhicule des gendarmes qui passe sur la route, ralentit, puis s'arrête. Très vite, il comprend que les militaires vont les contrôler. Il fait signe à Nicolas de filer tout de suite avec l'Estafette et, lorsque les gendarmes l'interpellent, il leur sert l'histoire citée plus haut. Il est désormais urgent de se débarrasser de la camionnette. Elle sera découpée au chalumeau, près de Décines, puis passée au broyeur. Voilà pourquoi les enquêteurs ne la retrouveront jamais !

C'est le 16 mai 1973, sur une information donnée par un certain Sam, indicateur du commissaire Pellegrini et ancien membre de la bande des frères Zemmour, que les policiers identifient Pierre Pourrat. Il a alors rendez-vous au café d'Angleterre, à Paris, avec Edmond Vidal et Jean-Pierre Gandebœuf, qui seront photographiés à leur insu. Libéré de la centrale d'Ensisheim le 23 février 1973, Gandebœuf, dit « Christo », a rejoint l'équipe des Lyonnais. Les policiers connaissent Pierre Pourrat et les différents surnoms qui lui sont donnés, dont celui de « Patrick ». Or, en novembre 1972, leur informateur lyonnais avait indiqué que le « cerveau » du casse de Strasbourg portait ce surnom. Ainsi, à petites touches, l'enquête avance. Cependant, même si la plupart des participants au « hold-up du siècle » sont identifiés, c'est une autre histoire de réunir suffisamment de preuves pour les confondre.

Pendant deux ans (1972-1973), ils cherchent à mettre leurs gains à l'abri en investissant dans diverses affaires. Le choix de Joanny Chavel se porte principalement sur l'immobilier, mais il ne néglige pas pour autant les commerces de la région. Il fait la connaissance de Louis Chabannat, marchand de biens, qui le met en contact avec la régie Curtil, chargée du château de Fléchères, à Fareins, dans l'Ain. Son propriétaire, le comte Artaud de La Ferrière, connaît de grosses difficultés financières. Endetté, il vend à contrecœur, ne pouvant plus assumer les frais d'entretien. Afin de dissimuler son acquisition au fisc et à la police, Joanny Chavel monte, en octobre 1972, une société suisse, La Fléchéria, dont il est l'unique actionnaire. Sur les conseils de son ami Georges Haebig, il ouvre le compte de sa société à Genève, dans une banque privée. Le directeur de cette banque, Jacques Darrier, est nommé administrateur de La Fléchéria, dont le capital s'élève à 50 000 francs suisses. L'acte de vente du château, d'un montant de 2 250 000 francs, est signé le 6 novembre 1972 à Villefranche-sur-Saône, au cabinet de Me Hubert Claudel, pour les 9/10e du domaine. Joanny Chavel a tenu à ce que le comte de La Ferrière en conserve un dixième afin de préserver le côté aristocratique de la propriété. Le 28 juillet, le Gros Jeannot organise, sous le patronage du comte de La Ferrière et avec Paul Bocuse aux fourneaux, une réception fastueuse réunnissant plus de deux cents convives... On dit que ce soir-là se croisèrent cent policiers et cent truands ! Malheureusement pour lui, Chavel ne peut honorer toutes ses échéances et la régie

Curtil, faisant jouer les clauses de garantie, le dessaisit du château. Elle le récupérera en février 1974, pour le restituer à son ancien propriétaire. La société La Fléchéria et son unique actionnaire perdront dans cette histoire la bagatelle de près de 2 millions de francs. Mais le Gros Jeannot ne sera plus là pour le voir.

En octobre 1973 en effet, un drame a touché l'équipe tout entière. Depuis quelques mois, Joanny Chavel est de plus en plus souvent sujet à de véritables crises de paranoïa. Il voit des trahisons un peu partout et ses colères ne connaissent plus de limites. C'est pourquoi il veut éliminer Pipo Zakarian, parce qu'il sort trop le soir et ne se montre pas assez discret, selon lui ; Pierre Pourrat, à cause de la rivalité qui les oppose ; Nicolas Caclamanos, car il le trouve trop voyant du fait de ses nombreuses relations dans le milieu, etc. Momon, pris en étau entre Chavel et les autres, ne parvient plus à le calmer comme avant. Puis un jour, début octobre, Michel le Grec vient voir Momon. Il lui confie que le Gros Jeannot lui a demandé de rechercher l'adresse de Pierre Pourrat et de la lui communiquer. Il lui a aussi donné pour consigne de n'en rien dire à Momon, car il veut éliminer « le Docteur » discrètement. Edmond Vidal comprend que, cette fois, il ne pourra plus raisonner son ami : il réunit donc l'équipe qui, après bien des discussions et des hésitations, décide de l'éliminer, la mort dans l'âme ! Il s'agit là d'un choix cornélien, car c'est malgré tout grâce au Gros Jeannot que leur groupe a atteint une telle maîtrise. Seuls les Anglais ont fait aussi fort avec le train postal Glasgow-Londres en 1961. Mais il n'existe aucune autre alternative : c'est lui ou eux, et ils savent à quel point Joanny Chavel peut devenir dangereux.

Plus personne ne le verra vivant à partir du 18 octobre 1973. C'est bien plus tard, lorsque l'on découvre sa Mercedes dans un parking de l'aéroport d'Orly, courant janvier 1974, que l'on s'inquiète de sa disparition et qu'une information judiciaire est ouverte. Il est, en fait, vraisemblablement enterré dans un coin de campagne.

Avant la mort de Chavel, Edmond Vidal a lui aussi fait des acquisitions immobilières et a cherché à se mettre à l'abri en investissant dans de grosses affaires commerciales plus productives. Courant mai 1973, accompagné de Pipo Zakarian, il descend aux

Saintes-Maries-de-la-Mer, qu'il connaît bien pour y avoir souvent effectué le pèlerinage des gitans à sainte Sara, la Vierge noire. Il entre en contact avec M. Dupin, propriétaire du fameux restaurant Le Boumian. Il souhaite acheter cet établissement, célèbre dans le monde des gitans, car en même temps qu'un placement financier, il s'offrirait un coup de cœur. Les discussions s'éternisent, car M. Dupin se montre gourmand. Momon et Pipo renonceront finalement, estimant les prétentions du propriétaire exorbitantes.

C'est alors que Nicolas Caclamanos lui parle de la mise en vente du casino de Charbonnières. Cet établissement (Le Lion vert, aujourd'hui propriété du groupe Partouche) est à l'époque considéré comme le premier casino de France. Nicolas a également informé Roland L..., Joanny Chavel et Paul D... Bien entendu, si l'opération aboutit, elle devra rester secrète et leurs noms ne devront pas apparaître. Momon et Roland L... adhèrent à l'idée de Nicolas Caclamanos qui, bien entendu, sera de la partie. Les deux autres préfèrent investir leur part du butin de Strasbourg dans d'autres activités. Chacun des trois associés apporte 500 000 francs (au total, près de 3 millions de francs d'aujourd'hui, soit environ 457 000 euros). Nicolas Caclamanos crée spécialement pour l'occasion une société avec des personnes originaires de Vienne qui, elles, apparaîtront officiellement.

Momon et Roland L..., qui ne tiennent pas à se faire remarquer, restent tranquillement dans leur banlieue et décident de ne pas se rendre au casino. Nicolas Caclamanos, en revanche, a une tout autre attitude. Quelque temps avant la conclusion de la vente, il réunit les actionnaires sur place. Au cours du repas qui s'ensuit (au casino même), l'assemblée évoque l'origine des fonds... et bientôt, tout Lyon est au courant de ce qui se prépare !

C'est alors que des bruits parviennent à Jacques Derogy, grand reporter à *l'Express*, qui publie, le 10 juin 1974, un papier choc intitulé : « À Lyon, les cadavres parlent. » Cet article, qui suggère clairement que l'achat du casino a été financé grâce à de l'argent « sale », attire l'attention des Renseignements généraux. Dès lors, tous les projets échafaudés s'écroulent... l'investissement immobilier sur les hectares de terrain possédés par la société exploitante du casino, qu'ils espéraient faire classer en constructible, et l'ancien champ de courses qu'ils voulaient réactiver. À cause de la suspicion qui plane sur l'origine des fonds, toutes les autorisations concernant l'aménagement de ces espaces sont refusées. Après cet échec, les « Lyonnais » se méfieront du monde des « affaires »... Décidément, les braquages leur réussissent mieux !

Les enquêteurs sont toujours sur leurs traces. Ils croient enfin pouvoir aboutir quand, le 8 novembre 1973, leur indicateur habituel leur signale que le Gang prépare un coup important. Leur rêve de les arrêter en flagrant délit prend forme. Ils organisent un dispositif de surveillance particulièrement sophistiqué. D'après les informations reçues, c'est au centre de tri postal de La Tronche, à Grenoble, par lequel transitent de très grosses sommes d'argent, que les Lyonnais vont opérer. On mobilise le gratin de la PJ lyonnaise, les commissaires Richard, Nicolaï, Pellegrini, Franquet et leur correspondant à Grenoble, le commissaire Verne. Un appui logistique est apporté par l'Office central pour la répression du banditisme (OCRB) à travers la personne du commissaire Cohet.

Le centre de tri est un bâtiment plutôt isolé. Son parking est bordé par un cimetière, et on aperçoit des champs en arrière-plan. Sur le devant, à l'entrée du centre, se dressent les ruines d'une petite maison, où les policiers se mettent en planque.

Leur patience est récompensée le 19 novembre, quand ils remarquent, vers 19 heures, une DS 23 garée à une cinquantaine de mètres du portail d'entrée. Deux individus se trouvent à bord. Le commissaire Pierre Richard, qui se sait inconnu de ces hommes, passe à pied à côté de la voiture et identifie Pierre Zakarian (Pipo) à la place passager. Peu de temps après, les deux complices sortent de la DS et pénètrent dans l'enceinte du bâtiment. Ils font le tour de la cour intérieure, observent attentivement les locaux, qu'ils quittent au bout d'une dizaine de minutes pour regagner leur véhicule. Le commissaire Verne et l'officier de police Gigot reconnaissent le deuxième homme, Pierre Pourrat. Ils se font confirmer son identité grâce au numéro minéralogique de la Citroën. Momon, qui se tient dans la pénombre pour observer les alentours, les rejoint alors dans la DS 23. Ils tournent plusieurs fois autour du bâtiment, puis se garent à nouveau devant le portail pour observer les allées et venues des fourgons postaux. Les policiers reverront la DS 23 à 20 h 15, mais ils quittent les lieux afin de ne pas être repérés.

Les commissaires sont alors persuadés que l'action est imminente. À compter du 23 novembre, ils postent une vingtaine d'officiers de police, ainsi qu'un matériel sophistiqué autour du site. Mais l'horizon reste désespérément vide et un seul incident vient troubler leur quiétude : le 6 décembre, une Renault 4 L appartenant à un parent de Georges Manoukian (Chaïm) vient rôder quelques minutes aux environs des bâtiments avec deux personnes à bord. Mais elle repart comme elle est arrivée. Le dispositif policier est maintenu jusqu'au 8 janvier 1974 sans que rien ne se passe... hormis deux malaises du commissaire Richard dans le cimetière, dus à des hypothermies ! Ces quarante jours de veille n'auront pas servi à grand-chose... si ce n'est à imposer un réveillon 1973 et une nouvelle année 1974 bien tristes à ceux qui se trouvaient en faction à ces dates !

Mais cela n'est guère étonnant. La police a en effet voulu tendre un piège aux Lyonnais. Au centre de la cour intérieure se trouve une sorte de kiosque dans lequel sont normalement postés plusieurs policiers chargés d'assurer la sécurité. Afin de tranquilliser le Gang, et de lui laisser croire à la facilité de l'action, on relève ces policiers. Mais un cousin de Momon, Barthélémy Vidal (Mimi), a bien observé les lieux auparavant et remarqué ces agents. Il en a parlé à Momon. Leur absence est le premier élément qui éveillera les soupçons du Gang et le rendra méfiant. Suite aux informations données par Mimi, Joanny Chavel commence à étudier toutes les possibilités qui s'offrent à eux pour dévaliser cette poste centrale. Fidèle à ses méthodes de travail, il a noté les allées et venues du personnel, ses heures d'entrée et de sortie, a établi des plans précis et détaillés des lieux et enfin déterminé tous les chemins de repli envisageables. Il ne manque qu'une chose : la stratégie à employer le jour de l'action ! Après la disparition de Chavel le 18 octobre, c'est Pierre Pourrat qui prend le relais, en accord avec Momon. Le coup paraît bien trop facile... Flairant le traquenard, ils décident d'abandonner le projet. Le piège était un peu gros !

Des années plus tard, ils se demanderont sérieusement si la police n'avait pas téléguidé un indicateur (on dirait aujourd'hui une taupe ou un sous-marin) auprès de Mimi Vidal, pour lui suggérer de proposer cette affaire à son cousin Momon, et donc au Gang des Lyonnais. C'eût été là une excellente occasion de les prendre en flagrant délit. Ils n'obtinrent jamais la preuve matérielle de ce « travail » en sous-main de la police, mais demeurèrent convaincus d'avoir vu juste. Au cours de mes recherches, un policier ayant participé à l'enquête m'avouera, en confidence, qu'il s'agissait bien de cela.

Pendant que la police faisait le pied de grue devant le centre de tri, ont eu lieu deux attaques, dont une à Chazelle-sur-Lyon, le 5 novembre 1973, qui rapporta à ses auteurs la somme de 690 000 francs. Le commissaire Richard tarabuste son informateur pour en savoir plus et, le 12 décembre 1973, celui-ci lui signale que l'équipe des Lyonnais vient de partir pour une grosse affaire. Il a compris qu'ils devaient se retrouver près d'un hôtel Surcouf, dans une crêperie située face à une gare, mais il ignore dans quelle ville. Le commissaire ne peut que constater que Momon et les siens ont quitté Lyon, cependant, il est certain qu'ils ne sont pas à Grenoble puisqu'à cette date le dispositif de surveillance est toujours en place autour du centre de tri postal.

Pourtant, en analysant les hold-up commis en France dans les jours suivants, deux en particulier attirent son attention. Leur mode de réalisation et les moyens employés ressemblent fortement aux méthodes du Gang des Lyonnais, et le commissaire Richard se penche en détail sur chacun d'eux. Le premier a eu lieu le 17 décembre à Nantes, contre un transport de fonds du Crédit Lyonnais. Butin estimé : 1 210 000 francs. Le second s'est déroulé à Angers le 14 janvier 1974, et 622 000 francs ont disparu dans la nature. Les braqueurs présentent des points communs avec la bande des Lyonnais : le port de blouses et de passe-montagnes, la taille des agresseurs, la détermination, le sang-froid et une violence seulement simulée... Mais un élément en particulier confirme les doutes du commissaire : c'est l'absence de l'équipe, à ces deux dates, de Lyon. Lors d'une banale recherche de véhicule volé, une R 16 ayant servi à une agression, le commissaire Richard découvre qu'une crêperie de Rennes, ville dans laquelle il a été en poste, se trouve près de la gare, et tout près de l'hôtel Surcouf.

L'officier de police Paul Leray se rend à Rennes pour enquêter et montre des photos des membres du Gang au personnel de la crêperie La Crêpière, boulevard Solferino. Deux employés (M. Lasserre et Mlle Quérec) reconnaissent Momon Vidal, qui a mangé dans leur restaurant. À l'hôtel Duguesclin, situé place de la Gare, deux hôtesses de la réception (Mlles Bohuon et Launay) identifient Pipo Zakarian, qui a séjourné à l'hôtel. Quelques jours plus tard, un pêcheur récupère les dix valises métalliques qui contenaient l'argent volé à Nantes, évidemment vides, sur les bords d'un étang situé au sud-ouest de Rennes, entre Angers et Nantes, à Mareille-Robert.

À ce stade du récit, il me faut évoquer ce soi-disant indicateur lyonnais qui, paraît-il, rencontrait le commissaire Richard à Saint-Cyr-au-Mont-d'Or. L'équipe de Momon ne put le démasquer à l'époque, malgré les recherches et les recoupements. Ils se demandèrent même si cet homme existait réellement... et ils avaient raison ! Au cours de mes pérégrinations, j'ai appris, de source policière, que cet indicateur avait été fabriqué de toutes pièces par le commissaire Richard pour les besoins de l'enquête. Mais, pour rendre le personnage crédible, il fallait obtenir de véritables informations. Voilà comment fonctionnait le système : les résultats des écoutes téléphoniques, des planques et filatures diverses, mais aussi les quelques éléments fournis par de vrais indicateurs étaient centralisés et analysés. En effectuant des recoupements, on pouvait imaginer *grosso modo* ce qui se préparait. En répandant la rumeur selon laquelle il avait un indicateur mystère, le commissaire espérait faire passer Nicolas Caclamanos pour un mouchard, dans le but évident de semer la zizanie et de provoquer des remous dans le groupe. Il espérait ainsi créer une occasion de les coincer. Mais le procédé était loin d'être parfait, et plusieurs hold-up eurent lieu sans que les policiers se doutent de quoi que ce soit.

Après l'affaire de Grenoble, les Lyonnais redoublèrent de prudence. Ils restèrent quelques mois sans se voir et donnèrent l'illusion qu'ils reprenaient une vie normale. Même leur train de vie devint plus discret. C'est d'ailleurs à cette période que le 16 janvier 1974, devant Me Constantin de Vienne, Edmond Vidal fit une donation à son fils Christophe (filleul de Jean-Pierre Gandebœuf) : elle concernait une villa qu'il avait acquise à Caluire.

Cependant, la chance semble de nouveau vouloir sourire aux enquêteurs. Une nouvelle fois, un indicateur (authentique, celui-là) les appelle, courant octobre 1974, et leur confie que le Gang des Lyonnais prépare simultanément plusieurs opérations. Ces expéditions pourraient se situer dans les villes de Mâcon, Dôle, Chalon-sur-Saône, Romans ou Le Puy, et partiraient de chalets loués dans les Alpes. Mais le destin s'en mêle. Momon, malade depuis début juillet, est hospitalisé à la Croix-Rousse le 18 du même mois, pour un début de méningite. Il n'en sortira guéri que le 4 septembre. Début octobre, alors qu'il se remet tout juste, l'informateur reprend contact avec les policiers. En novembre, il leur précise que deux attaques seront lancées en même temps, de manière à désorganiser les forces de l'Ordre. Le commissaire Richard décide alors de frapper un grand coup en mettant en place ce qu'il appelle le « Plan Chacal ». Dès le début décembre, toutes les routes de repli possibles entre les villes désignées comme cibles et Lyon sont surveillées par près de 120 officiers de police armés jusqu'aux dents. Les commissariats et gendarmeries se trouvant sur les 18 départements voisins sont également en alerte... Le piège est prêt à fonctionner. Simultanément, le commissaire Pellegrini et son équipe truffent l'appartement de Momon de micros, ainsi que d'autres lieux de vie du Gang, et même le logement de sa mère. Dans la plus totale illégalité, ils iront jusqu'à cambrioler son appartement et à photographier des cartes routières sur place. Ces actions ne leur rapporteront pas grand-chose.

En parallèle, les policiers poursuivent leurs investigations et filatures sur l'équipe et, en particulier, Momon. Il leur paraît désormais clairement établi qu'il est le meneur. Le Marenda Bar, que Jeannette, la compagne de Momon, tient dans le quartier des Terreaux, rue de la Martinière, semble être un des points de ralliement du groupe, tout comme leur appartement de la rue du Commandant-Charcot, à Sainte-Foy-lès-Lyon. Les enquêteurs commencent à croire à leur bonne étoile lorsqu'ils aperçoivent, le samedi 7 décembre, la bande au grand complet au casino de Charbonnières.

L'indicateur a spécifié qu'au cas où l'attaque se réaliserait, l'alibi de Momon se trouverait à la poste de Chamrousse ; il a en effet prévu d'envoyer un ami à sa place retirer un mandat télégraphique à son nom, en lui confiant sa carte d'identité. La poste de Chamrousse est immédiatement placée sous étroite surveillance, car le retrait du mandat signalera aux enquêteurs qu'une agression est en cours ou sur le point d'avoir lieu. Un dernier élément confirme leurs soupçons : la compagne de Pipo Zakarian, Huguette Montier, loue un chalet à Chamrousse pour un mois, du 15 décembre 1974 au 15 janvier 1975... qui sera lui aussi surveillé de près.

Le 13 décembre, Momon et plusieurs membres du Gang disparaissent de Lyon. Le dimanche 15, son frère « Galane », accompagné de cinq ou six personnes, s'installe dans le chalet, dont la location commence le jour même. Le 16 décembre, vers 9 h 30, une information du commissariat de Lille parvient aux enquêteurs : un hold-up vient d'être commis à Aulnoy-lès-Valenciennes. Une demi-heure plus tard, un autre appel leur signale un second braquage, à Vendin-le-Vieil, à proximité du premier. Tout de suite après, le policier chargé de guetter la poste de Chamrousse appelle et avertit qu'un mandat au nom d'Edmond Vidal a été retiré (c'est son frère Galane qui s'est présenté à la poste, muni de la carte d'identité de Momon, sur laquelle il a apposé sa propre photo). Pour le commissaire Richard, le doute n'est plus permis, il s'agit bien des Lyonnais ! Ces attaques de convoyeurs de la Banque Dupont et de la Banque Populaire, qui ramassaient les fonds de deux supermarchés, leur ont rapporté la somme de 921 000 francs. L'alerte est donnée à tous les postes de surveillance et le contrôle resserré sur les petites routes entre le Nord et Lyon.

Il semble pourtant que tous les dispositifs de la terre n'aient pas suffi à les arrêter. Comble de l'ironie, ils reviennent tranquillement à Lyon, non par les chemins de campagne dont ils ont l'habitude, mais en empruntant tout simplement, par tronçons, les autoroutes et les nationales. Si les policiers en faction aux péages des autoroutes ne les repèrent pas, c'est simplement parce qu'ils détiennent les clés des portails de service et qu'ils sortent avant les péages, pour reprendre un peu plus loin, toujours par les entrées de service. Les nombreux barrages mis en place dans les jours précédents n'ont servi à rien ! Le juge Renaud, ironique, dira au commissaire Richard : « Dites-moi, mon vieux, vous avez peut-être un informateur chez eux, mais sans vouloir vous blesser, je crois que celui qu'ils ont chez vous est meilleur... ! »

Les policiers comprennent alors qu'ils ne pourront jamais les prendre en flagrant délit. En concertation avec le juge Renaud, qui leur délivre les mandats d'arrêt, décision est prise de lancer un grand coup de filet. Le 18 décembre 1974 au matin, ce sont plus de huit cents gendarmes et policiers qui participent à la plus vaste opération d'arrestations depuis la fin de la dernière guerre, et ce dans plusieurs villes en même temps : Lyon, Chamrousse, Grenoble et Chambéry. Le jour même, treize personnes, dont Momon, sont interpellées et de nombreuses perquisitions effectuées. Pierre Pourrat est arrêté le 19 à Charbonnières, alors qu'il se trouve à une table de roulette. Beau joueur, il propose aux policiers de boire le champagne qui se trouve dans le coffre de sa DS 23. Un élément important, cependant, est passé à travers les mailles du filet : Nicolas Caclamanos. Depuis quelque temps, le P'tit Nicolas s'est réfugié en Espagne ; en apprenant l'arrestation du reste du Gang, il ne se hasardera pas à revenir. Certains policiers tentent d'utiliser son absence pour faire courir la rumeur (encore !) selon laquelle Nicolas serait un indicateur. Ils réussissent à semer le trouble chez ses coéquipiers. Mais celui-ci sera vite blanchi aux yeux de ses amis.

C'est le commissaire Charles Pellegrini en personne qui arrête Momon Vidal, ainsi que Jeannette, sa compagne. Le policier n'a pas dormi de la nuit. Depuis 6 heures du matin, il est en planque dans le hall du luxueux immeuble du quartier de la Duchère où habite le couple. Un de ses collègues est déguisé en postier, d'autres jouent les promeneurs aux alentours. Cependant, le commissaire redoute la réaction de Momon. C'est pourquoi ses hommes sont super armés, et l'un d'eux se tient caché sous l'escalier avec un pistolet automatique Herstal 9 mm à quatorze coups ! À 11 heures, le couple descend tranquillement l'escalier. À peine ont-ils posé le pied sur la dernière marche que le commissaire jaillit de sa cachette et interpelle Momon en l'appelant par son prénom. Momon ne s'affole pas, mais il comprend vite que la situation est sérieuse quand il entend claquer la culasse de l'automatique que Charles Pellegrini pointe sur lui. Son instinct lui souffle aussi qu'il n'existe pas d'échappatoire ; d'un rapide coup d'œil, il a évalué le dispositif important qui l'environne. Il se rend donc sans faire d'esclandre (il n'est d'ailleurs pas armé) et les policiers l'emmènent au commissariat de la rue Vauban. Le commissaire reste sur place avec Jeannette, qu'il a également arrêtée, et quelques hommes : il va perquisitionner leur appartement.

Il trouve quatre cartes Michelin sur lesquelles sont tracés des itinéraires au stylo, indiquant des routes de campagne. En complément de ces cartes, un cahier de trente-six pages, avec des itinéraires annotés, comme pour un rallye de voitures, et des noms de villes écrits en « verlan », langage codé bien connu des cités aujourd'hui. Au moins aussi important, un avis des PTT est découvert dans le portefeuille de Momon : il concerne le mandat de 300 francs qu'il devait toucher à Chamrousse. Les perquisitions continuent dans un autre appartement du couple, avec succès : on répertorie de nombreuses cartes routières sur lesquelles sont signalées les entrées et sorties de Lyon. Plus grave, un policier trouve dans une poubelle quelques morceaux de papier déchirés qui sont restés collés sur le fond à cause de l'humidité. Il reconstitue le puzzle : là encore, des inscriptions ressemblant à un itinéraire de circuit automobile, sauf que, cette fois, le tracé correspond à la géographie d'une ville où a eu lieu un hold-up. La liste du butin récolté s'achève avec un trousseau de clés. Jeannette, « la Belle Catalane », est emmenée à l'hôtel de police. Une vingtaine d'autres perquisitions, effectuées chez les différentes personnes arrêtées, ont permis de mettre la main sur des armes de différents calibres, revolvers, pistolets automatiques et fusils de chasse à canons sciés. On a aussi trouvé des postiches divers, des perruques, ainsi que des sommes d'argent en dollars et en bons au porteur.

Une anecdote vaut la peine d'être citée, tant elle est peu courante. Pendant la garde à vue de Momon, le commissaire divisionnaire Charles Pellegrini, espérant sans doute créer un climat propice aux confidences, l'invite à déjeuner au restaurant. Ils vont juste à côté de l'hôtel de police de Vauban, Chez Jeannette, sous bonne garde bien entendu. Trois policiers sont à leur table, et un quatrième en faction devant la porte. Cependant, le commissaire fait retirer les menottes de Momon. Il n'obtiendra bien entendu aucune révélation au cours de ce repas, mais son geste mérite que l'on s'y arrête, car il prouve que, même chez des hommes très différents, le respect mutuel peut exister. Dans son livre *Flic de conviction*, Charles Pellegrini évoque cet épisode exceptionnel, et lors de son procès Momon reconnaîtra l'attitude correcte du policier, parlant d'un interrogatoire « psychologique ». Malheureusement, tout ne se passera pas aussi correctement et plusieurs membres du Gang, questionnés par une autre équipe, subiront un interrogatoire particulièrement sévère, notamment Michel le Grec et Pipo qui seront présentés au juge Renaud dans un état physique lamentable, pouvant à peine tenir sur leurs jambes.

Dès le démantèlement du Gang, la presse publie évidemment de nombreux communiqués de victoire... Mais les journalistes se montrent un peu hâtifs et pour le moins présomptueux. Malgré un dossier fort maigre, le juge Renaud inculpe tout le monde d'association de malfaiteurs. Concernant l'affaire de Strasbourg, il n'a rien de plus que ce que les indicateurs lui ont rapporté. Mais ces éléments ne constituent pas des preuves, et le reste du dossier est à l'avenant. Alors, le juge exerce des pressions sur les inculpés, espérant obtenir les aveux de certains d'entre eux en incarcérant leurs femmes, mères ou compagnes. C'est ainsi que, le 27 décembre, il fait arrêter l'épouse de Momon, Suzanne, bien qu'ils soient séparés depuis un an. Jeannette, quant à elle, est emprisonnée depuis le 20 décembre, date de la fin de sa garde à vue. Juste après, le juge Renaud met en détention la mère de Momon, Marie Pardeneilles, puis sa belle-sœur, Rita Winsterstein (épouse de son frère Galane). Suivront Huguette Montier, la compagne de Pipo, et même Marlène Jacoberger, l'amie de feu Haebig, qui sera d'ailleurs rapidement relâchée. Dès le lendemain de l'arrestation du Gang, et fort heureusement avant d'être interpellée, Suzanne s'était rendue chez Me Joannès Ambre pour lui demander de se charger de la défense de Momon. L'avocat défendra plusieurs des inculpés et sera assisté dans sa tâche par Me Soulier. Toutes les femmes se verront aussi inculpées d'association de malfaiteurs, un procédé confortable qui évite au juge d'avoir à se justifier. Alors que l'avocat lui fait remarquer que ces femmes ont un emploi ou un commerce et qu'en étant détenues, elles risquent de le perdre, le juge lui répond que pour vivre après leur libération, elles n'auront qu'à se prostituer !

C'est à ce moment que François Renaud s'égare... Certes, l'incarcération des femmes est très mal vécue par les inculpés, mais l'attitude du juge ne fera que resserrer les liens entre ces hommes... En s'obstinant à camper sur ses positions, pour ne pas avoir l'air de céder, le juge braque tout le monde. De plus, il alourdit le climat déjà pesant en rejetant systématiquement les demandes de mise en liberté provisoire déposées par les avocats des femmes. Pendant les interrogatoires, il insulte les inculpés, pique des colères, frappe sur son bureau ! Lors de sa première comparution dans le bureau du juge, le 2 janvier 1975, Momon lui indique fermement qu'il ne fera aucune déclaration tant que les femmes seront incarcérées.

Elles sont libérées courant mars, par ordre de la Chambre d'accusation et malgré le désaccord de François Renaud. Seule Jeannette restera en détention jusqu'au procès. À la mort du magistrat, le 3 juillet 1975, le dossier, peu épais au départ de l'instruction, n'a guère grossi. Le juge Riveslange succède à François Renaud dans l'instruction de ce dossier complexe. Ce changement n'est pas forcément une bonne chose pour Momon et ses amis car, bien que très différent de son prédécesseur, ce magistrat est d'une redoutable efficacité. Sous un air doucereux et affable, il sait se montrer particulièrement dur et souffler le chaud et le froid. À chaque Noël (1975 et 1976), il laisse entendre à Me Ambre qu'il va libérer Jeannette pour les fêtes... et, quelques jours avant la date promise, il change d'avis ! Pour donner une idée de sa méticulosité, il repéra un jour sur une carte routière un point au stylo semblant indiquer un étang. Il fit donc vider l'étang le plus proche de ce point sur la carte, au grand dam des pêcheurs et chasseurs qui manifestèrent bruyamment leur mécontentement. Rien n'y fit et l'étang fut vidé... en pure perte, car le point en question était simplement dû à un dérapage de stylo !

Entre décembre 1974 et l'été 1975, l'instruction piétine. Seules

les déclarations d'un indicateur de Strasbourg restent au dossier. Il existe cependant de sérieux éléments à charge : tout d'abord, des cartes routières annotées, sur lesquelles les villes dotées d'une gendarmerie sont encerclées en rouge ; ensuite, les billets saisis lors des perquisitions, et que la banque de France avait distribués à Chazelle-sur-Lyon et à Tarare, théâtres de deux hold-up.

L'affaire a sur les médias un retentissement énorme. Certains journaux évoquent l'appartenance de quelques membres du Gang à un parti politique (surtout Joanny Chavel). Ils prétendent, sans la moindre preuve, que les Lyonnais opéraient pour le Service d'action civique. Certes, Chavel y était adhérent et Jeannot Augé, une relation du Gang, en était le responsable sur Lyon. Mais la majorité de l'équipe n'avait rien à voir avec cette « police politique ». Pendant le procès, Momon déclara que le Gang exécutait des missions pour le compte d'hommes politiques, et les journalistes se jetèrent sur ces déclarations. Ils n'avaient pas compris que Momon cherchait seulement à noyer le poisson et à minimiser la responsabilité de l'équipe ! Comme tous les Français, les membres du groupe étaient partagés concernant la politique de l'époque. Mais ils n'ont jamais participé à aucune action anti-manifestations ni anti-grèves.

L'enquête se poursuit. En juin 1975, devant l'importance de la tâche, on charge l'inspecteur principal Armand, sous l'autorité du commissaire Richard, d'exploiter en détail le résultat des perquisitions effectuées fin 1974. Il ne leur reste guère que cette piste à exploiter, car les inculpés se sont murés dans un mutisme complet. De longues et laborieuses recherches sont effectuées sur les objets saisis et permettent de découvrir la provenance de certaines armes, parfois achetées en toute légalité, en Suisse, grâce à des cartes d'identité falsifiées. Les cartes routières sont examinées à la loupe... Mais rien ne permet de confondre formellement les inculpés. En fait, seule l'enquête sur les moyens financiers des « Lyonnais » a prouvé qu'ils vivaient bien au-dessus de leurs moyens.

Les rebondissements ne manquent pourtant pas dans cette affaire. Le 29 octobre 1975, Pierre Pourrat s'évade de la prison de Valence. En juin-juillet 1976, c'est au tour de Momon et de certains de ses coïnculpés de tenter de se faire la belle, avec la complicité d'un surveillant de la prison Saint-Paul. Pour ce projet d'évasion, l'idée première est venue d'André Ben Arrab et d'un autre détenu, Gilbert M... Ils sont tous deux employés à la laverie de la maison d'arrêt et peuvent donc circuler un peu plus librement que les autres dans les différents bâtiments. Ils exposent leur plan à Momon et à Christo, qui y adhèrent immédiatement. L'idée est de faire entrer une arme, puis de simuler un malaise dans la nuit et d'appeler le surveillant qui, accompagné du gradé de service, ouvrirait la porte. À ce moment-là, Momon pourrait les braquer, déverrouillerait les cellules voisines, dont celles de Christo et de Louis Guillaud (inculpé pour le rapt de Christophe Mérieux), grâce à des doubles de clés confectionnés à l'extérieur et introduits dans la prison avec la complicité d'un gardien. Puis, des coursives, ils gagneraient la « rotonde » (point central de la prison) et, de là, rejoindraient les égouts par lesquels il est possible de fuir.

Des tests effectués par des détenus mis dans la confidence ont confirmé la faisabilité du plan. Momon et Christo passent donc à l'action et entreprennent de corrompre un surveillant, Roger Maurin, un ancien militaire. Quelques jours plus tard, il succombe à la tentation, mais comme il refuse de laisser entrer une arme, c'est à son insu que le revolver (un colt Cobra) sera introduit, en pièces détachées dissimulées à l'intérieur de poulets farcis et autres denrées alimentaires. Parallèlement, le gardien se charge de faire reproduire les clés qui seront nécessaires. Mais des « bruits de couloir » commencent à circuler sur une possible évasion, rumeurs prises au sérieux par le juge Riveslange. Brutalement et sans avis préalable, il fait transférer Momon à Bourgoin, en régime de haute surveillance. Dans les jours suivants, le gardien d'un mirador aperçoit son collègue Roger Maurin monter dans une voiture devant la prison ; il identifie le chauffeur, Charly Rizot, un ancien détenu dont il connaît l'amitié pour Momon. Trouvant le phénomène curieux, il le signale à sa hiérarchie, qui fait interpeller Maurin. Il est en possession de messages écrits venant de Christo. Il ne peut, de ce fait, nier sa complicité et sera condamné à quatre ans de prison. Charly Rizot écopera de quinze mois et, pour finir, le revolver monté avec tant de difficultés sera jeté dans les égouts [1].

Le 3 décembre 1975, coup de théâtre dans le bureau du juge Riveslange. Alors qu'il a réuni tous les protagonistes de l'affaire dans son bureau pour une confrontation générale, en prenant un luxe de précautions jamais égalé, Momon Vidal fait une déclaration en préambule. Il indique au juge qu'ils ne sont pas de simples gangsters, mais qu'il ne parlera que devant la Cour d'assises. Pendant sa première année de détention, il a longuement réfléchi à la façon dont il pourrait présenter leur défense et a défini une tactique. Il va donc jouer la carte politique, puisque chacun sait qu'il y a parfois des interférences entre le monde de la politique et le milieu... De plus, sa tâche se voit facilitée par les déclarations des policiers et des magistrats, largement répercutées par la presse, sous-entendant que le Gang aurait œuvré pour financer des partis de manière occulte.

Plusieurs coïncidences sont exploitées par Momon et notamment le fait que les Lyonnais donnaient souvent l'impression d'avoir un « correspondant » à l'intérieur même des services de police. En réalité, Jean Augé, qui avait effectivement des « contacts » dans l'administration, les informa qu'une enquête sur eux était en cours. Mais cela ne constituait pas une nouveauté. L'homme d'affaires de Chavel, interrogé sur le financement de l'achat du château de Fléchères, avait déjà prévenu le Gros Jeannot. Momon prétendra que les cartes routières comportant des tracés avaient été remises à Joanny Chavel par un policier des renseignements généraux... L'opinion publique y croira d'autant plus volontiers qu'elle a du mal à avaler qu'en dépit d'une surveillance constante exercée sur le Gang par la police pendant près de trois ans, ils aient pu, tranquillement, réaliser une trentaine de hold-up, au nez et à la barbe de la force publique ! Cette position, Momon et les siens la maintiendront jusqu'au procès.

Entre-temps, Momon et Jeannette se marient, le 15 avril 1977, à

1. Le bruit avait couru, tout au début de l'incarcération de Momon, d'un possible enlèvement du juge Renaud, qui aurait pu servir de monnaie d'échange contre la libération de Momon !

la prison de Bourgoin (Isère), en présence de leurs avocats Mes Ambre et Amar qui, pour l'occasion, se sont transformés en témoins. Un grand moment de bonheur et d'espoir. Jeannette offre à Momon la plus belle preuve d'amour et de dévouement qui soit, car la peine encourue par son mari risque de le tenir éloigné d'elle de longues années !

Le lundi 20 juin 1977, à 14 heures, le procès s'ouvre enfin devant la Cour d'assises de Lyon, présidée par M. Lasserre assisté de MM. Rongier et Orsat. Des mesures de sécurité extraordinaires sont prises et l'on entend même parler d'hélicoptères survolant le palais de justice. De nombreux journalistes s'activent dans les couloirs, dont une quarantaine venus de l'étranger. Plus d'une centaine de témoins sont convoqués, parmi lesquels figurent des policiers ayant participé à l'enquête.

Ils sont seize à s'asseoir dans le box des accusés, dont les cinq femmes qui ont été libérées courant 1975, à l'exception de Jeannette Vidal, toujours détenue. Manquent à l'appel trois des inculpés : Joanny Chavel, alors officieusement disparu, Pierre Pourrat, évadé, et Aline Bouvier, sa compagne, en fuite. Ils seront jugés par contumace. La première journée est consacrée au tirage des jurés (la défense en récuse trois), à l'appel des témoins et à la lecture de l'acte d'accusation, épais de 138 pages ! Il faut cinq heures aux deux greffiers, MM. Lombard et Becker, pour arriver au bout de cet acte fleuve, condensé d'un dossier de près de cent kilos !

Le parterre des avocats est impressionnant... La plupart des grands noms du Barreau lyonnais sont là ! On reconnaît Mes Ambre, Lombard, Amar, Breysse, Berman, Bessou, Desseigne, Planchon, Jouhanneau, Muselli, Bonnard, Soulier et Pelletier, ce dernier arrivant du Barreau parisien. Durant la seconde journée du procès, on déroule le curriculum vitae des accusés. On retrace leur enfance, leur adolescence... et bien souvent, leurs premiers ennuis avec les représentants de l'Ordre. Aux questions du président Lasserre, Momon parle de son expérience dans les cités de l'abbé Pierre, et de l'obligation dans laquelle il s'est trouvé, dès l'âge de treize ans, de faire « la piaute », c'est-à-dire de récupérer dans les décharges toutes sortes de métaux... Il décrit un monde de misère qui, à lui seul, explique et peut-être justifie leurs actions. À ce moment du procès, l'émotion est forte et le silence devient pesant, y compris sur les bancs de l'accusation... comme si, quelque part, chacun se sentait un peu coupable de n'avoir rien tenté plus tôt pour éviter cela !

Momon continue son récit et commence à exposer la thèse de défense qu'il a choisie, c'est-à-dire l'action politique, au service du SAC. Grâce à certains de ses éléments, incarcérés en même temps que lui, il a pu obtenir, durant sa détention, quelques informations sur les activités de cette organisation. Ce sont ces renseignements qu'il utilise pour étayer sa version : il évoque une histoire de pose de micros dans une chambre d'hôtel où couchait Gaston Deferre, alors maire socialiste de Marseille et ami de François Mitterrand. Puis il poursuit en parlant des protections accordées par certains hommes politiques, de participations à des contre-manifestations, etc. Bien entendu, les autres inculpés abondent dans son sens, et rien de concret ne sort des interrogatoires du président. Cependant, le bureau du SAC fait savoir, par l'intermédiaire d'un journaliste, que l'organisation dément les déclarations de Momon.

Tout le procès se déroule à l'avenant, les questions de l'accusation sont éludées de manière systématique, et l'on arrive bon gré mal gré au mardi 28 juin. Ce jour-là, dès l'ouverture des débats, Georges Manoukian dit « Chaïm » fait un esclandre : il s'en prend à ses défenseurs Mes Desseigne et Planchon, dont il ne souhaite plus la présence à ses côtés. Manoukian est un garçon un peu nerveux et ses sautes d'humeur sont légendaires... Ça n'est pas la première fois qu'il change d'avocat, mais là, en plein procès, c'est tout de même un peu fort ! Pipo Zakarian déride l'assistance en déclarant tout de go qu'il veut bien, lui, être représenté par les avocats de Chaïm. Ce moment de détente est vite écourté par l'arrivée à la barre d'un témoin capital, le commissaire divisionnaire Pierre Richard, qui a dirigé l'enquête sur les « Lyonnais ».

Pendant près de sept heures, cet homme va décrire en détail le résultat de ses recherches. Il commente de façon précise, voire chirurgicale, un rapport de près de trois cents pages, analysant par le menu les actions de l'équipe, leurs revenus, leur mode de vie... Il explique comment il a été amené à soupçonner les accusés, il parle de ses indicateurs et plus spécialement de celui de Strasbourg, qui a donné les premiers noms. Puis il raconte la traque de deux ans et demi, l'espoir entrevu à Grenoble de les prendre sur le fait, et sa déception. Il affirme être convaincu que Momon a totalement inventé l'affiliation du Gang au Service d'action civique, afin de détourner l'action de la Justice de ses activités hors-la-loi. Il précise qu'aucun indice n'est susceptible de corroborer cette thèse. Le mercredi 29 éclate une empoignade verbale entre le commissaire, Momon et ses avocats, qui va durer toute la journée. Le médecin qui a soigné Joanny Chavel, Jacques L..., est à son tour interrogé et l'on ergote beaucoup sur le secret professionnel qu'il n'a, à aucun moment, trahi.

Entre les audiences, les accusés sont parfois emmenés dans la cour intérieure du palais de justice, le petit dépôt. Des coursives qui surplombent cette cour, Me Ambre les aperçoit pendant une suspension d'audience, alors qu'ils prennent le soleil. Momon s'en rend compte et, écartant les bras pour désigner ses amis, il lance à l'avocat, dans un grand éclat de rire : « Regardez, Maître, c'est le "terrain". » Ce morceau de terre qui borde le canal de Jonage et que certains appellent « la mer des Sargasses » les réunit encore. Malgré le sort qui les accable, ils sont toujours debout, fiers, et font face sans courber l'échine...

Le mardi 5 juillet a lieu le réquisitoire de l'avocat général M. de Bonnefoy des Aulnaies. Est-ce un signe ? Alors qu'il vient de réclamer la réclusion à perpétuité pour Momon, un orage d'une grande violence se déclenche, coupant l'électricité et plongeant la salle dans l'obscurité. Du haut de sa tribune, le procureur ressemble à un aigle fondant sur sa proie. Toutefois, son réquisitoire sera ferme, mais dénué de haine, et l'on y sentira même parfois une certaine humanité. Les sanctions demandées aux jurés sont néanmoins très dures. En dehors de Momon, il sollicite la perpétuité pour Christo Gandebœuf, et vingt ans de réclusion pour Pipo Zakarian et Michel Silmetzoglou. Il n'exclut pas la possible participation du Gang des Lyonnais à des actions politiques, mais refuse de considérer cet élément comme une excuse aux agressions commises. Pour conclure, il reconnaît que Momon est un personnage ouvert et sympathique, mais répète qu'il le croit dangereux. Il lui souhaite néanmoins bonne chance pour l'avenir... Tout au long du réquisitoire, Momon n'a pas lâché la main de Jeannette !

Les plaidoiries de la défense s'étalent sur deux journées. Enfin, après quatorze jours de procès, le jeudi 7 juillet, vers 14 h 30, la Cour et le jury se retirent pour délibérer. Onze avocats se sont relayés à la barre, et le travail immense qu'ils ont fourni va porter ses fruits. Les arguments de l'accusation ont plus souvent été bâtis sur du sable que sur du béton, et les plaidoiries des défenseurs vont effriter petit à petit le montage de l'avocat général. Bien entendu, Me Ambre agit en éternel coordinateur, mais tous les avocats présents sur ce dossier font preuve du même talent. De nombreux habitants de Décines sont venus, certains par curiosité, mais l'immense majorité pour soutenir moralement les inculpés, dont la plupart sont leurs amis. Beaucoup de gitans iront en procession jusqu'à la cathédrale de Fourvière, pour faire brûler des cierges et prier la Vierge qu'elle les protège... Il semble bien qu'elle les ait entendus !

Vers 22 heures, le jury réapparaît. Pour les accusés, cette attente de près de huit heures a semblé ne jamais devoir finir... Après une longue énumération des réponses données par les jurés aux centaines de questions qui leur ont été posées, les circonstances atténuantes sont accordées à tout le monde. Cette lecture effectuée, la pression est à son comble, les jambes sont molles et le cœur bat à tout rompre. Ceux qui n'ont pas vécu ces moments ne peuvent pas vraiment les comprendre.

Quelques secondes de pause, et commence l'énoncé du verdict : l'association de malfaiteurs n'est retenue que contre sept des accusés. Deux des femmes, Suzanne Guignon et Rita Winsterstein, sont écartées de cette inculpation et sont acquittées. En effet, la jurisprudence française veut que les épouses légitimes, même si elles ont hébergé un mari coupable d'actes illicites, ne soient pas tenues de le dénoncer. Or Suzanne Guignon était, au moment des faits, légalement mariée à Momon, d'où son acquittement. En revanche, Rita Winsterstein est unie à Galane, le frère de Momon, selon la coutume gitane. Elle est donc seulement sa concubine au regard de la loi française, puisqu'ils ne sont pas passés par la mairie.

Le tribunal, faisant preuve d'ouverture, décidera néanmoins d'acquitter Rita.

L'énoncé des peines se poursuit : pour Jeannette Vidal, la femme de Momon, cinq ans de prison, dont deux et demi avec sursis... Elle sera libre le soir même ! Huguette Montier, la compagne de Pipo, écope d'un an avec sursis et Joseph Vidal, « Galane », de cinq ans, dont deux et demi avec sursis... Lui aussi sera libéré dans la soirée. Puis vient le tour de Momon : dix ans de réclusion... C'est une explosion de joie dans la salle, car on s'attendait au pire après l'importance donnée à l'affaire par les médias et le réquisitoire de l'avocat général ! Pour tous ces gens, Momon est un symbole, et ils applaudissent à tout rompre, des larmes dans les yeux ; ils applaudissent l'un des leurs, mais surtout l'homme qui les représente, et s'est battu envers et contre tout. En ce jour mémorable, il est leur sang, leur porte-parole et leur drapeau. Le vengeur des misères et des vexations passées... L'incarnation de ce peuple gitan qu'il aime tant ! Momon, en fin psychologue, a compris tout cela : aussi assume-t-il ce rôle jusqu'au bout en leur adressant des signes d'affection. Puis il se tourne vers les jurés, qui manifestement ne se sont pas laissé influencer par les magistrats : il les remercie pour l'humanité et la compréhension dont ils ont fait preuve.

Mais l'énoncé du verdict n'est pas terminé : Georges Manoukian, 8 ans d'emprisonnement, Jean-Pierre Mercarian, 5 ans, Michel Silmetzoglou, 8 ans, Pierre Zakarian, 10 ans, Robert Gandebœuf, 8 ans et enfin la condamnation la plus lourde : Jean-Pierre Gandebœuf, 15 ans ! Pourquoi cette différence avec le reste de l'équipe, alors qu'il ne l'a rejointe qu'en 1973 et n'a donc pu participer à toutes les opérations, notamment celle de Strasbourg ? Deux réponses sont possibles : le fait qu'il n'ait pas réussi, sous ses dehors fermés et un peu froids, à gagner le cœur des jurés ; et, sans doute, le fait qu'il ait pris à sa charge la possession des armes trouvées, lors d'une perquisition, dans l'appartement du n° 5 de la rue Sainte-Marie-des-Terreaux, ainsi que des billets susceptibles de provenir des villes où ont eu lieu certains hold-up. Deux autres éléments jouent contre lui : un casier judiciaire chargé et les rapports des experts psychiatres, qui doutent d'une réinsertion possible. Enfin, comme il est de coutume lorsque les accusés sont absents, Joanny Chavel, Pierre Pourrat et Aline Bouvier sont, par contumace, condamnés à mort. Seul Pierre Pourrat sera repris, en 1978, et rejugé.

Dans la nuit qui suit le verdict, on fait la fête et on célèbre, sur le « terrain », au Marais à Décines, la libération de Jeannette et de Galane. Fête improvisée, bien sûr, puisque l'arrêt de la Cour en a surpris plus d'un, mais fête chaleureuse, car dans le cœur de chacun s'est glissé l'espoir de tous les revoir bientôt. Le samedi 9 juillet se tient, à partir de midi, et toujours au « terrain », un rassemblement d'une centaine de gitans et amis proches, qui entourent les deux libérés, héros de la journée. Tous ensemble, ils sablent le champagne et partagent un repas avec paella et canards grillés. Pour ces gens, qui ont en commun une existence souvent difficile, la chaleur et la solidarité partagées sont un réconfort, une force pour l'avenir !

CE QU'ILS SONT DEVENUS...

Joanny Chavel, « le Gros Jeannot »

Après avoir rêvé d'une vie « embourgeoisée », il s'est pris à son propre piège. Peu doué pour les affaires, il a perdu tout l'argent investi dans le château de Fléchères, puis, à cause de son délire de persécution, a connu la triste fin que l'on sait, en 1973.

Pierre Pourrat, « Patrick » ou « le Docteur »

Il réussit à s'évader de la prison de Valence, dans la Drôme, en octobre 1975, profitant d'un heureux concours de circonstances. C'est sur ordre du juge Riveslange qu'il a été transféré là, dans la nuit du 25 septembre. On n'aurait vraiment pas pu faire mieux si l'on avait voulu faciliter la sortie du « Docteur » ! Dans la matinée du 29 octobre, vers 8 h 30, il se trouve dans la cour de promenade avec deux autres prisonniers, Roger Roussel et Jean Matthieu, lorsque, propulsés par-dessus le mur, arrivent un pistolet automatique et une corde, dont une extrémité est restée fixée à l'extérieur. C'est un ancien détenu, Aimé Berthiaud, libéré quelques jours auparavant, qui se tient de l'autre côté. Pendant que Roussel et Matthieu tiennent à distance les gardiens chargés de surveiller la cour, « le Docteur » grimpe contre le mur d'enceinte puis, rejoint par les deux autres, s'engouffre dans une Simca 1301 où les attend un autre complice. Ils disparaissent dans la ville. C'est lors de cette évasion que « le Docteur » dira à l'un des gardiens qui veut s'interposer : « Fais pas l'imbécile, tu ne vas tout de même pas risquer ta peau pour 2 000 francs par mois. » Cette phrase sera reprise dans le film *Le Juge Fayard*, avec Patrick Dewaere.

Après sa condamnation à mort par contumace, en juillet 1977, Pourrat est repris lors d'une tentative de cambriolage dans une grande surface, à Provins, le 7 avril 1978, en compagnie d'un certain Pierre Canaille. Il est rejugé à Lyon fin mai 1980 et condamné à dix ans de réclusion criminelle. Pendant sa « cavale » (il s'est notamment caché chez Nicolas Caclamanos, en Espagne), il n'a pu prendre contact avec le reste du Gang des Lyonnais qu'à de rares occasions. Peu de temps avant son arrestation, il vivait à Paris, avenue Condorcet, dans l'appartement d'un de ses anciens co-détenus, Georges Z...

Pierre Pourrat est mort dans un hôpital parisien le 27 août 1981. Il était atteint d'un cancer de l'estomac depuis bien longtemps et en souffrait terriblement. L'administration pénitentiaire ne lui fit aucun cadeau, et il fallut de nombreuses interventions de son avocat, Me Pelletier, pour qu'enfin, à quelques semaines de sa mort, on le laisse entrer dans un hôpital civil. Momon et Pipo lui rendirent visite, ce qu'ils ne pouvaient faire avant son transfert, et le trouvèrent moribond. Il les reconnut néanmoins et échangea quelques paroles amicales avec eux... Cette amitié exprimée au seuil de la mort compensa peut-être un peu le manque d'amour dont cet homme avait souffert dans son enfance...

Nicolas Caclamanos, « le P'tit Nicolas » ou « le Grec »

Prévenu quelques jours avant l'arrestation imminente de l'équipe, il s'enfuit en Algérie en décembre 1974, chez une de ses connaissances, Milhoud Abdelaziz, lui-même condamné en France à perpétuité, pour meurtre. Nick le Grec laissa passer un peu de temps, puis regagna sa résidence de La Escala, près de Barcelone. Il ne fut même pas inculpé dans l'affaire du « Gang des Lyonnais ».

En février 1977, il est interpellé en Allemagne alors qu'il s'apprête à voler une voiture destinée à servir pour un casse. Il est accompagné de deux complices. Des coups de feu sont échangés avec les policiers allemands, mais il sera prouvé que l'arme saisie sous le siège de sa Peugeot 204, un Smith et Wesson, n'a pas été utilisée. Pour cette affaire, il est condamné, en août de la même année, à vingt mois de prison. Il sera beaucoup dit et écrit qu'il s'est fait volontairement arrêter pour se mettre à l'abri de possibles vengeances du milieu, mais il n'en est rien.

Il eut le tort de quitter l'Espagne pour revenir vivre à Lyon, où il fut abattu dans la cour qui jouxtait son restaurant Le Chalet, début 1989. Auparavant, il avait été entendu par le juge Renaud et avait très bien su esquiver les questions. Il n'ouvrait plus Le Chalet qu'une fois par an pour ne pas perdre la licence 4, mais il habitait l'appartement au-dessus. Il avait reçu un avertissement un an plus tôt. Pourtant, la tentative de meurtre dont il avait déjà été la victime ne semblait pas l'ébranler. Il expliquait à qui voulait l'entendre que si l'on avait vraiment voulu le tuer, on s'y serait pris d'une autre façon... et il expliquait comment ! Apparemment, son assassin l'a entendu, car il suivi les consignes à la lettre... Ce tireur d'élite, qui le toucha trois fois avec un calibre 22 long rifle, ne fut jamais inquiété... Il faut dire que le P'tit Nicolas traînait tellement de « vieilles casseroles » que les hypothèses ne manquaient pas ! Parmi les bruits qui coururent sur sa mort dans le milieu, on évoqua l'implication d'anciens policiers déçus de n'avoir pu le coincer. On sait aujourd'hui qu'il n'en est rien et la version d'une affaire espagnole qui aurait mal tourné paraît beaucoup plus crédible.

Edmond Vidal, « Momon »

De juillet 1977 à sa libération, en juillet 1981, Jeannette lui rendit visite dans toutes les prisons où il se trouvait : Tulle, Tarbes, Poissy... De son côté, elle cessa l'exploitation de son bar Le Marenda et trouva un poste dans l'informatique, ce qui lui laissa plus de temps pour s'occuper de ses deux enfants et aller voir Momon. Il n'est pas facile de se remettre dans le circuit lorsque l'on traîne un tel passé, et Momon en fera l'expérience en 1982. Le 19 novembre, il est arrêté à Vaise, en compagnie d'Alain Roche, et incarcéré à nouveau à la prison Saint-Paul de Lyon. On les accuse d'avoir participé à une opération de racket contre un exploitant de machines à sous, avec Raymond Mihières (« le Chinois »), Jean Balzani et François Imbert. Régis Roche, dit « Pierrot », le frère aîné d'Alain, est inculpé pour la même affaire, mais il a été arrêté à Vaulx-en-Velin le 20 septembre. Comme le délit a été commis à Paris, il est emprisonné à la Santé. Momon le rejoindra rapidement.

Bien qu'il conteste formellement sa participation à une quelconque affaire de racket, Momon est condamné le 13 juillet 1983 à huit ans de prison et Pierrot Roche à six ans. Ils font appel de ce jugement et comparaissent à nouveau, en janvier 1984, devant la Cour d'appel de Paris, qui réduit leur peine à cinq et quatre ans.

Libéré en 1986, Momon s'est depuis reconverti dans le commerce et a lancé, avec Jeannette, une chaîne de magasins de tissus en gros et d'ameublement pour la maison. D'esprit très famille, il consacre énormément de temps à tous les siens. Toujours très entouré, il continue de cultiver son sens profond de l'amitié...

Georges Manoukian, « Chaïm »

À sa libération, il vécut de plusieurs activités, plus ou moins illicites, et ne se remit jamais de son séjour en prison. Interpellé en décembre 1982 pour une affaire de proxénétisme, il est remis en liberté et achète un bar, Le Club, à Vienne dans l'Isère. Il semblait en vivre correctement. Mais « Chaïm » était un angoissé permanent, traumatisé par la détention. Constamment sur le qui-vive, il devint de plus en plus agressif. On ignore pourquoi il se mit à persécuter des prostituées lyonnaises, mais il s'attira les foudres de quelques proxénètes et fut assassiné le 18 septembre 1984, à Villeurbanne, au volant de sa Mercedes. Le meurtrier était vraisemblablement un ancien ami à lui, Michel Hostiguian, assisté d'un certain Yves C. Inculpé pour le meurtre de Chaïm, Hostiguian obtint un non-lieu. Il fut cependant condamné à perpétuité, en juillet 1991, pour le meurtre de deux autres personnes à Grenoble.

Michel Silmetzoglou, « Michel le Grec »

À sa libération, il se mit à vendre sur les marchés et sembla se retirer de tout. Cependant, en 1984, il plonge pour une histoire de loterie truquée. Après avoir purgé sa peine, il est de nouveau inculpé en 1986, pour proxénétisme cette fois, et il effectue sept mois de prison. Mais « Michel le Grec » avait néanmoins renoncé aux affaires d'envergure et vivait surtout de vente de maroquinerie, sur les marchés de la région.

Le 30 juillet 1988, des promeneurs découvrent son corps, à Bettant dans l'Ain, dans un état lamentable. Il est ligoté avec du fil de fer, et ses os ont été brisés à coups de barre de fer. Les tueurs se sont acharnés avec une telle férocité qu'il n'a pratiquement plus un membre entier. Pour finir, ils ont incendié un pneu et s'en sont servis pour brûler le corps. On ne pourra l'identifier que parce que l'un de ses doigts a été épargné par le feu et qu'on pourra y relever des empreintes digitales. Qui a tué « Zorba » ? Des rumeurs ont couru, désignant de jeunes truands avec qui il aurait eu des différends. Quelques journalistes ont même évoqué l'idée (farfelue) qu'il aurait pu être l'un des deux indicateurs de la police concernant la mort du juge Renaud...

Joseph Vidal, « Galane »

À part un incident mineur en 1984, le frère aîné de Momon a mené une vie paisible et rangée. En compagnie de Michel Silmetzoglou, il avait inventé les premiers jeux à gratter : il s'agissait d'un trèfle à quatre feuilles. On commençait à gagner si l'on découvrait un chiffre sous la troisième feuille (un petit lot) et l'on touchait beaucoup plus s'il y avait un autre chiffre sous la quatrième. Ils distribuaient ces tickets dans les cafés de Lyon où les débitants les proposaient à leur clientèle. Chacun y trouvait son compte, mais voilà : l'exploitation des jeux, en France, est réservée à un organisme officiel et ils tombèrent donc sous le coup de la loi, d'où la condamnation de 1984.

Avec sa femme Rita, ils font aujourd'hui les marchés de la région où ils vendent des vêtements. Joseph aime les jeux de cartes et consacre une partie de son temps libre à ce hobby.

Jean Pierre Gandebœuf, « Christo »

Libéré de la prison de Bois-d'Arcy le 10 février 1986 (il a accompli douze ans et demi de sa condamnation), Christo continue à jouer de malchance. Après l'affaire dont j'ai déjà parlé, qui s'était déroulée en Espagne et pour laquelle il a été libéré en février 1989, il est à nouveau incarcéré, depuis avril 2000, et tente de démontrer qu'il est étranger aux faits qui lui sont reprochés.

Pierre Zakarian, « Pipo »

Libéré en 1981, Pipo aura quelques ennuis, surtout liés au proxénétisme. En 1990, il est condamné à trois ans de prison, mais il obtient une libération conditionnelle et fait du commerce avec Momon et Auguste Gruzelles, « Gus ». Peu après, il est atteint d'une tumeur au cerveau dont il meurt en 1994. Il est inhumé au cimetière de Décines, où ses nombreux amis l'ont accompagné.

« LE SHÉRIF »

François RENAUD
(juge d'instruction à Lyon de 1966 à 1975)

Personnage anticonformiste, fantasque et imprévisible, François Renaud était un être attachant et fascinant pour certains, beaucoup trop exubérant pour d'autres... Sa personnalité contrastée ne laissait personne indifférent, amis comme adversaires. « Le Shérif » fut nommé à Lyon à la fin de l'année 1966 et prit ses fonctions de juge d'instruction début 1967. Complètement inclassable dans le monde de la magistrature, son image restera celle d'un homme d'excès, tant dans son parcours professionnel que dans sa vie privée. C'est sans doute ce qui l'a conduit à sa perte.

François Renaud est né au Tonkin (ancienne province de l'actuel Viêt-nam) le 5 mars 1923, où il ne restera que trois années. Son père est médecin colonial et voyage beaucoup ; en 1927, la famille s'installe dans l'île de Madagascar, pour une dizaine d'années. Ils regagnent la métropole en 1939, où François poursuit des études un peu chaotiques, à Toulouse. Fin 1940, ils s'installent à Lyon, en pleine période d'Occupation. François Renaud soutient le général de Gaulle et participe à divers actes de Résistance. Menacé par le Service du travail obligatoire (le STO), il rejoint en juillet 1943 un maquis de Saône-et-Loire, à Laives, dirigé par d'anciens officiers de l'armée d'avant 1940. En 1944, les maquis de la région sont regroupés sur la montagne de Corlay et gérés, entre autres, par le commandant André Jarrot. Le futur juge participe à quelques opérations de commando contre l'occupant ; en août 1944, avec les hommes de son groupe, il est affecté à la 105ᵉ compagnie des FFI, puis au 9ᵉ régiment des chasseurs d'Afrique, qui remonte vers l'Alsace. Alors qu'il se trouve aux portes de Mulhouse, il est grièvement blessé au ventre par un éclat d'obus. On le ramène, inconscient, dans une église transformée en hôpital de campagne.

Un prêtre qui donne les derniers sacrements le remarque au milieu d'agonisants et de morts. Après deux opérations difficiles, Renaud s'en sort malgré tout. Il gardera une trace de cet épisode, une large cicatrice sur le ventre. François Renaud reste plusieurs mois en convalescence, puis revient à Lyon et reprend ses études à la faculté de droit. Ironie du sort, il sera l'un des premiers à obtenir une chambre aux Glaces, une des anciennes maisons closes que la loi Marthe Richard a fait fermer en 1946 et qui, compte tenu de la pénurie de logements, seront réservées aux étudiants.

Pendant ses études, il exerce divers petits boulots et pratique plusieurs sports, dont la moto. Paris l'attire beaucoup ; il y va souvent, mais c'est pourtant à Lyon qu'il obtient sa licence de droit en 1948. Sitôt ce diplôme en poche, il retourne à Paris afin d'entamer un doctorat. En 1950, il épouse une jeune femme d'origine espagnole. Ne sachant trop comment diriger sa carrière, il accepte un premier poste en Afrique comme juge de paix, dans un coin reculé de l'Oubangui Chari. Il est confirmé et titularisé dans ses fonctions de juge d'instruction en 1953, au Tchad, après un passage par Bangui. Son dernier poste africain l'amène à Fort-Lamy, d'où il rejoint sa femme et ses deux enfants, Roland et Francis, en France dans la région parisienne. Fin 1955, il tente, après s'être fait mettre en réserve de la justice, de démarrer une carrière politique et commerciale. S'il échoue dans les affaires, il semble plus à l'aise en politique. Mendésiste, membre du Club des Jacobins, il fréquente Charles Hernu, qu'il soutient lors des législatives de 1956. Mais il est déçu par le Front Républicain et par ses échecs professionnels. Il décide donc de retourner en Afrique.

D'abord en Côte-d'Ivoire, à Bouaké, puis à Séguéla. Fin 1958, il gagne Ouagadougou, en Haute-Volta. Après un bref séjour en France, il se rend à Goua vers la fin 1959 et y reste jusqu'en 1962. En 1963, on le retrouve au Togo, puis au Niger, à Niamey ; c'est là qu'il se séparera de sa femme, en 1965. Accompagné de Roland, l'aîné de ses fils, il regagne définitivement la France en septembre 1966. Fin décembre de la même année, il est nommé juge d'instruction à Lyon. Il s'y fait vite des relations et fréquente les endroits à la mode, bars, restaurants, boîtes de nuit... Les soirs de virées, il ne lésine pas sur le champagne ou le whisky, et croise de nombreux personnages du milieu. Lorsqu'il rencontre Jean Augé à l'X-bar, au Cintra ou au Président, ils se défient du regard. Un soir, à l'entrée d'une boîte de nuit, une empoignade a lieu avec André Ben Arrab, après l'acquittement de ce dernier par la Cour d'assises.

Fin 1970, François Renaud se stabilise un peu en s'installant avec Claire, une coiffeuse de Vienne ; ils emménagent dans un petit appartement de la rue de la Part-Dieu. C'est dans cet appartement qu'il donnait rendez-vous, courant 1969, à Marie-Claude P..., une jeune femme qu'il avait connue alors qu'elle « officiait » chez Eugénie Marin, quai Fulchiron. Dans le même local « travaillait » aussi Andrée Maistre, future maîtresse du commissaire Louis Tonnot. Marie-Claude devint célèbre sous le pseudonyme d'Ulla, en 1975, lors des manifestations des prostituées lyonnaises réfugiées dans l'église Saint-Nizier. Amie d'enfance de Guy Reynaud, on raconte qu'elle séduisit le juge pour pouvoir intercéder en faveur de son ami.

En janvier 1967, à 44 ans, François Renaud prend réellement ses fonctions de juge d'instruction à Lyon. Dans sa première année d'exercice, il traite nombre de cas courants et attire assez peu l'attention sur lui. L'affaire qui portera son nom sur le devant de la scène, début 1968, est celle de la bande du « Gros Caillou », dont le chef se nomme Guy Reynaud. Sur cette histoire qui défraie la chronique et qui se déroule en partie pendant les événements de mai 68, le magistrat travaille en étroite collaboration avec les policiers du Groupe de répression du banditisme (« les anti-gangs »). Leur patron n'est autre que le commissaire Charles Javilliey, entouré par des hommes dont les noms reviendront dans de nombreuses opérations d'envergure : Marcel Gaden, Pierre Baume, Gabriel Pélisson, Allemand, Heid, Meyer, Algudo... Dans cette affaire pleine de rebondissements, le juge Renaud prend les choses très à cœur. Il confond tellement sa vie privée et sa fonction qu'il ira jusqu'à demander aux deux avocats de Guy Reynaud, Me Antoine Nicolaï (c'est vraisemblablement ce dernier qui affubla le juge du surnom de « Shérif ») et Me François La Phuong, d'organiser un rendez-vous pour une sorte de règlement de comptes entre hommes, au besoin avec armes ! Les avocats ayant, évidemment, décliné cette proposition, le juge s'adressera à Charles Javilliey, qui ne le suivra pas davantage.

La rivalité entre le magistrat et le bandit provoque parfois des situations tragi-comiques. Pour le narguer, Guy Reynaud lui adresse des cartes postales de la Côte d'Azur. C'est pour cette raison que François Renaud, fou de rage, a cherché à le provoquer en combat singulier. Relayé par les médias, l'événement est monté en épingle et prend une dimension qu'il n'aurait jamais dû atteindre. À partir de cet épisode, il semble que Guy Reynaud se soit senti obligé de surenchérir, pour coller à l'image de « dur » qu'on lui attribuait.

En janvier 1969, Guy et un de ses complices sont arrêtés à Théoule-sur-Mer. Les deux hommes se retrouvent enfin face à face ; François Renaud dirige l'instruction d'une main de fer. Les insultes fusent. Lors d'une audience, le juge s'accroche violemment avec André Ben Arrab qui, excédé, lui lance : « Monsieur le juge, je ne vous parlerai plus, allez vous faire voir ! » Furieux, François Renaud impose une coupure d'une heure et fait emmener le prévenu par les gardes en lui disant : « On verra tout à l'heure si vous êtes mieux disposé. » Lorsque « Dédé » réapparaît, il lui déclare calmement : « J'ai réfléchi, allez vous faire voir quand même ! »

Suite à ce type d'incident, François Renaud laisse mariner les inculpés en détention plusieurs mois sans les convoquer. Avant d'être acquitté par la Cour d'assises du Rhône, André Ben Arrab effectua cinq ans de détention préventive. Il intenta un procès au ministère de la Justice et obtint gain de cause. Auparavant, pendant sa détention, il avait attaqué le juge dans une procédure de « prise à partie », mais avait été débouté. Une autre fois, le juge fit amener Guy Reynaud à son cabinet, ligoté sur une civière, car ce dernier avait décrété « une grève de l'instruction ».

Le mercredi 2 juillet 1975, veille de sa mort, la journée de François Renaud s'écoule comme beaucoup d'autres. Dans le courant de l'après-midi, il a organisé une confrontation entre un accusé et la mère de la victime, qui s'est plutôt bien passée. Cependant, un événement assez inhabituel se produit... Vers 17 h 30, le magistrat se rend au palais de justice pour l'énoncé d'un verdict. Il s'agit de l'un de ses « clients », Alain Bendjelloul, un braqueur marseillais, plutôt en marge du milieu ; leurs relations pendant l'instruction ont été tellement tendues qu'ils en sont arrivés aux mains. La sentence est lourde : vingt ans de réclusion, et le condamné crie sa haine au juge lorsqu'il quitte la salle. Ce n'est pas la première fois : à plusieurs reprises déjà, des collègues de François Renaud ou des avocats l'ont incité à se montrer plus prudent et à ne pas risquer sa vie en provoquant les inculpés. À cela, le juge a immanquablement rétorqué qu'il ne croyait pas aux menaces dont il faisait l'objet. Il a souvent traité les voyous de lâches et de « lopettes », affirmant que jamais ils n'oseraient s'en prendre à lui.

Vers 18 h 15, Renaud achève de mettre ses dossiers en ordre. Il quitte le palais à 19 h 30 pour regagner son domicile, 89, Montée-de-l'Observance. Dans un immeuble de bon standing, La Vigie, il habite un appartement au premier étage, dont il a fait l'acquisition trois ans plus tôt grâce à un héritage. Francis, son fils cadet, occupe un studio sur le même palier. Ce soir-là, le juge doit se rendre chez des amis décorateurs, Marc et Anaïs Dubois, accompagné par une jeune femme qu'il fréquente depuis deux ans, Geneviève... Elle le rejoint à La Vigie et, vers 20 h 15, ils prennent la route de Caluire, où se trouve la villa de leurs amis.

Là-bas, ils se joignent aux autres convives, les Ziza, commerçants dans le textile, Georges Devay, industriel, et le couple Gouard, des dentistes. Ils discutent des voyages que le juge a effectués en Afrique, particulièrement dans le désert, dont il est amoureux. Il leur parle de ses futurs projets d'expédition et tente de les convaincre d'y participer. Contemplant les cartes du Sahara étalées devant eux, il imagine déjà la distribution des rôles. Mais la conversation s'oriente rapidement vers les grandes affaires du moment, que le magistrat instruit. Il se plie de bonne grâce aux questions de ses hôtes et évoque certains de ses « clients » : Guy Reynaud, Alain Bendjelloul, Jean Augé, Yves Marin-Laflèche, le Gang des Lyonnais. Comme l'un des invités lui fait remarquer qu'aucun des hommes dont il a eu à instruire le procès n'a été condamné à mort, Renaud répond qu'il a tout fait pour que Guy

Reynaud le soit, mais que les jurés en ont décidé autrement ; il ajoute, sur le ton de la plaisanterie, qu'ils lui ont ainsi évité de se lever à l'aube.

D'anecdotes en anecdotes, la soirée s'étire jusqu'à 2 h 30 du matin. C'est à cette heure que François Renaud, prétextant des auditions importantes, et Geneviève, prennent congé de leurs amis. Ils repartent dans la BMW 2002 du juge, toujours immatriculée en Saône-et-Loire (département d'origine de sa famille) et donc facilement identifiable. Parvenus Montée-de-l'Observance, ils ne trouvent pas de place et doivent se garer à presque cent mètres de leur immeuble. Le juge s'est mis contre le trottoir de droite, celui qui longe les murs du fort de Loyasse. Geneviève et lui remontent tranquillement la rue ; arrivés à la hauteur de l'immeuble, ils s'apprêtent à traverser pour accéder à l'entrée. C'est alors qu'une voiture de couleur claire s'approche lentement dans leur dos. Le passager avant vient de baisser sa vitre, ils pensent qu'il veut leur demander un renseignement. Mais ils réalisent leur erreur en voyant deux hommes cagoulés à bord du véhicule, et surtout deux armes pointées sur eux.

Deux coups de feu partent simultanément. D'un bond en arrière, ils évitent le tir. François Renaud comprend qu'il a affaire à des tueurs : il attrape Geneviève par le bras et la pousse dans le premier recoin à sa portée. Puis il part en courant, dans la descente, zigzaguant pour échapper aux balles. La voiture a calé. Pendant un court instant, le silence revient dans la rue. Mais les tueurs redémarrent et poursuivent le fugitif, en marche arrière, sur une cinquantaine de mètres. Que s'est-il passé dans l'esprit de François Renaud ? Sans doute pris de panique, il n'a pas songé à sauter de l'autre côté du muret qui longe le trottoir, pour s'enfuir par les jardins. Cela lui aurait sauvé la vie... Au lieu de cela, il s'est réfugié derrière une Coccinelle Volkswagen. Il est cerné, la voiture s'arrête à sa hauteur et le conducteur ouvre le feu à quatre ou cinq reprises. La carrosserie de la Coccinelle fait bouclier, mais une des balles (du calibre américain 38, équivalant au 9 mm français) la traverse et blesse le juge à l'épaule.

Le passager avant descend et contourne lentement la Volkswagen par l'arrière. Le juge Renaud est allongé à terre. Du bout du pied, l'homme le repousse pour le faire pivoter. Sans un mot, il lui tire deux balles dans la nuque, pratiquement à bout portant. Il remonte sans se presser, et la voiture démarre aussitôt. Geneviève a échappé aux tueurs ; au bord de la crise de nerfs, elle hurle de peur, mais parvient à se ressaisir. Elle s'élance vers son amant, constate qu'il ne réagit pas à ses sollicitations, et se met à courir en direction de l'immeuble. Elle tambourine à la porte du studio de Francis, le fils du juge. Réveillé et mis au courant, celui-ci appelle immédiatement Police-secours, puis se précipite dans la rue à la recherche de son père. Dans la pénombre, il l'aperçoit, allongé derrière la Volkswagen, et tente d'arrêter une voiture pour obtenir de l'aide... en vain. À 3 heures du matin, soit environ vingt minutes après l'agression, les pompiers et les policiers arrivent, suivis de près par une équipe du SAMU. L'ambulance dépose le corps du juge à l'hôpital Édouard-Herriot vers 3 h 30, où le médecin de garde ne pourra que constater son décès.

Une des plus importantes affaires criminelles jamais survenue en France vient d'éclater ; elle déclenchera des enquêtes en cascade, d'une ampleur rarement atteinte. En effet, l'événement est grave : il s'agit du premier magistrat assassiné depuis la Libération ! Une affaire comparable s'était produite en 1934, celle du conseiller Prince dont on retrouva le corps sur la voie ferrée Paris-Lyon, au lieu-dit « La Combe aux Fées ». Il avait été ligoté sur les rails... ce qui n'empêcha pas d'évoquer à l'époque un possible suicide !

Dès le lendemain du meurtre, Jean Lecanuet, ministre de la Justice, déclare que les assassins ne connaîtront pas de répit et que tous les moyens humains et techniques seront mis à la disposition des responsables de l'enquête. Ce dossier délicat et explosif est confié au doyen des juges d'instruction lyonnais, M. Ogier. Le contrôleur général, Robert Mattei, premier flic de la police lyonnaise, est désigné pour diriger les investigations, assisté par le commissaire divisionnaire Pierre Richard et par les commissaires Franquet, Bajard, Nicolaï, Vangioni, sans compter une centaine de fonctionnaires de police. L'enquête commence sur-le-champ ; on interroge tout le quartier au porte-à-porte, et plus particulièrement les habitants de La Vigie. L'immeuble compte onze étages, un entresol et pas moins de cent vingts copropriétaires ou locataires.

La plupart disent n'avoir rien entendu ; ceux qui ont vaguement distingué des bruits ont pensé qu'il s'agissait de pots d'échappement. De ce côté-là, les enquêteurs n'obtiennent quasiment rien, si ce n'est le témoignage d'une dame déclarant avoir vu un homme rôder dans le hall vers 23 heures, quelques jours avant le drame ; mais la description qu'elle en donne s'avère tellement vague qu'elle ne permet pas d'établir un portrait-robot. L'autopsie pratiquée sur le juge par les docteurs Do, Comte et David démontre qu'en fait les trois balles tirées à bout portant ont toutes été mortelles. Ils confirment le calibre de l'arme : du 38 spécial.

La levée du corps à l'institut médico-légal, le vendredi 4 juillet 1975, est l'occasion pour de nombreuses personnalités, dont deux ministres, de rendre hommage au courage du juge, notamment pour ses actes de Résistance. André Jarrot, ministre de la Qualité de la vie, ancien commandant de maquis de François Renaud, rappelle les nombreux faits de guerre accomplis ensemble. Devant l'ex-femme du juge, ses enfants, son frère André et sa belle-sœur, Jean Lecanuet renouvelle sa promesse de retrouver et de punir les coupables, mais aussi de renforcer la lutte contre la terreur. Il déclare solennellement : « L'épouvantable première que constitue l'assassinat d'un magistrat en France trouvera une riposte exemplaire et rapide. Les assassins ne connaîtront pas de répit... Nous relèverons l'intolérable défi du crime ! » La présence d'Édouard Charret, ex-député UDR dont le nom avait été compromis dans l'affaire des « scandales de Lyon », paraît à certains un peu incongrue. Comme il en avait exprimé le désir, François Renaud est inhumé, le lundi 7 juillet, au cimetière du Père-Lachaise à Paris, où sa famille dispose d'un caveau. Dans l'assistance, de nombreux collègues sont venus lui rendre hommage. Charles Hernu, leader socialiste et cofondateur, avec François Renaud, du Club des Jacobins, a tenu, à titre personnel, à accompagner le juge dans sa dernière demeure.

Quatre jours avant l'enterrement, dans la matinée du jeudi 3, un contrôleur des TCL a découvert dans le caniveau, rue Sidoine-Apollinaire, six cartouches à ogives plomb de calibre 38, les mêmes que celles qui ont tué le juge. Cette trouvaille n'apporte pas de réponse immédiate aux enquêteurs, mais elle les amène à se poser plusieurs questions. Comment des hommes apparemment si déterminés ont-ils pu s'affoler au point de perdre des munitions et ainsi prendre le risque de se perdre eux-mêmes ? En ce début d'enquête, les policiers commencent à s'interroger sur le « professionnalisme » présumé des tueurs... Et s'il s'agissait d'amateurs ? Le juge s'est fait tellement d'ennemis au cours de sa carrière que les coupables possibles sont légion. Lors de la révolte de la prison Saint-Paul par exemple, en mai 1973, des centaines de détenus réfugiés sur les toits avaient scandé : « Renaud, salaud, on aura ta peau ! » Cependant, parmi cette foule, peu d'hommes sont réellement capables de passer à l'action ; les policiers vont s'employer à les recenser. Rapidement, une liste noire d'une cinquantaine de noms est établie, mais il se révèle difficile de vérifier l'emploi du temps de chacun durant cette sombre nuit du 2 au 3 juillet. On tente de dresser des portraits-robots, en s'appuyant sur la déposition du seul témoin direct, Geneviève (qui est, depuis la nuit du drame, placée sous protection permanente). Fortement traumatisée, elle ne peut apporter d'éléments déterminants sur les tueurs. Quant au véhicule, elle le décrit de couleur claire et pense qu'il peut s'agir d'une Ford Taunus, mais aussi d'une Daf, d'une BMW ou d'une Audi.

En réalité, les fonctionnaires de police comptent essentiellement sur leur réseau d'indicateurs habituels, qu'ils ont mobilisés dès les débuts de l'enquête... avec le risque d'obtenir des informations tronquées !

Retrouver la voiture des tueurs constitue une priorité absolue. Toutes les informations sont contrôlées, même les plus farfelues... On ne néglige aucune piste. Dans l'agglomération lyonnaise, des centaines de policiers arpentent les rues et les parkings à sa recherche, sans résultat... jusqu'au dimanche 6 juillet. Ce jour-là, vers 11 heures, le commissariat reçoit un appel téléphonique. Il provient d'un homme habitant au 44 de la rue Pierre-Audry, dans le quartier de Vaise, sur les pentes du quartier Saint-Just, à moins de deux kilomètres du lieu de la fusillade. Il leur signale la présence sur son parking d'une Audi 80 GL jaune paille, stationnée depuis le jeudi matin, vitres baissées et portières ouvertes. Les experts de l'identité judiciaire se précipitent et passent l'Audi au peigne fin. Ils apprennent qu'elle a été volée le mardi 1er juillet dans la cour de l'entreprise Les Grands Moulins de Vaise, rue de Saint-Cyr. Sa propriétaire, Mme Renée Mogier, s'était arrêtée quelques instants pour une course et avait laissé les clefs sur le contact. Cette découverte redonne espoir aux policiers.

Les empreintes relevées, incomplètes, ne permettent pas d'identifier des criminels déjà fichés. Curieusement, on trouve sous les sièges du véhicule deux cartouches de calibre 38, non percutées, les mêmes que celles ramassées le lendemain du crime, rue Sidoine-Apollinaire. Leur analyse ne révèle pas d'empreintes utilisables ; en revanche, leur présence conforte les enquêteurs dans l'opinion que les auteurs du meurtre ne sont pas des professionnels. Un autre élément appuie cette thèse : l'Audi est un coupé deux portes, avec des vitres arrière fixes. Que serait-il advenu du troisième homme s'il y avait eu un problème ? Il serait resté coincé à l'arrière. Tout cela semble indiquer qu'ils n'ont utilisé cette voiture que faute de pouvoir s'en procurer une autre... De vrais « pros » auraient été capables, même en cas d'imprévu, d'opérer sans difficulté un changement de véhicule. Autre détail : le chauffeur qui a calé en passant la marche arrière, soit par affolement, soit par manque de maîtrise du véhicule. Et puis, les cartouches semées sur l'itinéraire de fuite, celles laissées dans l'Audi 80... Plus grave, si le juge, lorsqu'il se trouvait derrière la voiture après les deux premiers coups de feu, avait possédé une arme, il aurait pu facilement abattre ses agresseurs ! Contrairement à l'impression de froide détermination qu'ils ont laissée à Geneviève, les truands ont apparemment été en proie à une grande fébrilité. Le manque de préparation et de rigueur paraît flagrant...

Ces observations ouvrent de nouveaux horizons aux enquêteurs, et la liste des coupables potentiels s'allonge. On se demande néanmoins si ces bévues n'ont pas été commises volontairement afin de brouiller les pistes. En effet, en dépit des apparences, les tueurs ont fait preuve d'un grand sang-froid en attendant le retour du juge pendant plusieurs heures, dans un véhicule signalé volé (le soir du crime, un témoin a aperçu la voiture stationnée tous feux éteints à proximité du domicile du juge). Lorsque l'on sait que deux patrouilles de police sont passées devant eux pendant ce laps de temps et qu'ils ont dû se plier en deux pour ne pas être repérés, on peut imaginer la tension nerveuse subie !

Suite à la découverte de l'Audi 80 GL, les policiers interrogent les habitants de l'immeuble de la rue Pierre-Audry et recueillent enfin un témoignage intéressant. Une locataire leur apprend qu'elle a vu l'homme qui, le 1er juillet dans l'après-midi, a garé cette Audi sur le parking de son immeuble. Accoudée à sa fenêtre, elle guettait son assureur dont elle attendait la visite. Elle a remarqué l'individu car ce dernier, après s'être garé, est reparti à pied. Machinalement, elle l'a suivi des yeux, sans se douter une seconde qu'il pouvait s'agir d'un meurtrier. Un portrait-robot, ou plutôt une ébauche, est donc élaboré, car le témoin est myope et n'a pu distinguer clairement les traits du gangster. On se contentera donc du tracé d'une silhouette.

Sur la longue liste des suspects figure en bonne place Leonardo Dessi, un compagnon d'Alain Bendjelloul. On connaît la haine que Bendjelloul nourrissait pour le juge et les menaces de mort qu'il a proférées quelques heures à peine avant le crime. Comme Leonardo Dessi a une dette morale envers Alain Bendjelloul, car ce dernier l'a disculpé devant la Cour d'assises en le dégageant des accusations qui pesaient sur lui, on pense que l'Italien a pu solder son dû en exécutant François Renaud. Mais Dessi, localisé dans une île de la Méditerranée, est mis hors de cause... Peu de temps après, l'enquête se dirige vers trois individus qui ne cachent pas leur affiliation au SAC et constituent le fer de lance de l'équipe des racketteurs d'Augé. Ces hommes, Gavin Coppolani, Louis Andreucci et Leonide Caradjas, auraient fort bien pu, selon certains enquêteurs, composer le trio de la Montée-de-l'Observance. Leur profil correspond parfaitement : ils ont la réputation d'être des tueurs froids ! Cependant, leurs alibis, dûment vérifiés, les disculpent.

Les hypothèses les plus fantaisistes circulent : on évoque le terroriste Carlos, on établit un rapprochement entre la mort du juge et celles d'André et Aimé Carle, les hôteliers de Romans, celle de Tintin Tramini et, enfin, de Jeannot Augé. Le nom de Fernand Recchia, un des « possibles » remplaçants de Jeannot Augé, est évoqué, mais hormis le fait qu'il n'a jamais été inculpé dans une affaire de sang, il a un alibi inattaquable : le jour du crime, il était en prison depuis trois semaines, pour faux et usage de faux. Très vite, parmi les nombreuses possibilités envisagées, les policiers retiennent celle du Gang des Lyonnais et pensent qu'il pourrait exister un rapport avec le fameux hold-up de Strasbourg. Choqué par ces accusations formulées sans fondements ni preuves, Momon Vidal, par l'intermédiaire de Me Ambre, fait publier dans *Le Progrès*, le 7 juillet, une lettre ouverte dans laquelle il clame avec force son innocence, et sa conviction que ce meurtre ne peut que leur causer du tort. Une seconde lettre, publiée cette fois dans *Paris-Match* le 15 juillet, confirme clairement la teneur de la première.

On s'est demandé si François Renaud n'était pas sur le point de relier l'affaire du hold-up avec une hypothétique organisation politique et une police parallèle. Mais d'autres ont émis l'idée qu'il s'agissait d'une opération « souterraine » et non d'une simple vengeance.

Les quelques témoignages recueillis et les pièces à conviction retrouvées n'ont pas permis à l'enquête de progresser de façon significative. Les policiers savent qu'il doivent conclure rapidement, car chaque jour qui passe les éloigne de l'identification des tueurs. Ils multiplient les descentes dans les lieux fréquentés par le milieu, interpellent et contrôlent des dizaines d'hommes, sans résultat ! Malgré ces échecs, ils maintiennent la pression et espèrent que ce remue-ménage, en dérangeant la bonne marche des « affaires », affolera le monde de la nuit et incitera quelques-uns de ses membres à « collaborer » avec eux. Pour rassurer le public et sauver la face, le contrôleur général Mattei donne une conférence de presse le vendredi 11 juillet. Il affirme aux journalistes présents que les interrogations qui demeurent trouveront des réponses dans un avenir proche, car la PJ travaille en flux tendus. Durant la conférence, un journaliste fait le parallèle entre la police d'aujourd'hui et la police d'avant 1972, alors dirigée par le commissaire Charles Javilliey – qui prônait la pénétration du milieu à travers un réseau d'indicateurs et qui obtenait, semble-t-il, de bien meilleurs résultats. Agacé, Robert Mattei lui rétorque que les différences de méthode n'ont rien à voir avec le résultat et que ses hommes sont suffisamment expérimentés. Il prévient qu'il ne tolèrera pas que l'on mette leurs capacités en doute.

La solution du problème réside en fait dans une simple question :

à qui profite ce crime ? Les policiers analysent de nouveau la situation dans le détail, les réunions succèdent aux réunions... On évoque encore un possible lien entre les meurtres de Jean Augé, d'Yves Marin-Laflèche et du juge. On imagine en effet une complicité entre les deux premiers, visant à blanchir de l'argent volé. Selon cette hypothèse, Jean Augé aurait confié des sommes importantes provenant de hold-up ou de trafics en tout genre à Yves Marin-Laflèche qui, par le biais d'une de ses entreprises, aurait pu rendre cet argent « honnête ». Le juge Renaud aurait été assassiné parce qu'il aurait découvert la complicité entre les deux hommes et qu'il était prêt à la révéler, ce qui aurait mis en cause des politiciens haut placés... d'où l'ordre de l'abattre. Si cette piste paraît plausible à première vue, peu d'hommes, qu'ils soient magistrats ou policiers, y ont vraiment cru. En outre, il est quasiment certain que si le juge avait découvert quelque chose, il s'en serait forcément ouvert à un collègue ou à certains des policiers avec lesquels il avait l'habitude de travailler.

À force de tourner en rond, les enquêteurs soupçonnent de nouveau des membres du Gang des Lyonnais, et bien évidemment Momon Vidal ; en creusant bien, ils ont fini par dénicher un soi-disant mobile. L'idée est que Momon, qui ne pouvait en aucun cas participer à l'action puisqu'il était incarcéré depuis six mois, aurait fait exécuter François Renaud parce que le juge s'opposait à la libération provisoire de Jeannette. Il espérait ainsi la nomination d'un autre juge, qui se montrerait peut-être plus souple. Tout d'abord, voler de l'argent n'est pas tuer un homme, fût-il un adversaire. Mais passons... Il fallait vraiment ne pas connaître Momon pour croire qu'il ait pu s'engager dans un processus aussi grave et sans retour possible. Intelligent et réfléchi, Edmond Vidal a parfaitement analysé sa situation et celle de ses compagnons. Il sait qu'elle n'est pas désespérée, car le dossier du juge Renaud, à l'époque, est quasiment vide. Momon n'espère donc pas qu'après la mort du juge, un second magistrat se montrera plus clément, alors qu'il sera placé sous les feux des médias. D'autre part, il a conscience qu'il se trouvera en haut de la liste des suspects et que cela lui causera du tort. Il est persuadé que l'ombre du juge planera sur le procès et influencera la sentence dans le mauvais sens. Momon

Vidal, même s'il a parfois émis des critiques sur l'attitude du juge envers son équipe (comme la plupart de ceux qui ont été confrontés à François Renaud) n'a jamais demandé à qui que ce soit de le tuer... Les rumeurs qui ont circulé ne sont que le fruit d'imaginations débordantes... ou à court d'idées ! Cependant, cette légende a encore la vie dure. Souhaitons que ces lignes y mettent un terme.

Au bout de trois semaines d'investigation, les assassins ne sont toujours pas identifiés, mais surtout le mobile du meurtre reste un mystère. Aucun indice n'a transpiré... L'hypothèse « Momon » semble être écartée pour un temps ; cependant, les idées les plus folles ne sont pas abandonnées... On pense même à un mari trompé qui aurait voulu se venger, bien que le mode opératoire du meurtre soit plus conforme aux habitudes du milieu qu'au geste désespéré d'un époux éconduit ! Fin juillet, l'enquête en est au même stade que dans la semaine suivant le décès de François Renaud... chose peu courante pour une affaire de cette importance. Les policiers font l'objet de critiques ; début août, le commissaire divisionnaire Robert Mattei doit encore se justifier devant la presse. Il prend la défense de la quinzaine d'hommes qui travaillent sous sa direction et réaffirme leur détermination de mener à bien cette enquête. Il assure que si les réseaux d'information ne sont plus les mêmes qu'avant 1972, il dispose de nouvelles sources tout aussi efficaces. Il finit néanmoins par admettre, un peu contraint et forcé, que leur travail s'avère plus difficile qu'il y a quelques années et que leurs « contacts » sont plus rares. Pourtant, il révèle que ses hommes, en procédant par élimination, sont arrivés à la conclusion suivante : les tueurs composent une petite équipe, apparemment maladroite, mais très soudée et particulièrement déterminée, qui aurait agi par vengeance. En outre, l'hypothèse du lien entre le « parrain » Jean Augé et la mort du juge est abandonnée, ce dernier n'ayant jamais eu à instruire le dossier du meurtre d'Augé, ni d'ailleurs aucun autre dossier le concernant.

Le 12 janvier 1976, Pierre Doueil, préfet de la région Rhône-Alpes, accompagné par Roger Chaix, préfet de police, présente ses vœux à la presse régionale et nationale. Répondant aux questions sur les affaires en cours, le préfet de police, poussé dans ses retranchements, déclare que ses services ont identifié les meurtriers de

François Renaud, mais qu'ils ne peuvent les arrêter faute de preuves matérielles[1]. Dans les jours suivants, les rumeurs vont bon train et des noms circulent. Le 17 janvier, *Le Progrès*, dans son édition du soir, publie un article au titre éloquent : « Les assassins du juge Renaud ont été identifiés. » Le quotidien lyonnais ne cite pas de noms, mais revient sur les déclarations du préfet Chaix : si l'affaire semble élucidée sur le plan policier, elle ne l'est pas sur le plan judiciaire. De plus, les preuves qui auraient pu subsister ont vraisemblablement été détruites et les suspects ont eu le temps de se fabriquer des alibis en « béton ». Les journalistes répandent le bruit que les enquêteurs ont une idée précise du mobile et surtout des commanditaires de ce « contrat ». Cependant, dans les heures qui suivent la parution de l'article du *Progrès*, le préfet Chaix, alors à Paris, fait paraître un court démenti par le biais de l'agence France-Presse. Mais la rumeur est lancée...

Me Ambre, contacté par les trois hommes « mystère » dont les noms sont évoqués, adresse lui aussi un communiqué à la presse, dans lequel il prévient qu'il poursuivra en justice quiconque continuera à colporter ces mensonges. Ses clients affirment en effet être totalement étrangers à la mort du juge. La famille de François Renaud, en revanche, espère bien apprendre quelque chose ; pour avoir accès au dossier, elle se constitue partie civile. Elle sera représentée par Mes Robert Badinter et Jean-Denis Bredin, du Barreau parisien.

Les noms de ces trois hommes ne sont évidemment pas arrivés par hasard sur le bureau des policiers. Ces derniers ont disposé de plusieurs sources d'information : quarante-huit heures après la mort du juge, un premier informateur désigne Barthélémy Vidal[2], dit

1. Pour faire ses déclarations, le préfet Chaix se basait sur un rapport confidentiel daté du 2 janvier 1975 que le commissaire Richard avait transmis à sa hiérarchie, donc au préfet. Il y était question d'enlèvement du juge Renaud, dans le but de l'échanger contre certains membres du Gang des Lyonnais. Les noms des trois tueurs possibles figurent sur ce récapitulatif de l'enquête. C'est sur ce rapport que le commissaire désigne les trois premiers indicateurs par les lettres grecques Alfa, Bêta et Gamma. Il semble que le commissaire Richard ait établi son rapport en partant d'informations qui lui parvenaient de la prison Saint-Paul.

2. Barthélémy Vidal sera tué à Marseille quelques années plus tard.

« Mimi », un cousin de Momon, comme l'un des instigateurs du crime. Il spécifie aux enquêteurs que celui-ci avait un pied dans le plâtre au moment de l'opération ; or le 23 juin, lors d'une perquisition chez la mère d'Edmond Vidal, à Décines, les policiers ont entrevu Mimi et ont remarqué son plâtre. Peu après, un second indicateur, qui œuvrait auparavant pour le commissaire Javilliey, va trouver Paul Lacroix, un adjudant-chef de la gendarmerie, responsable de la brigade des recherches de La Duchère. Cet informateur se montre beaucoup plus précis que le précédent et donne deux noms : Jean-Pierre Marin et Michel L... D'après lui, pendant la semaine qui a précédé le meurtre, ils se sont renseignés sur les habitudes du juge, et c'est Marin qui aurait exécuté François Renaud. Ce précieux indicateur est aussitôt aiguillé vers le commissaire Claude Bajard.

Puis vient le tour du commissaire Richard. Grâce à un autre informateur, encore plus pointu que ses « confrères », il entend parler d'un quatrième homme : Robert A... Ce dernier aurait mis en contact le commanditaire du meurtre et ses exécutants [1]. Lors de l'opération proprement dite, il se serait trouvé en compagnie de « Mimi » Vidal dans un second véhicule, qui aurait suivi le juge après son départ de Caluire. Par talkie-walkie, il aurait prévenu les tueurs de l'arrivée du magistrat. Une indication complémentaire est apportée : le commanditaire ne serait autre que Nicolas Caclamanos, dont le nom revient dans de nombreuses affaires lyonnaises. Il est réfugié en Espagne, à La Escala, depuis un peu plus de six mois, car son nom est souvent associé au Gang des Lyonnais, et qu'il a préféré se mettre « au vert ». On le sait très lié avec Robert A... Renseignement pris auprès de la police espagnole, on apprend que Michel L... et Jean-Pierre Marin se trouvaient, courant juillet, à Casteldefells, près de Barcelone, dans la villa d'une connaissance

1. Certains des policiers travaillant sur l'enquête ont émis l'idée qu'André Ben Arrab aurait pu constituer le lien entre le commanditaire et les exécutants. Afin d'étayer cette thèse, ils se sont appuyés sur le fait que « Dédé », connu comme proxénète, s'est fait prendre dans une vague histoire de vol à l'étalage quelques jours avant le meurtre. Dans la nuit du 2 au 3 juillet, il était donc incarcéré pour ce motif... et possédait ainsi un alibi irréprochable !

lyonnaise, Louis Guillaud. À partir de ce scénario, on peut envisager au moins deux mobiles. Nicolas Caclamanos, en assurant le paiement du « contrat », aurait voulu se racheter d'une dette qu'il avait contractée auprès du Gang des Lyonnais (le prêt accordé à Jeannot Augé, par son intermédiaire, et jamais remboursé). Dans ce cas, on imagine qu'il aurait mandaté Robert A..., qui se serait à son tour chargé de trouver les exécutants. C'est ainsi que le « contrat » aurait été confié à Jean-Pierre Marin et Michel L... La seconde possibilité suppose qu'une fois le juge éliminé, son remplaçant aurait fait libérer Jeannette, la femme de Momon, et que celle-ci aurait pu utiliser le « trésor de guerre » du Gang pour faire évader l'équipe. Supposition romanesque, et si peu réaliste !

Quelques jours avant le crime, un incident s'est produit, qui semble pourtant conforter les dires de cet indicateur. Le 26 juin, des gardiens de la paix dressent une contravention pour stationnement interdit à une DS 19 de couleur verte, vers les quais de Saône, rue du Chapeau-Rouge, juste en dessous du fort de Loyasse. Alors qu'ils établissent le PV, une R 16 s'arrête de l'autre côté de la rue. Les policiers ont largement le temps, pendant que Jean-Pierre Marin (puisqu'il s'agit de lui) leur montre les papiers de la DS, de voir deux autres passagers dans la R 16. Marin remonte dans sa voiture et démarre rapidement en direction de Vaise. La R 16 part à son tour du côté de la Montée-de-l'Observance. Les gardiens de la paix remarquent une carte grise tombée de la poche de J.-P. Marin. Ce document permettra d'établir qu'il s'agit d'une voiture volée, qui ne sera d'ailleurs jamais retrouvée. À la lumière des dernières informations reçues, les enquêteurs ont déduit qu'ils venaient repérer les lieux, le domicile du juge se trouvant dans les parages immédiats, et que les deux individus dans la R 16 pouvaient être Michel L... et Robert A.... N'ayant pas pu utiliser la voiture dont les gendarmes ont trouvé la carte grise, car elle était dès lors repérée, ils se sont rabattus au dernier moment sur l'Audi 80, car ils ne disposaient plus du temps nécessaire pour se procurer un véhicule plus approprié. L'action était vraisemblablement prévue pour le 1er juillet. Mais ce soir-là François Renaud n'est pas sorti et ils ont sans doute dû se résigner à reporter l'opération.

D'autres informateurs se manifestent bientôt (on parle de six au total), qui abondent tous dans le même sens : les trois hommes présents le soir du 2 juillet Montée-de-l'Observance seraient bien ceux déjà cités. Le scénario évoqué paraît simple : selon les indicateurs, Barthélémy Vidal aurait mal interprété une critique de son cousin Momon envers le juge. Pensant lui venir en aide, il aurait donc lancé l'idée d'un possible enlèvement, dans le but d'échanger le magistrat contre la libération de Momon, de Christo et d'un Italien condamné à perpétuité, Mario Falbo [1]. Puis, réalisant que la signature de ce rapt apparaîtrait clairement, il se serait rabattu sur la solution de l'élimination. Au cours d'un de ses voyages en Espagne, Robert A... aurait alors fait part du projet à Nicolas Caclamanos. Tout serait donc parti d'une simple méprise de « Mimi » Vidal (qui possédait cependant un alibi pour la nuit du crime).

Excédés par le tapage fait autour de leurs noms, Momon et Christo remettent, le 26 janvier 1976, lors d'une séance d'instruction, une lettre au juge Riveslange : ils affirment être étrangers non seulement à l'assassinat du juge Renaud, mais également à plusieurs hold-up dont on les accuse. Ils craignent que ces allégations, relayées par les médias, ne leur causent du tort au moment du procès. Momon Vidal déclare au juge : « Nous sommes des boucs émissaires bien commodes ! Un préfet de police peut-il se situer au-dessus des lois et dire n'importe quoi ? Dans tous les cas, nous n'accepterons pas que ces rumeurs malsaines se répandent... » Leurs avocats diffusent cette lettre qui interpelle directement le préfet Chaix... Ils ne recevront aucune réponse officielle. Dans la foulée, Me Ambre se rend chez le juge Pizzetta, chargé du dossier Renaud, pour l'informer que ses trois clients, Jean-Pierre Marin, Michel L... et Robert A..., qui se sont reconnus à travers

1. Mario Falbo, condamné à perpétuité par la Cour d'assisses de Lyon pour un hold-up commis chez un agent de change, rue de la Bourse, sera libéré par un commando de six hommes, alors qu'un fourgon cellulaire l'emmène de la centrale de Nîmes, où il purge sa peine, à un cabinet dentaire situé en ville. L'homme qui dirige ce commando est Régis Roche, « Pierrot », secondé par son frère Alain et par Pascal Sciaramella... Bien que figurant sur tous les fichiers de police comme un des hommes les plus recherchés, Mario Falbo n'a jamais été retrouvé.

les différentes rumeurs, souhaitent être entendus par lui afin de lever les soupçons qui pèsent sur eux. Jean-Pierre Marin semble particulièrement inquiet (Me Ambre écrira qu'il avait un visage crispé par la peur), car il craint que certains policiers ne tentent de l'éliminer en prétextant qu'il constitue une menace. Juste prémonition : il sera effectivement tué par des policiers qui tentaient de l'interpeller, un peu plus d'un mois après. Pour expliquer leur geste, ces derniers diront que J.-P. Marin s'était montré menaçant...

Signalons que J.-P. Marin, Michel L... et Robert A... ne seront jamais interrogés ni entendus dans le cadre de l'affaire Renaud ! Pourtant, l'hypothèse de leur implication dans le meurtre, avancée sans la moindre preuve matérielle, les desservira constamment. Les soupçons des enquêteurs se basaient seulement sur les déclarations de leurs informateurs ; il se peut fort bien qu'on les ait manipulés. On est même en droit de se demander s'il n'y a pas eu « intoxication » volontaire de la part de certains indicateurs, dans le but de brouiller les pistes. Les trois hommes seront néanmoins marqués d'une trace indélébile. Michel L... sera, bien plus tard, pris dans une affaire de hold-up à domicile. Étrangement, il est condamné à vingt-huit ans de réclusion, alors que le sang n'a pas coulé... L'ombre de François Renaud planait-elle sur le tribunal ?

Quatre années s'écoulent sans qu'aucun élément nouveau ne vienne nourrir le dossier. Francis Renaud, le fils du juge, présent sur les lieux le soir du drame, essaie de relancer l'enquête en s'adressant aux médias... En vain. Le dossier s'est définitivement enlisé. Début novembre 1979, l'émission « Les Dossiers de l'écran » organise un débat autour du film *Le Juge Fayard.* Mais ce film n'a que peu de rapports avec les événements réels, et les invités sur le plateau, Roger Peyrefitte, Jacques Derogy et Joseph Pasteur, ne font que relater des éléments déjà connus. Le garde des Sceaux semble d'ailleurs avoir pris de la distance par rapport à François Renaud. Il se montre beaucoup plus prudent que dans ses déclarations passées et n'hésite pas à évoquer les méthodes de cow-boy du magistrat, quelquefois désavouées par ses propres collègues. Il le qualifie même de « juge colonial », parfois plus à sa place dans la brousse que dans la cité.

Le rebondissement tant attendu vient des révélations d'un

détenu de la prison de Bourgoin, faites en juin 1975 ! Cet homme, un obscur proxénète, prétendait à l'époque détenir des informations d'un des membres du Gang des Lyonnais, soi-disant incarcéré en même temps que lui. Il avait remis à la police deux messages qui lui auraient été confiés juste avant sa libération par cet homme du Gang, afin qu'il les transmette à un de leurs amis, Roland L... Ce dernier devait à son tour passer les consignes à l'équipe des Corses, Coppolani et Andreucci. Le commissaire Verne, alors responsable de la PJ de Grenoble, avait établi quatre notes internes et confidentielles adressées à la direction de la PJ de Lyon, dont le chef n'était autre que le commissaire Pierre Richard. Sur ces notes, il était question d'un possible enlèvement du juge, mais également de contacts pris entre certains membres du Gang des Lyonnais et une équipe de Corses qui auraient été chargés de nettoyer les « caches » du Gang.

C'est la photocopie de deux de ces messages qui a relancé l'affaire en parvenant au Parquet de Lyon, début mai 1980. Le courrier anonyme qui accompagne cet envoi est explicite : il conseille aux magistrats de s'inquiéter de l'utilisation qui a été faite des renseignements portés sur ces notes. Les Corses dont le détenu de Bourgoin donne les noms ont déjà été soupçonnés, mais, en dépit de nombreuses recherches et filatures, rien n'a pu être retenu contre eux. Pourtant, le détenu de Bourgoin maintient qu'ils sont les assassins du juge Renaud. Le commissaire Verne, lors de son témoignage dans le procès de Pierre Pourrat, dit « Le Docteur », en mai 1980, regrette que son travail n'ait pas été mieux exploité par la PJ de Lyon et soutient que l'on aurait peut-être pu éviter la mort du juge. À cela, le commissaire Richard, directement visé par ces propos, répond que le juge avait été prévenu des menaces qui planaient sur lui, mais qu'il les avait toujours traitées par le mépris. On finira par mettre en doute la crédibilité de ce mystérieux détenu, car rien ne prouve qu'il ait pu côtoyer en prison un membre du Gang des Lyonnais. En y regardant de plus près, beaucoup se demanderont s'il ne s'agissait pas simplement d'un mythomane ayant voulu attirer l'attention sur lui... ou arranger ses affaires avec la justice !

Début décembre 1980 est diffusée sur Antenne 2 une série intitulée *La Traque*, qui traite des affaires lyonnaises. Le fil conducteur de cette série est l'histoire du Gang des Lyonnais. Les réalisateurs se sont basés sur le livre du reporter Jacques Derogy. Or celui-ci n'a pu interviewer les vrais protagonistes des affaires dont il parle. Ses sources étaient policières ; il n'a pas eu connaissance de tous les éléments en présence, d'où de nombreuses approximations.

Le 3 mars 1982 se produit un événement pour le moins curieux. Le cabinet de Me Bismuth, partie civile pour la famille Renaud, est cambriolé pendant le week-end. Le casse, découvert le lundi matin seulement, est apparemment l'œuvre de professionnels. Si cet avocat traite nombre de dossiers, il est évident que le plus sensible d'entre eux est celui de l'assassinat du juge. Or, courant février, Me Bismuth a participé, aux côtés de Francis Renaud, le fils du magistrat, à une émission de télévision, « Les Mercredis de l'information », consacrée à la mort du juge Michel à Marseille. Au cours de cette émission, il a déclaré que des éléments nouveaux venaient de s'ajouter au dossier. Il évoquait la possibilité pour la justice de procéder à de nouvelles auditions de témoins... d'où l'inquiétude probable et la réaction rapide des personnes pouvant se sentir visées ! Là encore, la police fait chou blanc : après inventaire de ses dossiers, Me Bismuth signale que rien n'a été dérobé.

Six années s'écoulent. Durant l'été 1988, le dernier juge en charge de l'affaire, Georges Fenech, s'apprête à rendre une ordonnance de non-lieu. Certes, la décision n'est pas facile à prendre, mais au bout de treize années de prospections infructueuses, il paraît improbable que l'on découvre quoi que ce soit. Les juges d'instruction Ogier, Pizzetta, Georgin, Lambrey et Fenech se sont relayés sans succès, malgré des investigations lancées tous azimuts. Et puis, tout d'un coup, la surprise ! Le 25 juillet, le juge Fenech reçoit un courrier de la famille Renaud, désignant Jacques Vergès comme avocat ! Devant les caméras de télévision et les représentants de la presse écrite, il déclare qu'il va tenter de relancer l'instruction en recherchant le véritable motif de la mort du magistrat lyonnais. Selon lui, il faut creuser la piste du hold-up de Strasbourg, que le juge avait commencé à examiner : « Je choisis cette piste puisque c'est celle que privilégiaient François Renaud, ainsi que le substitut Colcombet. » Cette déclaration est d'actualité, puisque la classe politique vient d'amnistier les infractions pénales liées au financement des partis. Me Vergès conclut en exprimant son souhait et sa volonté de « faire revivre un emmerdeur », et annonce que quelques hommes politiques pourraient être entendus. Pour Francis Renaud, c'est une victoire, car le non-lieu est de fait repoussé... Une nouvelle chance est donnée à ce dossier d'aboutir et le bouillant avocat s'engage à fournir de nouveaux éléments au juge Fenech dès la rentrée de septembre.

Un autre incident vient perturber le ronron de l'instruction. Le 4 août 1988, Michel Silmetzoglou, « Michel le Grec », ancien membre important du Gang des Lyonnais, est assassiné dans des circonstances horribles. Me Vergès, dont les déclarations ne remontent qu'à quelques jours, en profite pour dresser un parallèle. Selon lui, certains personnages du milieu auraient soupçonné Michel le Grec d'être un des indicateurs de l'affaire Renaud. Suite aux révélations de Jacques Vergès, ils se seraient inquiétés et auraient décidé d'éliminer un témoin gênant. Mais personne ne partage l'opinion de l'avocat... Que ce soit le juge Keitmi, chargé de ce dossier, Me Olivier Renaud, défenseur de Michel le Grec, ou encore les policiers menant l'enquête, tous rejettent l'hypothèse. Michel Silmetzoglou avait très mal vieilli et n'était plus que l'ombre de lui-même... Il s'était rangé et n'avait que de rares contacts avec ses anciens amis... Par conséquent, il ne constituait plus un risque pour quiconque !

À la rentrée de septembre, malgré les démarches de Jacques Vergès auprès du juge Fenech, les choses n'ont guère avancé. Début octobre 1989, soit quatorze ans après les faits, le juge Fenech transmet le dossier au Parquet afin qu'il fasse connaître son avis. Me Vergès tente une dernière manœuvre en demandant au ministère de l'Intérieur de lui communiquer les rapports secrets établis par la police. Il veut, entre autres, connaître l'identité de l'informateur qui a donné le nom des tueurs. Mais les policiers ne désignent jamais nommément leurs sources, car ils savent qu'ils les perdraient très rapidement. En l'absence d'élément nouveau, le juge Fenech rend une ordonnance de non-lieu début 1991, ce qui clôt définitivement le dossier.

Une piste, cependant, aurait mérité plus d'attention. Peu de temps après la nomination du juge Fenech à Lyon, courant 1984, un homme, incarcéré à Fleury-Mérogis pour une tentative de hold-up à Paray-Vieille-Poste, dans l'Essonne, et défendu par Me Vergès, le contacte et lui demande une entrevue. Lors de cette audition, ce Lyonnais d'origine, D... C..., affirme connaître la vérité sur la mort de François Renaud. On s'interroge sur les motivations qui l'ont poussé à parler, compte tenu du danger que cela représentait pour lui. Comme il a déjà été condamné plusieurs fois, on pense qu'il cherche tout simplement à arranger son cas, espérant que la justice tiendra compte de sa collaboration. D... C... est rapidement transféré de Fleury-Mérogis à Lyon, où le juge le convoque dans les jours suivants. Face au magistrat, il donne une version jusque-là inédite de l'assassinat de François Renaud.

Il explique qu'après l'assassinat du juge, il s'est lié d'amitié avec un Lyonnais bien connu, Régis Roche, dit « Pierrot ». Selon lui, Pierrot lui aurait confié que lui et l'un de ses frères, Alain, étaient les exécuteurs de François Renaud. Il prétend que Pierrot lui a raconté le déroulement de l'action, cette nuit du 2 au 3 juillet 1975. Une prostituée qui travaillait pour Pierrot, Camille B..., habitait le même immeuble que le juge, La Vigie. C'est elle que l'on avait chargée d'observer ses allées et venues. Le soir du meurtre, elle aurait prévenu les tueurs que le juge sortait dîner ; ils n'avaient dès lors plus qu'à attendre son retour pour mettre leur plan à exécution. Cette jeune femme n'a jamais été entendue pendant toute la durée de l'enquête. Peu après la mort du juge, une habitante de La Vigie avait signalé aux enquêteurs qu'elle avait remarqué, un soir du début de la semaine, un homme posté dans un coin de l'entrée. Ce dernier s'était enfui par la porte de service dès qu'il l'avait aperçue. Cet inconnu était-il Pierrot Roche ? Le juge Fenech semble sceptique, mais l'indicateur lui fournit des précisions qui vont ébranler ses doutes. Un jour qu'ils passaient ensemble devant le cimetière du Père-Lachaise, à Paris, où François Renaud est inhumé, Pierrot lui aurait dit : « On a fini par l'avoir, ce connard de juge ! C'est moi qui l'ai flingué, et après, quand il était dans le caniveau, je lui ai mis mon pied sur sa gueule. »

Bien évidemment, Pierrot, alors incarcéré à Saint-Paul, est

immédiatement convoqué par le juge Fenech. Il prend d'abord cette accusation avec désinvolture, tout en reconnaissant la relation amicale qu'il a entretenue avec D... C... Cependant, il nie formellement avoir assassiné le juge Renaud. Le magistrat lui lit alors la déposition signée de son accusateur, et Pierrot, réalisant la gravité de sa situation, demande une confrontation. Comme on pouvait le prévoir, D... C... la refuse catégoriquement. L'avocat de Pierrot, Me François La Phuong, confirme les dénégations de son client à la presse. Le juge Fenech ne pourra poursuivre bien loin ses investigations, car Pierrot Roche, libéré en décembre 1985, est abattu le 8 mars 1986, sur le parking de son immeuble, rue Frédéric-Fays à Villeurbanne [1]. Le meurtre a lieu sous les yeux de sa femme Danièle et de leur fils de sept ans, alors qu'ils rentraient de vacances. L'enquête ne donnera rien, et les recherches entamées sur son éventuelle implication dans la mort du juge Renaud s'arrêteront donc ici ! Quand à D... C..., libéré courant novembre 1991, il sera abattu en sortant de chez lui à la fin du même mois, « mitraillé » au volant de sa R 14...

La mort du juge François Renaud restera donc une énigme... et bien que la prescription soit passée par là, les quelques hommes susceptibles de révéler la vérité ne sont sans doute pas près de parler !

---

1. Sur les quatre garçons qui composaient la famille Roche, trois ont connu une mort violente et le quatrième, Rémy, est récemment décédé de maladie. L'aîné, « Pierrot », était le fer de lance de cette famille, et il fut suivi dans la voie de la marginalité par Alain et André. Violent et impitoyable avec ses adversaires, il faisait néanmoins preuve d'un solide sens de l'amitié. Parmi ses actions d'éclat figure le hold-up de la SNCF d'Oullins, en 1975 en compagnie de Pascal Sciaramella... et de deux autres, qui leur rapporta la somme de près de 1 500 000 francs. C'est avec la même équipe, plus deux autres, qu'il fit évader Mario Falbo de Nîmes. Si sa mort n'a pas été élucidée officiellement, on peut penser que les deux exécutants venaient de Grenoble et qu'il s'agissait de « Nany » et Zalotta. Ce sont sans doute eux qui abattirent le frère cadet de « Pierrot », Alain, début 1987.

LE RAPT DE CHRISTOPHE MÉRIEUX

1975

Cette affaire est typiquement lyonnaise, puisque le héros involontaire en est Christophe Mérieux, âgé de neuf ans en 1975. Petit-fils de Paul Berliet, le célèbre constructeur automobile lyonnais, et du docteur Charles Mérieux, fondateur de l'Institut Mérieux, de réputation mondiale, il est le fils d'Alain Mérieux, patron des laboratoires du même nom. Christophe Mérieux représente un véritable symbole pour la grande bourgeoisie locale, et son enlèvement, le mardi 9 décembre 1975, sème un vent de panique dans son univers.

L'action se déroule dans le 6ᵉ arrondissement, rue du Colonel-Prévost, vers 8 h 15. Le jeune garçon est sur le point d'arriver à l'école de La Rédemption, qu'il fréquente depuis trois ans. Alors qu'il vient de traverser la rue Duquesne, il est saisi à bras-le-corps par un homme plutôt grand et coiffé d'un casque de moto. L'individu charge l'enfant à l'arrière d'une camionnette bâchée, une Peugeot 404 gris-beige, dans laquelle un autre homme le maintient contre le plancher. Un troisième complice est au volant et, sitôt le faux motard à bord, ils s'enfuient à toute allure en direction du parc de La Tête-d'Or. Trois passants médusés assistent à la scène, mais tout s'est déroulé si vite qu'ils n'ont pu intervenir. Leur témoignage ne sera pas d'une grande utilité aux enquêteurs. Moins d'une heure plus tard, vers 9 heures, la mère de Christophe, Chantal Mérieux, reçoit un appel téléphonique chez elle, au 39 de la rue Félix-Jacquier. Son interlocuteur l'informe de l'enlèvement et réclame une rançon de 10 millions de francs. Chantal Mérieux se fait confirmer par l'école l'absence de son fils et prévient immédiatement son mari, alors à Paris. Celui-ci saute dans le premier avion et arrive chez lui, à Lyon, à 13 h 15. Quinze minutes plus tard, nouvel appel. Une autre voix, très différente de la première, lui demande de ne pas prévenir la police. Son enfant lui sera rendu contre le versement d'une somme de 20 millions de francs. On lui précise que le petit est en bonne santé et qu'il ne risque rien pour le moment. Vers 19 heures, le même correspondant rappelle et lui expose la marche à suivre pour la constitution puis la remise de la rançon. Celle-ci devra être composée pour moitié de coupures de 100 francs, et pour l'autre moitié de francs suisses, de marks allemands et de florins hollandais.

C'est la plus grosse somme jamais demandée dans l'histoire du kidnapping en France, et sans doute dans le monde. Le ravisseur semble parfaitement renseigné sur les habitudes de la famille et sur sa surface financière. Il donne l'ordre à Alain Mérieux de préparer l'argent pour le lendemain à 17 heures et lui indique que des consignes lui seront communiquées juste avant. La famille Mérieux a bien évidemment informé la police. Celle-ci reste discrète, pour ne pas gêner les tractations et surtout pour ne pas risquer de mettre la vie de l'enfant en péril. Un policier ami de la famille, le commissaire Claude Bardon du SRPJ de Versailles, a été dépêché sur place pour les assister. Les téléphones de la famille sont mis sur écoute et de nombreux policiers se tiennent prêts à intervenir. Le 10 décembre, à 17 heures pile, le correspondant anonyme se manifeste à nouveau. Il est bref, demande simplement si l'argent a été réuni ; recevant une réponse affirmative, il révèle que ses complices et lui agissent dans le cadre d'une action politique. Il raccroche après avoir dit qu'il rappellerait un peu plus tard. Afin de ne pas entraver les négociations, la presse reste muette jusqu'au moment de la libération de l'enfant. Le grand public aura connaissance en même temps de l'enlèvement et de la restitution de Christophe, le samedi 13 décembre. La police, dirigée par le contrôleur général Robert Mattei, est régulièrement informée du déroulement des opérations, mais n'interviendra pas. Des ordres ont été donnés en ce sens par Jacques Chirac, Premier ministre de l'époque et ami de la famille Mérieux, ceci contre l'avis du ministre de l'Intérieur, Michel Poniatowski, fermement opposé au paiement d'une rançon.

Nouveau coup de fil vers 20 h 30 ; cette fois, l'interlocuteur a changé. Sa voix semble beaucoup plus calme mais très déterminée.

Il demande à Alain Mérieux de se rendre au bar Le Martini, avenue du Maréchal-Foch, dans le quartier des Brotteaux. Il doit utiliser sa BMW 3000 et, bien entendu, se munir de la rançon. Une Mercedes le précède, dans laquelle ont pris place Paul Berliet et Charles Mérieux. Dès la sortie de son garage en sous-sol, un troisième véhicule se met en travers de la route pour empêcher toute filature... Il s'agit là d'une exigence des ravisseurs ! Ces derniers le contactent au Martini. De là, ils le renvoient sur l'hôtel Le Président, avenue de Grande-Bretagne, d'où ils lui ordonnent de tourner dans la banlieue lyonnaise sur près de trente kilomètres. Est-ce pour brouiller les pistes ou parce qu'eux-mêmes ne s'y retrouvent plus ? Toujours est-il que vers 1 heure du matin, ils perdent le contact ! Alain Mérieux, alors arrivé près de Villefranche, rentre chez lui, désemparé et inquiet, et attend près de son téléphone. Vers 10 h 30, le matin du jeudi 11 décembre, le premier interlocuteur se manifeste. Il reproche à Alain Mérieux d'avoir fait capoter le rendez-vous de la veille, et ajoute qu'il s'avère regrettable que la presse ait été informée de l'affaire. Il rappelle à 17 h 30 et menace de s'en prendre à Christophe si les consignes qu'il donnera à 20 heures ne sont pas suivies à la lettre.

Le téléphone sonne effectivement à l'heure convenue et ordre est donné à Alain Mérieux de faire le plein d'essence. On lui promet de lui rendre son fils le lendemain vers 12 heures. Quelques minutes plus tard, nouvel appel, qui lui stipule de se rendre au bar L'Estaminet, 87, avenue Jean-Jaurès, puis au Café du Commerce, rue de Gerland. Là, on lui signale qu'il doit aller à Saint-André-de-Corcy, dans l'Ain, à environ vingt-cinq kilomètres au nord de Lyon. Pour ce faire, il doit prendre, à la sortie de Lyon, la direction de Bourg-en-Bresse, puis passer par Trevoux. Il se conforme à ces directives et trouve, comme indiqué, un message posé près d'une borne d'incendie, juste à côté du château d'eau. Sur ce message, on lui demande d'emprunter une petite route, sur laquelle il est rattrapé par une Peugeot 504 blanche. Par la vitre baissée, un homme masqué lui fait signe de stopper. Armé d'un revolver, il rejoint Alain Mérieux et monte à ses côtés. Il lui impose de suivre la 504 ; bientôt, une Alfa Romeo vient se positionner derrière eux, ce qui ôte à la BMW toute possibilité de fuite. Le convoi roule quelques minutes, puis se gare dans la cour d'une ferme. Immédiatement, le passager d'Alain Mérieux, assisté des chauffeurs de la 504 et de l'Alfa, également masqués, opèrent le transfert des sacs de la rançon de la BMW aux deux autres véhicules. Les trois hommes semblent tellement fébriles qu'ils en oublient un moment Alain Mérieux, qui a le temps de descendre de voiture et d'enfiler son pardessus. Dans la précipitation, un des sept sacs, contenant 3,5 millions de francs en florins hollandais, glisse sous la banquette arrière de la BMW. Le transfert achevé, l'un des ravisseurs menotte Alain Mérieux à son volant et s'enfuit avec les deux autres qui l'attendent dans l'Alfa Romeo, abandonnant la Peugeot 504 sur place. Ce sont les policiers, alertés par des paysans, qui le délivreront environ une heure plus tard.

Le lendemain, 12 décembre, les ravisseurs appellent vers 12 heures et se plaignent de n'avoir pas obtenu le montant exact. On leur répond que ce sont eux qui ont oublié un sac, et ils paraissent accepter l'explication sans animosité. Ils raccrochent après avoir promis de reprendre contact vers 19 h 30, pour les modalités de restitution de l'enfant. Ils rappellent seulement à 20 h 30 pour dire qu'ils ont abandonné Christophe dans une poubelle, près du garage Volvo, avenue Jean-Jaurès dans le 7e arrondissement. Le père et le grand-père du petit se rendent immédiatement sur les lieux, mais ils ne trouvent rien. C'est en tournant dans le quartier, radio allumée, que leur parvient la nouvelle : Christophe a pu défaire ses liens, sortir de la poubelle et il s'est adressé à un automobiliste qui l'a ramené chez lui. Avant de l'enfermer dans la poubelle, ses ravisseurs lui ont demandé de ne pas tenter d'en sortir tant qu'il n'aurait pas compté jusqu'à 200. C'est ainsi qu'à 20 h 45, il a sonné chez lui à l'interphone et s'est annoncé simplement par un : « C'est moi. »

Pour l'enfant, la mésaventure se termine sans dommage, puisqu'il revient sain et sauf, quatre jours après son enlèvement. Devant la presse et les policiers, il décrit l'environnement dans lequel il se trouvait, et parle d'une vieille maison avec un escalier en bois, de neige et de bruits de trains. Ses kidnappeurs ne lui ont pas semblé bien méchants, puisqu'ils lui ont permis d'écouter la radio et lui ont donné des illustrés à lire pour l'aider à passer le temps. Ils lui ont aussi raconté qu'ils étaient des Palestiniens ayant besoin d'argent pour continuer la guerre. L'un d'eux s'est même prêté à une leçon de judo pour lui faire plaisir. Il a aperçu deux de ces hommes sans leur masque et en donne une description approximative aux policiers. Entre-temps, sa famille a dû verser la coquette somme de 2 milliards d'anciens francs (moins les 4 millions de francs qui se trouvaient dans le sac oublié par les ravisseurs). Évidemment, des recherches sont lancées tous azimuts, mais les enquêteurs disposent de très peu d'éléments. Cependant, ils ont conservé les enregistrements des voix de deux ravisseurs, lors des demandes de rançon.

L'Alfa Romeo est retrouvée le 14 décembre à Fontaines-sur-Saône, sur le parking du cimetière, où elle a été vue dès le vendredi par deux chasseurs. Il paraît certain aux enquêteurs qu'elle a été déposée là dès la remise de la rançon, le jeudi soir. Ainsi, la piste lyonnaise semble se confirmer. La voiture a été volée la veille du kidnapping chez un garagiste. Elle se trouvait route de Vienne le jour même, car elle a été verbalisée pour un stationnement interdit. Mais aucun indice sérieux ne sera découvert dans la voiture. Les trois cagoules qui se trouvent toujours à l'intérieur ne comportent aucune marque ou empreinte. Deux ont été découpées dans un collant et la troisième est un simple bonnet de laine percé de deux trous pour les yeux. Dans l'immédiat, la seule certitude qu'ont acquise les policiers est que cet enlèvement a été préparé de longue date, et par de vrais professionnels... !

Alain Mérieux demande et obtient de l'ancien commissaire Javilliey qu'il participe à l'enquête. Dans les jours qui suivent l'enlèvement, celui-ci, alors responsable d'une agence de police privée, l'Agence lyonnaise de sécurité (ALS), reçoit une information de l'un de ses indicateurs. Ce dernier, qui « travaille » également pour l'ancien brigadier-chef de gendarmerie Lacroix (surnommé « Chéri Bibi »), lui parle d'une voiture volée, utilisée lors du rapt. Elle serait garée vers Saint-Rambert-l'Île-Barbe, au nord de Lyon. De plus, l'informateur prétend savoir qui est à l'origine du coup et l'a organisé : il s'agirait d'un nommé Mario Rodrigues, dit « Mario le Portugais ». C'est lui que l'on avait soupçonné, en juin 1971, du meurtre horrible d'une prostituée sur le boulevard de ceinture,

Michelle Fauvet, la fameuse « Casque d'Or ». Depuis cette époque, plus personne n'a revu Rodrigues. Bien qu'il ne soit pas officiellement chargé de l'enquête, Charles Javilliey va cependant communiquer le tuyau à ses anciens collègues de la PJ.

Ces informations ne font pas tellement avancer les choses ; mieux vaut donc exploiter à fond les seuls éléments fiables dont on dispose : les fameuses cassettes sur lesquelles sont enregistrées les voix de deux des ravisseurs. Dans les bureaux de la PJ, on les écoute en boucle, espérant que quelqu'un parviendra à les identifier. L'inspecteur principal Marcel Aillot va concrétiser cet espoir. Il possède un avantage sur les autres, car il s'est rendu, quelque temps auparavant, dans le Nord, à Aire-sur-la-Lys (Pas-de-Calais). Il y a interrogé un ancien truand lyonnais, qui a déjà purgé treize ans de prison, Louis Guillaud, dit « la Carpe ». À 46 ans, Guillaud est apparemment plus ou moins retiré du circuit. Il tient avec sa maîtresse un établissement de nuit, Le Valberg. Le policier enquêtait sur le meurtre de René Vial, célèbre proxénète international, retrouvé mort le 7 juillet 1974 et ami de longue date de Guillaud. Il n'a, bien sûr, rien appris au cours de l'entretien, mais il a en revanche bien noté le timbre de voix de la Carpe, plutôt haut perché et avec un léger accent du Midi, une voix de « fausset » selon lui.

En écoutant, dès le 20 décembre, l'enregistrement des ravisseurs, le déclic se produit, il reconnaît Guillaud et transmet l'information à ses supérieurs directs, les commissaires Nicolaï et Franket. En fouillant un peu dans son dossier, on s'aperçoit que la Carpe a entretenu de solides liens avec ce Mario le Portugais dont a parlé l'indicateur de Charles Javilliey ; il a de plus été le protecteur de la fameuse prostituée Casque d'Or, tuée en 1971. On fait écouter les bandes magnétiques à plusieurs policiers lyonnais, sans grand succès. C'est alors que le commissaire Pellegrini, chef de l'OCRB, a l'idée d'envoyer la cassette au commissaire Guy Jeannaud de Lille, qui a connu Louis Guillaud. Dès la première écoute, celui-ci est formel : il s'agit bien de lui ! Un plan de surveillance est mis en place afin de guetter ses moindres faits et gestes. On le suit dans ses déplacements entre Aire-sur-la-Lys et Puteaux, dans les Hauts-de-Seine, où il loue un studio sous le nom d'emprunt de Guichard. Il est repéré à Bédarrides, dans le Midi, chez son beau-frère Albert Novel, puis chez sa femme, Gilberte, qui vient d'ouvrir un bar à Paris. C'est dans un logement contigu au sien que les enquêteurs s'installent et montent un appareillage sophistiqué qui leur permet d'écouter et d'enregistrer ce qui se passe chez lui. Son téléphone est placé sur écoute.

Les policiers l'arrêtent à Paris le 25 février 1976, vers 13 heures, dans le quartier de l'Opéra, alors qu'il s'apprête à déjeuner au restaurant Le Montegrosso. Il vient d'acheter 1 200 000 francs de lingots d'or à un agent de change, place de la Bourse, qu'il a payés avec des billets de la rançon. Les policiers l'ont épié à travers les vitres d'une camionnette garée à proximité. Une perquisition opérée dans la foulée permet de retrouver les lingots précédemment acquis. Ceux-ci provenaient de deux bureaux de change différents, dont un se trouve rue Vivienne, et les opérations se montaient la première fois à 200 000 francs et la seconde à 400 000 francs. Bien entendu, les policiers ont pu constater que les numéros des billets correspondaient à ceux de la rançon. La somme totale récupérée lors de la fouille de son appartement s'élève, en lingots d'or, à 1 800 000 francs.

Guillaud tente de nier sa participation au rapt et prétend qu'il n'a agi qu'en commissionnaire. Transféré à Lyon, il est confronté à Alain Mérieux, revenu en catastrophe des États-Unis. Ce dernier reconnaît formellement sa voix, qui correspond également à celle de l'homme qui donnait les ordres lors de la remise de la rançon et qui est monté à ses côtés dans la BMW, après l'avoir fait stopper sur la petite route qui menait à la ferme. Devant les charges qui l'accablent, Louis Guillaud finit par avouer ; il tente de minimiser en arguant qu'il a seulement passé les coups de fil puis, à bout d'arguments, admet qu'il a été un participant actif. Il prévient cependant qu'il ne dénoncera aucun de ses complices. Élément du milieu bien connu de la police, il a notamment fait partie de la « bande à Nonœil ».

En juin 1971, on a retrouvé sa « protégée », une prostituée du boulevard de ceinture, Michelle Fauvet, alias « Fabienne » ou « Casque d'Or », dans le coffre de sa voiture, sur les bords du canal de Jonage. Louis Guillaud l'avait connue alors qu'il était incarcéré à Saint-Paul avec Paul Lépicier, le compagnon de l'époque de Fabienne. Guillaud, libéré avant Lépicier, l'avait séduite et percevait depuis le fruit de son travail. Elle a eu le crâne fracassé à coups de marteau et a été achevée d'une balle dans la tête. Mario Rodrigues fut un temps soupçonné, mais je crois savoir, de source fiable, qu'il n'était pour rien dans ce crime. En fait, il s'agissait sans doute d'un « contrat » d'à peine 20 000 francs, que deux jeunes exécutèrent pour deux commanditaires : probablement Antoine M..., décédé de mort naturelle en 1998, et C... R..., à ce jour incarcéré pour une tout autre affaire. Ce crime n'a toutefois pas été commis sans raison. Fabienne se montrait souvent très agressive envers les autres prostituées qui exerçaient sur le boulevard de ceinture, les menaçant régulièrement et allant jusqu'à leur jeter des pierres, quand elle ne sortait pas une arme à feu. Ces dernières ont fini par en avoir assez et s'en sont plaintes à leurs « protecteurs ». Le jour du crime, la Carpe se trouvait en prison. Personne n'a jamais été condamné pour cet assassinat. Guillaud s'en est bien tiré lors de son procès dans l'affaire « Nonœil » ; il a bénéficié d'un non-lieu et a seulement effectué dix-huit mois de prison à Saint-Paul, pour port d'arme prohibée et détention de faux papiers.

L'épouse de Louis Guillaud, Gilberte, avec laquelle il est en instance de divorce, est arrêtée le 26 février. Lors d'une perquisition à son domicile, la police a en effet découvert 100 000 francs provenant de la rançon. Elle est transférée à Lyon, inculpée de recel et incarcérée à la prison Montluc. Mais l'affaire ne s'arrête pas là : entre le jeudi 27 et le vendredi 28, les enquêteurs interpellent, à Bédarrides, dans le Vaucluse, trois autres familiers de Guillaud. On leur reproche aussi d'avoir touché de l'argent de la rançon. Il s'agit de 100 000 francs, récupérés chez un notaire de la région ; cette somme était destinée à couvrir les dettes d'Albert Novel, 50 ans, beau-frère de Guillaud, qui exploite avec sa femme Denise un débit de boissons à Bédarrides. Cette dernière, sœur de Gilberte Guillaud, est arrêtée ; leur mère, Jeanne Chavanny, âgée de 68 ans, suivra. Les deux femmes rejoignent Gilberte à Montluc, tandis qu'Albert Novel est incarcéré à la prison Saint-Paul de Lyon. Bien entendu, chacun jure ses grands dieux qu'il ignorait qu'il s'agissait d'argent provenant d'un rapt. Présentés au palais de justice, ils seront tous inculpés de « recel qualifié ».

L'instruction de ce que l'on appelle désormais « l'affaire Mérieux » est confiée au juge Jean Veyre. Il convoque Louis Guillaud, assisté de son avocat, Me Roger Breysse, pour une première audition le 12 mars 1976. Des mesures exceptionnelles de sécurité sont prises tout au long du parcours entre la prison Saint-Joseph, où il est incarcéré dans le quartier de haute sécurité, et le palais de justice. Le bruit court en effet que la vie de la Carpe est menacée. Certains craindraient qu'il ne dévoile quelques secrets compromettants concernant des membres du milieu. Le nom de Nicolas Caclamanos circule discrètement ; celui-ci, réfugié en Espagne depuis l'arrestation du Gang des Lyonnais, pourrait être le commanditaire du « contrat » pesant sur la Carpe. Fort heureusement pour Guillaud, personne n'attentera à ses jours et il ne fera aucune déclaration fracassante. Lors de l'audition du 12 mars, il n'est pas le seul convoqué, puisque les trois autres membres de sa famille sont également présents. Fidèle à sa réputation, il tente l'impossible pour les innocenter et affirme qu'aucun ne connaissait l'origine des sommes qu'il leur avait données. Il renouvelle ses aveux, mais ne cite aucun de ses complices, précisant seulement qu'ils étaient cinq au total. Entre le moment du rapt et son arrestation, la Carpe s'est rendu en Espagne, où il a fait l'acquisition d'une villa ; il y a séjourné en compagnie de sa maîtresse, Arlette Piedbois. Cette dernière, qui vit en Belgique, est arrêtée à Louvain en août 1977. Elle est repérée grâce à des écoutes téléphoniques, car ses trois enfants habitent dans le Nord et elle les appelle régulièrement. Elle est également incarcérée à Lyon, puis à la prison de La Talaudière, à Saint-Étienne.

La photo de la Carpe est publiée dans les journaux dès le jeudi 27 février 1976. Les retombées ne se font pas attendre : le 2 mars, une lettre anonyme arrive sur le bureau du contrôleur général Mattei, à la police judiciaire. Elle a été expédiée par une femme qui les félicite chaudement pour l'arrestation. Elle leur indique qu'elle a souvent aperçu Louis Guillaud, ainsi que trois hommes et une femme, entrer dans un petit appartement du rez-de-chaussée d'un immeuble, Les Jardins de l'Yzeron, situé au nº 9 de la rue de la Commune-de-Paris, à Oullins, dans la banlieue sud de Lyon. Les enquêteurs s'y précipitent, munis des photographies des principaux truands lyonnais du moment. Ils pénètrent dans l'appartement inoccupé. Après interrogatoire des voisins, ils apprennent qu'il a été loué pour six mois par un certain Paul Guimet. Les photos circulent et une voisine reconnaît sans hésitation les visages de Louis Guillaud et de Jean-Pierre Marin, qui ne serait autre que le fameux Guimet. Marin est lui aussi bien connu des services de police, qui établissent le lien entre les deux hommes : ils avaient en effet un ami commun, René Vial, le proxénète assassiné en 1974. De plus, lors d'une filature au mois de février, les enquêteurs avaient aperçu Marin dans la région de Lille, en compagnie de Guillaud et d'un nommé Michel L...

Le logement est passé au peigne fin. On relève plusieurs empreintes, dont celles de Christophe Mérieux. On en profite pour vérifier la description que l'enfant a donnée de son environnement pendant sa détention ; il existe des points de convergence. Un peu plus tard, certains policiers penseront que ce studio a vraisemblablement servi de lieu de passage et que Christophe n'a effectué qu'un court séjour ici... Avis discutable selon d'autres enquêteurs, convaincus que l'enfant a été enfermé là durant ses quatre jours de détention. Parmi les autres empreintes, dont beaucoup s'avéreront inutilisables, cinq appartiennent indiscutablement à Jean-Pierre Marin.

La mort de J.-P. Marin a fait l'objet d'une polémique, encore vive aujourd'hui, car elle est demeurée une énigme... Pour certains, il s'agissait d'une exécution destinée à venger la mort du juge Renaud ; pour d'autres, d'une simple « bavure ». Son père était un fonctionnaire de police bien connu dans le monde du rugby, où il fut joueur, puis entraîneur pendant de longues années. Au moment des faits qui lui sont reprochés, Jean-Pierre Marin est âgé de trente-deux ans. Domicilié à Lyon, dans le quartier de Vaise, quai Jayr, il vit avec Éliane J..., son amie de cœur. Il circule souvent dans Lyon, sans chercher à se cacher. On le voit dans de nombreux bars. La police, qui avait relevé ses empreintes dans le studio d'Oullins, aurait donc facilement pu l'arrêter... Pourquoi ne l'a-t-elle pas fait ? Un des enquêteurs chargés de l'affaire m'a répondu qu'on avait d'abord filé Marin pour tenter d'identifier les autres membres du commando ; de plus, la police a eu la confirmation que les empreintes lui appartenaient seulement l'avant-veille de sa mort.

Cependant, dès qu'il apprend l'arrestation de Louis Guillaud, le 27 février, Marin quitte Éliane J..., en lui laissant suffisamment d'argent pour subvenir à ses besoins (environ 200 000 francs d'aujourd'hui, soit 30 500 euros). Il disparaît de Lyon et part de plus en plus souvent chez des amis ou relations diverses, où il ne fait d'ailleurs que passer. Manifestement, il veut éviter d'être localisé par les policiers. Mais, sans qu'il s'en doute, ceux-ci le filent et mettent sur écoute téléphonique permanente tous les endroits où il est susceptible de se rendre. C'est ainsi qu'ils apprennent, le 7 mars, que Marin a perdu son chien, un doberman, dans la région d'Auberives-sur-Varèze, dans l'Isère. Il lui est très attaché, aussi n'hésite-t-il pas à appeler la gendarmerie de Péage-de-Roussillon pour leur signaler cette disparition. Il leur donne son identité véritable et l'adresse d'un ami, hôtelier à Auberives, où on pourra le contacter si quelqu'un ramenait l'animal. Le gendarme qui enregistre son appel lui demande de passer à la brigade le 9 mars vers 11 heures, afin de confirmer par écrit sa demande de recherche. En réalité, son nom et sa photo ont déjà été diffusés dans tous les postes de police, et le gendarme a pris soin de contacter ses confrères lyonnais.

Le 9 mars dans la matinée, deux officiers de la PJ de Lyon, l'officier principal Marcel Aillot et le commissaire Georges Nicolaï, se dirigent vers Péage-de-Roussillon où ils doivent prendre en charge Jean-Pierre Marin après que les gendarmes l'auront, théoriquement, interpellé, comme ils en ont reçu la consigne. Un peu avant 11 heures, Marin téléphone à la brigade pour les informer qu'il a retrouvé son chien et qu'il ne viendra pas... La déception est grande pour les enquêteurs, tellement sûrs du bon déroulement de l'arrestation qu'ils avaient demandé à Alain Mérieux, en voyage aux Antilles, de revenir dès que possible pour une confrontation. Cependant, en arrivant à Péage-de-Roussillon, une information leur parvient de leurs collègues restés à la PJ. Jean-Pierre Marin se trouverait à Lyon et il se cacherait chez un couple d'amis.

Ces derniers, Maurice Daunot et Michèle Marchand, habitent un pavillon de Champagne-au-Mont-d'Or, dans une impasse qui se trouve juste à côté du chemin de l'Époux. On a encerclé le pavillon et placé des hommes dans une Estafette et une Renault 4 L, stationnées sur le bord du chemin. Peu avant 13 heures, Jean-Pierre Marin arrive à bord de sa DS 23 beige métallisé, la gare dans la petite cour devant la maison et rejoint ses hôtes pour l'apéritif. Peu de temps après, Michèle Marchand les quitte pour se rendre à son travail. Elle fait démarrer sa 4 L, roule sur quelques dizaines de mètres, aperçoit le long du chemin de l'Époux les voitures stationnées et s'en étonne, car elle ne reconnaît pas ces véhicules. Elle fait demi-tour et rentre dans la maison pour signaler cette anomalie aux deux hommes. Marin comprend vite qu'il s'agit de policiers en planque, venus pour l'arrêter. Il se précipite vers sa voiture, dans laquelle son doberman est resté, et effectue une rapide marche arrière de façon à replacer la DS dans le bon sens. Il évite en slalomant les deux voitures banalisées de la police et débouche sur la route nationale. Mais les deux policiers arrivés de Péage-de-Roussillon, en planque à l'angle du chemin et de la nationale depuis près d'une demi-heure, lancent leur R 16 à sa poursuite.

L'officier de police Marcel Aillot est au volant et le commissaire Georges Nicolaï à ses côtés. Leur objectif est clair et la nécessité d'agir immédiate. Le choc entre les deux véhicules est violent : le commissaire Nicolaï heurte le pare-brise et reste étourdi quelques minutes. Quant à Aillot, un peu « secoué », il entend éclater les premiers coups de feu. Il a juste le temps de réaliser que ses collègues tirent sur la DS, donc dans sa direction, aussi ouvre-t-il la portière d'un grand coup d'épaule et se laisse-t-il tomber à terre pour se protéger. La collision entre les deux véhicules a sans doute déclenché les premiers tirs ; une vingtaine de policiers attendent, anxieux. On leur a dépeint Jean-Pierre Marin comme un individu dangereux, un tueur aguerri (ce qui ne sera d'ailleurs pas prouvé lors de l'enquête) ; aussi déclenchent-ils un feu nourri. Sur une quarantaine de cartouches, près d'une trentaine atteignent la voiture. Marin tente de sortir de la DS, fait quelques pas le long d'une clôture et s'écroule, mortellement touché d'une balle en plein cœur et d'une autre dans le cou. Son doberman est lui aussi mort dans la voiture.

Un de ses amis, Robert Alfani, surnommé « Fafa », dit s'être rendu à l'institut médico-légal où le corps avait été déposé. Il y a rencontré un membre du personnel, en blouse blanche, qui lui a déclaré qu'une balle entrée derrière l'oreille gauche aurait été tirée à « bout touchant », c'est-à-dire le canon posé contre la peau. « Fafa » affirme avoir constaté lui-même une auréole foncée autour de la blessure, provoquée par une brûlure de poudre. D'après les policiers, on aurait trouvé une arme à côté de Jean-Pierre Marin, sur laquelle, bizarrement, personne ne relèvera d'empreintes, bien qu'elle ait été enveloppée sur place dans un mouchoir afin qu'aucune trace ne soit effacée. Or il semble que Marin ne possédait qu'un revolver italien de marque Ubberti, qui était en fait la réplique d'une arme utilisée par les Américains pendant la conquête de l'Ouest, vers les années 1860... Curieux équipement pour un soi-disant tueur professionnel !

Les examens balistiques révèlent qu'une dizaine de policiers ont tiré, ce qui semble confirmer que chacun était en proie à la panique générale. On peut abonder dans cette voie, surtout si l'on croit que l'intérêt des policiers consistait à le prendre vivant pour obtenir des explications sur les affaires Renaud et Mérieux... Encore fallait-il être convaincu qu'il avait quelque chose à révéler ! On peut légitimement se demander pourquoi Marin n'a pas été interpellé la veille, le 8 mars, alors qu'il prenait un verre rue Thomassin, au bar des PTT, et que deux inspecteurs de la PJ se trouvaient à ses côtés, au même comptoir. Filature dans le but de coincer des complices, légitime défense des policiers, tout cela ne tient pas.

Reste la solution de l'affolement général. Certes, Marin n'était pas un ange et, selon quelques personnes qui l'ont connu, il se montrait parfois violent depuis quelques mois. Mais avec la vingtaine de policiers en planque, il semblait aisé de l'arrêter, de tirer dans ses pneus ou de saboter sa voiture tant qu'il se trouvait encore à l'intérieur du pavillon. Curieuse également, la visite des policiers chez certains voisins la veille, afin de les prévenir qu'une action sans doute mouvementée aurait lieu le lendemain.

Mais la réputation de tueur faite à Marin fut la plus forte, comme si l'on cherchait par avance à justifier sa disparition. Son nom avait été prononcé dans le cadre de l'enquête sur la mort du juge Renaud, mais il ne fut jamais inquiété officiellement pour cette affaire. Il n'existait aucune preuve recevable. On pourrait imaginer qu'un policier ait voulu se substituer aux institutions impuissantes... Même si les enquêteurs avaient tout intérêt à le prendre vivant...

Peu de temps après les déclarations, le 12 janvier 1976, du préfet Chaix concernant l'assassinat du juge Renaud, Jean-Pierre Marin, mis en cause avec deux de ses amis, Robert Alfani et Michel Lamouret, se sentait en danger. Il fit appel, vers la fin janvier, à leur avocat Me Ambre, lui révélant sa crainte d'une possible « bavure » volontaire de la police. Face à tant d'angoisse, Me Ambre lui demanda d'écrire tout ce qu'il lui a dit. C'est ainsi que, moins de deux mois avant sa mort, Jean-Pierre Marin a couché sur le papier sa quasi-certitude qu'il serait abattu par la police...

Me Ambre ne prend pas les déclarations de son client à la légère. Très vite, il fait accompagner Robert Alfani et Michel Lamouret chez les deux juges chargés de l'affaire Mérieux, MM. Veyre et Pizzetta. Les deux hommes n'étant pas inculpés, les magistrats refusent de les recevoir. Ils entreprennent alors une démarche similaire auprès d'un substitut du procureur, M. Fouletier, qui leur signifie également une fin de non-recevoir. Impossible de prétendre que ces hommes se cachaient, quand ils réclamaient un interrogatoire afin que la lumière soit faite.

Avec la disparition de Jean-Pierre Marin et le silence obstiné de Louis Guillaud, les pistes éventuelles de l'affaire Mérieux s'arrêtent net. Malgré d'importantes recherches, on n'apprendra rien de plus. Le véritable lieu dans lequel Christophe a été séquestré ne sera jamais connu de façon certaine. Tous les informateurs habituels sont mis à contribution, sans grands résultats. Quelques noms, cependant, seront avancés : on cite Michel L..., et un certain Jean-Claude Garcia, surnommé « Demi-Cervelle » ou, plus souvent, « Pequen [1] », mais rien ne permet de les confondre. La police va

1. « Pequen » est l'abréviation du mot espagnol « pequeño », qui signifie petit.

activement rechercher Garcia (soupçonné d'avoir été le gardien de Christophe) et interroger sa famille... Pourtant, dans ce commando présumé de quatre membres, il manque à l'évidence le plus gros poisson. On ne peut croire, en effet, que Guillaud ait possédé l'envergure pour mener à bien une opération de cette importance, bien que le préfet de police ait affirmé sa conviction qu'il n'y avait pas de « cerveau ».

Le procès de l'affaire Mérieux s'ouvre devant la Cour d'assises de Lyon le lundi 14 décembre 1981. Le président Robin, un homme très au courant des affaires lyonnaises, dirige les débats. Lucide et perspicace, il a déjà traité plusieurs procès difficiles dans la région. Après cinq années passées en régime de haute sécurité, Louis Guillaud, âgé de cinquante et un ans, a beaucoup changé physiquement et paraît très marqué. Bien qu'il soit la vedette de ce procès, il ne figure pas seul dans le box des accusés. À ses côtés, sa maîtresse, son ex-femme, son beau-frère et sa belle-sœur. Albert Novel, son beau-frère diabétique, est sur un fauteuil roulant, et ce remue-ménage ne semble guère le passionner. Tous ont été remis en liberté sous contrôle judiciaire ; ils viennent donc à l'audience en tant que prévenus libres. Bien entendu, en ce premier jour du procès, Louis Guillaud n'a toujours pas donné les deux noms qui manquent à la police, et on n'a pas retrouvé l'essentiel de la rançon – 12 millions de francs !

Le greffier attaque la lecture de l'acte d'accusation à 14 heures et la termine une demi-heure plus tard. Soulignons que, pour la première fois à la Cour d'assises du Rhône, les caméras et appareils photo sont autorisés (auparavant, seuls les dessins, en général des caricatures, étaient permis). Cette journée qui promettait d'être sans surprise va en étonner plus d'un. Trois commissaires de police – Robert Mattei, Guy Jeannaud, Georges Nicolaï – témoignent à la barre ; à la stupéfaction générale, ils décrivent Louis Guillaud comme un truand de l'ancienne école, doté d'un réel sens de l'honneur. Ils se déclarent convaincus d'une chose : jamais la Carpe n'aurait permis que l'on touche à un seul cheveu de l'enfant. De son box, l'accusé adresse ses compliments à la PJ pour la finesse et l'efficacité de son enquête. Un ange passe... Me Soulier, partie civile pour la famille Mérieux, ainsi que Me Bernascon s'élèvent avec force contre ces échanges verbaux qu'ils qualifient de « romantiques ». L'avocat rappelle que Guillaud est un homme dangereux et que ses fréquentations le sont tout autant, notamment les nombreux truands qui ont trouvé refuge sur la Costa Brava en Espagne.

Le commissaire Robert Mattei, ancien responsable de la police judiciaire à Lyon, se révélera le plus étonnant. Plein de calme et de détermination, il affirme que s'il a ordonné l'arrestation de Louis Guillaud, le 25 février, c'est seulement parce qu'il en a expressément reçu l'ordre du ministère de l'Intérieur. Le commissaire, dont la renommée de « grand flic » n'est plus à faire, exprime ses regrets d'avoir exécuté un ordre qu'il désapprouvait ; il aurait en effet préféré, en suivant les déplacements de la Carpe, mettre la main sur ses complices. De sa voix grave, Me Roger Breysse, défenseur de Louis Guillaud, sollicite un témoignage favorable à son client, que Robert Mattei lui accorde volontiers. Juste derrière lui, le commissaire principal Nicolaï confirme les propos de son supérieur hiérarchique. Guillaud en profite pour se lever de son banc et clamer qu'il n'a jamais tué personne. Il est ensuite question de la rançon et de l'utilisation que Guillaud a fait de sa part, du moins celle qui n'a pas été saisie. Il apparaît assez rapidement que son ex-femme, son beau-frère et sa belle-sœur n'ont joué qu'un rôle très minime et qu'ils ignoraient probablement l'origine de l'argent. Arlette Piedbois, sa maîtresse, ne peut toutefois en dire autant : entre le rapt et son arrestation en 1977, elle a mené grand train, tant en Espagne qu'en Belgique. Devant le tribunal, elle admet s'être rendue dans le studio d'Oullins au moins une fois et reconnaît avoir vu les sacs contenant l'argent. Cependant, pour minimiser, elle prétend qu'elle était persuadée qu'il s'agissait du produit d'un trafic de diamants.

C'est au tour de Louis Guillaud de passer sur le gril, et le président Robin ne le ménage pas. La Carpe tente d'adopter le système de défense qui avait si bien réussi au Gang des Lyonnais, sous-entendant qu'il a agi pour des motifs politiques qu'il ne peut dévoiler car il craint pour la vie de ses proches. La cause des Catalans espagnols est mise en avant, mais il ne peut fournir aucun élément qui accrédite sa thèse. Il remercie le ministre de l'Intérieur d'alors, Michel Poniatowski, de l'avoir fait arrêter ; entre quelques soupirs, il laisse entendre que, sans cela, il aurait pu être abattu par un service parallèle. D'après lui, cinq hommes au moins, dont Jean-Pierre Marin, ont directement participé à l'enlèvement et un sixième, qu'il dit ne pas connaître, leur aurait fourni les informations nécessaires. Cet homme, un proche de la famille Mérieux, leur aurait fait passer une douzaine de pages tapées à la machine, mentionnant entre autres les capacités financières des Mérieux après la vente de leur Institut au groupe Rhône-Poulenc. Enfin, il concède que Jean-Pierre Marin a loué, à Oullins, la voiture ayant servi au rapt. L'avocat général lui rétorque qu'il ne croit pas un mot de cette histoire. La première journée d'audience s'achève sur les dépositions émouvantes des parents de Christophe, Alain et Chantal Mérieux, qui font observer qu'à aucun moment les ravisseurs ne leur ont fourni la preuve que leur enfant était encore en vie. Âgé de quinze ans, leur fils reste marqué et ne peut toujours pas s'endormir si la porte de sa chambre est fermée.

Le mardi 15 décembre, la séance s'ouvre sur le réquisitoire de l'avocat général, M. de Bonnefoy des Aulnaies. C'est une figure de la magistrature lyonnaise, présente dans presque toutes les grandes affaires, un homme redouté par les avocats. Pour la défense de Louis Guillaud, Me Roger Breysse, autre vedette du Barreau lyonnais et personnage haut en couleur, lui fait face. L'avocat général revient sur le rôle prépondérant joué par Guillaud dans cette affaire, malgré les dénégations de ce dernier. Il défie quiconque de trouver une seule circonstance atténuante à l'accusé et conclut en réclamant contre la Carpe la réclusion à perpétuité. Me Breysse lui succède ; dans sa plaidoirie, il revient sur les témoignages des officiers de police selon lesquels son client était incapable de faire du mal à un enfant. Il note que Christophe a décrit de façon précise deux de ses ravisseurs, qui l'ont pourtant relâché, en dépit du risque qu'ils avaient d'être reconnus par la suite. L'enfant n'a pas été maltraité et ils ont essayé de l'occuper du mieux possible pendant ces quatre journées.

D'après l'avocat, Guillaud ne connaissait que Jean-Pierre Marin ; quant aux deux autres, il ne peut en parler car il craint pour sa vie ou celle de ses proches. Me Soulier, représentant la famille Mérieux, a reçu des menaces de mort, mais son confrère de la défense lui assure que son client n'y est pour rien et qu'il ne faut pas accorder de crédit aux ragots qui circulent. Enfin, il développe le point fort de sa plaidoirie, celui qui, sans aucun doute, fera fléchir le jury : la peine de mort vient d'être abolie en France, et la plus haute sanction s'avère désormais la réclusion à perpétuité. Si l'on condamne Louis Guillaud à une telle peine, à quoi condamnera-t-on d'éventuels kidnappeurs d'enfant qui tueraient leur victime ?! Il est important de faire le distinguo, en accordant des circonstances atténuantes à l'accusé et en lui laissant une chance de sortir de prison un jour.

Le verdict tombe en fin d'après-midi : les jurés ont entendu Me Breysse et ils attribuent une peine de vingt ans de réclusion à Louis Guillaud. Ce dernier, bien conscient qu'il risquait la perpétuité, se tourne vers eux et les remercie. Les membres de sa famille ne seront que légèrement condamnés. Sa maîtresse, Arlette Piedbois, défendue par Me Buffard, écope de cinq ans et sera bientôt libérée. Pour Gilberte Carretier, son ex-femme, deux ans d'emprisonnement, dont seize mois avec sursis. Quant à son beau-frère, Albert Novel, et sa femme, Denise, ils seront acquittés.

Sur ses vingt ans de condamnation, Louis Guillaud en accomplira quatorze. Apparemment, cela n'a pas suffi à l'assagir car, dès sa libération, il retombe dans une affaire de fausse monnaie...

Après le procès, l'affaire Mérieux en reste là. On n'a pas retrouvé le soi-disant « cerveau » manquant, et ce pour la simple raison qu'il n'existait sans doute pas. Certes, Louis Guillaud n'avait pas la réputation d'un organisateur de talent, mais il bénéficiait d'une grande expérience de la clandestinité et, aux dires de tous ceux qui l'ont connu, était parfaitement capable de monter l'opération. Il a donc pu, avec de la persévérance, préparer ce rapt sans l'aide ou les conseils d'un quelconque « cerveau ». Les Mérieux étaient des personnalités très en vue ; il était relativement facile d'obtenir dans la presse des informations sur leur situation financière ; quant au reste, il suffisait de discuter avec des voisins de la famille ou d'anciens employés... C'est bien Jean-Pierre Marin, qu'il considérait comme un membre de sa famille, qui s'est occupé de louer l'appartement d'Oullins. Ensemble, ils se sont chargés de trouver les voitures indispensables à l'opération, qu'elles soient louées ou volées. Il leur fallait deux assistants : ils choisirent un ami proche de J.-P. Marin, Michel L..., et un ami commun, Jean-Claude Garcia (Pequen). Voilà comment fut sans doute échafaudée l'affaire Mérieux.

LES « FIANCÉS DE LYON »

1977

Cette affaire, qui se déroula en octobre 1977, connut son épilogue en juin 1983, après six années d'enquête et de démêlés juridico-médiatiques. Une histoire complexe, dans laquelle deux jeunes gens trouvèrent la mort de façon particulièrement horrible, une histoire dont la fin même suscite encore des questions, car l'unique condamné de ce procès a toujours nié être l'auteur des crimes qu'on lui reprochait.

Je tiens d'abord à en livrer la version « officielle », celle qui apparaît dans le verdict de la Cour d'assises et qu'ont relayée les médias. Puis je laisserai la parole à Marc Cornet, condamné lors du procès, qui a bien voulu me raconter en détail le déroulement de cette nuit tragique.

Première partie

Le samedi 15 octobre 1977, M. René Rousset signale la disparition de sa fille Catherine à la police. La veille au soir, la jeune femme a appelé son fiancé, Pierre Pirastu, pour l'informer qu'elle venait le chercher. Avant de partir, elle a prévenu son père : « Je sors avec Pierre, je ne rentrerai pas tard. » Mais elle n'est pas rentrée à la maison. Après l'avoir attendue une bonne partie de la journée du samedi, René Rousset s'inquiète. Il part donc à la recherche de sa fille et retrouve, vers 17 heures, sa voiture (une Simca 1100), portières ouvertes et clés sur le contact. Garée à quelques centaines de mètres de leur appartement, devant le n° 244 de la rue Garibaldi, elle est maculée de terre et d'herbe. En y regardant de plus près, il aperçoit de nombreuses taches de sang sur la banquette arrière du véhicule ainsi que dans le coffre. Il prévient immédiatement la police.

Il ne fait aucun doute qu'un drame terrible s'est déroulé dans ce véhicule, mais on ne peut encore deviner lequel : s'agit-il d'un kidnapping, d'un accident, d'un crime passionnel ou d'un meurtre de rôdeur ? Un impressionnant dispositif est mis en place par les autorités, qui ne négligent aucune piste. Dès le lundi 17, dans la soirée, les CRS entourent le camp gitan de Décines et entreprennent des fouilles. Des rumeurs ont filtré, selon lesquelles les fiancés auraient été kidnappés dans le but de servir de monnaie d'échange... mais cette piste est rapidement abandonnée.

Les enquêteurs tentent alors de reconstruire l'emploi du temps des disparus lors de la soirée du vendredi. Grâce au témoignage du père de Pierre Pirastu, ils découvrent qu'ils sont passés au night-club Le Cydaris, situé au n° 20 de la rue Bugeaud, vers 21 h 30. Marc Cornet, gérant du Cydaris et ami de Pierre, lui avait téléphoné quelques jours plus tôt pour lui demander de passer afin de lui rembourser une dette. Des témoins confirment que Pierre Pirastu avait rendez-vous avec lui. Ils ont entendu des bribes de leur conversation, car les deux hommes ont commencé à se disputer. Toujours selon ces témoins, Marc Cornet a offert un verre aux fiancés et demandé à Pierre Pirastu de revenir un peu plus tard : ils seraient plus tranquilles pour bavarder. Pirastu quitte donc le bar avec sa Catherine.

À la lumière de ces informations, la police cherche à découvrir les motifs de la brouille entre les deux hommes. Elle les trouve en remontant dans les archives. En 1973, Pierre Pirastu et Marc Cornet, amis de longue date et tous deux originaires du quartier de Gerland (ils avaient alors une vingtaine d'années), se querellent avec des employés de la SNCF. Deux d'entre eux, Daniel et Bruno Modela, sont blessés dans la bagarre et déposent plainte pour coups et blessures. Pirastu et Cornet sont condamnés en audience correctionnelle à payer solidairement une amende de 6 000 francs (environ 20 000 francs d'aujourd'hui, soit 3 049 €). On en serait resté là si Marc Cornet avait pu régler sa moitié de l'amende, comme le prévoyait le jugement. Mais il connaît de sérieuses difficultés financières et c'est Pierre Pirastu qui doit, seul et contraint par la clause de solidarité, régler les 6 000 francs.

À plusieurs reprises, Pirastu a demandé à Cornet de rembourser sa part, mais celui-ci, toujours à court d'argent, l'a éconduit. Jusqu'alors, Pierre a su garder son calme car Cornet est encore un de ses bons copains. Mais l'arrivée de Catherine Rousset dans sa vie et leur projet de mariage changent la donne : Pierre a désormais besoin de cet argent. Catherine, de son côté, le pousse à réclamer son dû et la tension monte entre les deux hommes.

Deux semaines avant le sinistre vendredi, Marc Cornet a été agressé et sérieusement molesté par trois inconnus. Il a alors embauché un « gorille », prétendument membre du milieu lyonnais. Selon Cornet, cet homme de main se trouvait au Cydaris lorsque les deux fiancés y sont passés, tant à 21 h 30 qu'à 23 h 30, lorsqu'ils y revinrent.

Marc Cornet est arrêté le samedi 15, en fin d'après-midi. Dès le début des interrogatoires, il reconnaît avoir vu les fiancés le soir du 14 octobre. Les policiers passent son bar au peigne fin et font des constatations matérielles accablantes pour lui. En effet, malgré un lavage minutieux des lieux, ils découvrent des traces de sang à plusieurs endroits. Les analyses font apparaître qu'il s'agit d'un sang du groupe A, celui de Pierre et de Catherine, et que ce même sang a été retrouvé dans la Simca 1100 de Catherine. Les enquêteurs sont alors quasiment persuadés de la mort des deux jeunes gens. Leur hypothèse est la suivante : Marc Cornet aurait attendu ses interlocuteurs, qui sont arrivés vers 23 h 30 ; après leur avoir offert un verre, il aurait abattu Pierre Pirastu. Vraisemblablement, il a tiré juste après sur Catherine, car la banquette est tachée de rouge à deux endroits distincts. Catherine serait donc morte pour la simple raison qu'elle était un témoin gênant.

Marc Cornet est longuement interrogé dans les locaux du commissariat de la rue Vauban. Il nie être l'auteur des crimes et maintient être rentré chez lui vers 0 h 45, sans avoir remarqué d'anomalie. Son amie, Maria Martins-Pereira, avec laquelle il occupe un appartement au 56 de la rue Chaponnay, est également interpellée et placée en garde à vue. Elle est rapidement hospitalisée à l'hôpital de l'Antiquaille, en raison d'une crise d'appendicite aiguë. La garde à vue de Marc Cornet se termine le lundi soir (soit trois jours après les faits) ; présenté au juge d'instruction Blondet, il est inculpé d'enlèvement et de séquestration de personnes. Cette formulation est généralement utilisée lorsque l'on n'a pas encore retrouvé les corps des victimes. Quant à Maria Pereira, elle est également inculpée de complicité par le juge et incarcérée dès son rétablissement.

Devant l'accumulation des charges qui pèsent contre lui, Marc Cornet finit par reconnaître, le mardi 18 octobre, qu'il a sollicité l'aide d'un homme de main. Ce dernier devait infliger une correction à Pierre Pirastu, qui l'importunait avec ses demandes incessantes. Selon Cornet, les choses auraient complètement dégénéré. Prenant peur, il aurait quitté Le Cydaris pendant que le molosse attachait et bâillonnait les deux malheureux ; la dernière fois que Cornet les a vus, ils étaient couverts de sang, mais vivants. Après, il ne sait plus... Mais il refuse de révéler l'identité du « gorille ».

C'est seulement le mercredi 19 au matin que Marc Cornet, prenant sans doute conscience de l'extrême gravité de la situation, donne le nom du fameux homme de main, dont il prétend qu'il est au centre de tout : il s'agit de Maxime Azoulay, 35 ans, dit « Max ».

Le juge Blondet lance un mandat d'arrêt contre lui. Max Azoulay est arrêté à Vénissieux dans la soirée du 19 octobre, au domicile d'une amie. Il a rasé sa moustache et est en possession d'une forte somme d'argent. Malgré quarante-huit heures de garde à vue et d'interrogatoires soutenus, il nie toute participation au crime, prétendant ne jamais avoir mis les pieds au Cydaris et ne connaître Marc Cornet que de loin. Le vendredi 21, les policiers le présentent devant le juge qui l'inculpe, à son tour, de séquestration arbitraire et de coups et blessures volontaires. Il est lui aussi incarcéré.

L'enquête est pourtant loin d'être achevée. Les hommes des commissaires André Minana et Georges Nicolaï vont se dévouer corps et âme pour tenter d'apporter une réponse, quelle qu'elle soit, aux malheureux parents de Pierre et Catherine. Ces derniers vivent un véritable cauchemar, partagés entre le faible espoir de revoir leurs enfants vivants et l'intuition de leur mort.

Les investigations menées dans le night-club ont permis de retrouver, outre les traces de sang, quatre douilles de calibre 22 long rifle, trois dans une poubelle et la dernière derrière le bar. Curieusement, on ne relève aucun impact de balle sur les murs. Marc Cornet a admis qu'il possédait une arme de ce calibre, d'ailleurs achetée en toute légalité (les revolvers 22 long rifle à un coup et à canon long étaient encore en vente libre) peu de temps après son agression par les trois inconnus. Il déclare qu'il est allé essayer son arme et qu'il a tout simplement rapporté les douilles avec lui.

Il me faut à présent parler plus en détail de ce type de revolver. Précisons tout d'abord qu'il n'a jamais été retrouvé et qu'il est sans doute parti au petit matin avec le passage de la voirie. Maria Pereira a indiqué qu'elle s'en était débarrassée dans la poubelle d'un immeuble voisin. En 1977, l'achat et la détention d'armes de poing étaient, comme aujourd'hui, soumis à réglementation ; aussi, certains fabricants, pour détourner la loi, utilisaient-ils un stratagème assez rusé. Les textes précisaient qu'une arme destinée à la vente libre ne devait pas être à répétition et que sa longueur totale devait être supérieure à vingt-cinq centimètres. Pour biaiser la loi, il suffisait donc de construire une arme de vingt-six centimètres et qu'on ne pouvait charger que d'une cartouche à la fois.

Le revolver acheté par Marc Cornet correspondait à ces critères, et son barillet était donc percé d'un seul trou. Pour charger l'arme, on faisait tourner le barillet d'un quart de tour sur la droite, on mettait la cartouche dans l'unique chambre et on ramenait le barillet d'un quart de tour à gauche ; il suffisait alors de relever le chien et l'on pouvait appuyer sur la détente. Cette explication technique, certes fastidieuse, est d'une importance capitale dans la version de Marc Cornet.

L'enquête se poursuit, pleine de rebondissements. Grâce à un numéro de téléphone noté sur un carnet, on découvre la relation « privilégiée » qu'entretenait un officier de police, Jean-Marie Albertini, avec Marc Cornet. Albertini passait souvent au Cydaris, avant même que Marc Cornet n'en devienne le gérant (c'est Andrée Maistre, maîtresse du commissaire Louis Tonnot, qui l'a précédé). Le policier a déjà été cité dans l'affaire du meurtre de René Vial (un proxénète international), à Meyzieu en 1974. On avait trouvé sur le cadavre un agenda sur lequel figurait le numéro de téléphone du fonctionnaire de police. Il fut d'ailleurs inculpé de complicité de proxénétisme le 1er décembre 1977.

Quelque temps auparavant, Marc Cornet avait lui aussi été inculpé pour proxénétisme, en raison de sa liaison avec Maria Pereira, prostituée occasionnelle sur le parking des usines Berliet, à Vénissieux. L'instruction rassemblera donc les deux hommes. Le juge Blondet tente d'envoyer le policier devant le tribunal correctionnel avec Marc Cornet et Max Azoulay, mais aussi trois personnages du milieu lyonnais : René Spennato, Louis Chapiron et Lionel Rouillé. Mais Albertini trouvera dans le procureur général Estrangin un défenseur efficace. Ce dernier, en étudiant le dossier, estime les charges insuffisantes pour justifier les poursuites et demande au juge Blondet de prononcer un non-lieu.

Or, décision exceptionnelle, le juge passe outre l'avis du procureur et confirme son ordonnance de renvoi devant la correctionnelle. Le procureur Estrangin fait appel de cette décision : ce sera donc la Chambre d'accusation qui prendra la décision finale. Le 3 octobre 1978, elle prononcera le non-lieu réclamé par l'avocat général Bonnefoy des Aulnaies et mettra fin, pour Jean-Marie Albertini, à cette affaire de proxénétisme. Bien entendu, les cinq autres resteront inculpés.

Mais revenons à la fin de l'année 1977. On n'a toujours pas retrouvé les corps des deux fiancés. À la demande du juge Blondet, près de deux cents pompiers, CRS et gendarmes mobiles ratissent les marais de Décines, de Vaulx-en-Velin, de Meyzieu, de Jonage ou de Jons... sans résultat. Cet échec ne décourage nullement les enquêteurs, qui poursuivent obstinément leurs investigations. Un nouvel épisode vient troubler le déroulement des opérations en juillet 1978 : lors d'un contrôle, la police arrête, à bord d'une voiture volée, le frère de Pierre Pirastu, Antonio, en compagnie d'un autre homme, Lionel Rouillé. Ils sont munis d'un pistolet, d'un rouleau de sparadrap et d'une matraque, autrement dit du parfait matériel pour un enlèvement. Comme le bruit court qu'Antonio Pirastu cherche à retrouver son frère et sa fiancée par ses propres moyens, on pense qu'ils envisagent de kidnapper un proche de Cornet ou d'Azoulay. Mais les deux hommes réfutent cette hypothèse ; ils seront finalement écroués à la prison Saint-Paul pour une affaire de vol sans grande importance, commis au mois d'avril. À la demande du juge, ils sont placés dans un secteur éloigné de celui où se trouvent Cornet et Azoulay, afin d'éviter tout accrochage.

Le mercredi 25 août 1978, vers 18 h 30, un jeune homme de dix-sept ans, en vacances chez son grand-père à La Boisse, dans l'Ain, se promène dans les bois. Il observe les beautés de la nature. Alors qu'il longe une ravine de la Dombe, au lieu-dit La Méandière, situé entre La Boisse et Montluel, à environ 250 mètres de la route nationale 84, il aperçoit une tache blanche qui ressemble à une pierre. Troublé par sa forme, il l'examine de près et réalise qu'il s'agit d'un os. Il retourne chez lui pour consulter un dictionnaire d'anatomie, puis revient discrètement sur les lieux et découvre d'autres ossements : le doute n'est plus permis, ce sont des ossements humains. Il rentre précipitamment afin de prévenir les siens qu'un squelette se trouve dans le bois du Carrier. Accompagné de sa mère, il va à la gendarmerie. Le commandant de la brigade de Montluel, l'adjudant-chef Ravoyard et le maire, M. Plantier, se déplacent sur les lieux, guidés par l'adolescent. Sur un replat de la pente boisée, ils déterrent de nombreux ossements, ainsi qu'un crâne. La première idée qui leur traverse l'esprit est que les os proviennent d'un cimetière désaffecté. Ils imaginent aussi qu'un désespéré a pu se suicider dans ce bois, ou qu'un clochard y a malencontreusement fini sa vie. Pas une seconde ils ne songent à Pierre et Catherine.

Un élément trouble cependant l'adjudant-chef Ravoyard : il lui a semblé reconnaître trois fémurs, qui ne peuvent donc provenir d'un seul squelette. Pour en avoir le cœur net, il mobilise ses hommes qui commencent une fouille détaillée du site. Comme la nuit tombe, ils allument des projecteurs ; après avoir dégagé le premier squelette, ils en trouvent un second à côté.

Dès le jeudi 26 août au matin, le Parquet de Bourg est alerté, ainsi que le SRPJ de Lyon. Le substitut Gauthier et le commissaire divisionnaire Mesini assistent aux fouilles qui continuent aux abords de la tombe improvisée. Les fonctionnaires de police découvrent dans les fourrés deux pochettes plastiques contenant les papiers, les bijoux et les vêtements de Pierre Pirastu et de Catherine Rousset. Le médecin légiste, le docteur J. David, constate que la mâchoire supérieure du squelette féminin est pourvue d'une dent en or, comme l'ont indiqué, lors de l'enquête, les parents de Catherine. Pour confirmer, s'il en était besoin, l'identité des victimes, on trouve également une housse provenant de la Simca 1100 et une serviette-éponge, toutes deux maculées de sang.

Compte tenu de l'état des dépouilles, l'autopsie est délicate. Elle établit néanmoins que les fiancés ont été achevés d'une balle de petit calibre dans la tempe gauche. Le coup a été tiré à bout portant car, dans les deux cas, la balle a traversé le crâne. Le médecin légiste constate que Pierre Pirastu a été émasculé, et les poils pubiens de Catherine arrachés. Les malheureux ont donc subi d'odieuses tortures avant d'être achevés, puis transportés dans les fourrés de La Boisse.

Dès le lendemain de la découverte des corps, les militaires du camp de La Valbonne, sous l'autorité du major Auroy, passent toute la zone de la Méandière au détecteur à métaux, afin de retrouver l'arme du crime. Des habitants du pays font remarquer aux enquêteurs que, pour venir jusqu'ici, il fallait bien connaître le secteur, et surtout les chemins, car la plupart étaient devenus impraticables depuis les inondations de l'été 1977.

Or le bruit court que Maxime Azoulay compte des relations proches dans la région ; il est ami avec André Roche, proxénète lyonnais, appréhendé à La Boisse en décembre 1977. Ce dernier se trouvait dans la maison d'une de ses protégées, située à quelques centaines de mètres de la carrière où furent découverts les corps. La coïncidence s'avère troublante... mais ne prouve rien.

Dès la fin août 1978, le juge Blondet transforme l'inculpation de séquestration arbitraire en assassinat. Marc Cornet et Max Azoulay deviennent, de ce fait, passibles de la peine de mort. Chacun est défendu par des avocats de grand renom : pour Cornet, Mes Thomassin et Piloix ; pour Azoulay, Mes Ambre et Claude. Trois mois auparavant, Marc Cornet s'est séparé de son premier défenseur, Me Muselli, car ils ne parvenaient pas à se mettre d'accord sur une tactique de défense.

Une longue audition a lieu le 1er septembre chez le juge Blondet, en présence des deux inculpés et de leurs avocats. Le juge tente, en vain, d'obtenir une explication rationnelle aux événements qui se sont déroulés dans la nuit du 14 au 15 octobre 1977. Max

Azoulay persiste à tout nier, y compris sa présence au Cydaris cette nuit-là ; quant à Marc Cornet, il fait des aveux partiels, identiques aux précédents, à quelques détails près. Cependant, il maintient qu'il a seulement assisté à la violente scène entre le gorille et les fiancés, sans y prendre part. Il réaffirme que lorsqu'il a quitté le Cydaris, un peu avant minuit, ces derniers étaient encore en vie, et il accuse à nouveau Azoulay du meurtre. Il ajoute pourtant – et il reviendra sur ce point par la suite – que, lorsqu'Azoulay a emmené les deux jeunes gens dans la Simca 1100 de Catherine, ils étaient encore vivants.

On le voit, les seuls éléments sérieux qui pèsent sur Azoulay sont les accusations de Marc Cornet. Ainsi, Mes Joannès Ambre et Georges Claude, ses défenseurs, annoncent qu'ils feront appel à l'opinion publique, par le truchement d'une conférence de presse, pour soutenir la cinquième demande de mise en liberté provisoire qu'ils vont déposer.

Celle-ci a lieu le 6 septembre 1978 et Me Ambre explique la position de son client aux journalistes. Max Azoulay n'a jamais mis les pieds au Cydaris, il n'est pas le truand dangereux que certains prétendent et n'a connu Marc Cornet qu'une quinzaine de jours avant le drame. Il n'a donc pas pu se rendre complice d'un acte aussi barbare. Il fait remarquer qu'aucun témoin n'a confirmé l'avoir vu au Cydaris avant cette nuit fatale, pas même Maria Pereira, l'amie de Cornet. Le pantalon qui trempait dans un seau lorsque les policiers l'ont arrêté n'a rien d'inhabituel, Azoulay ayant l'habitude de laver lui-même ses vêtements. Aucune preuve n'a été apportée qu'il possédait un terrain à La Boisse ou à Montluel, lieu de la découverte des corps, malgré les rumeurs qui ont couru. Enfin, Me Ambre fait état de l'instabilité et du peu de crédibilité de Marc Cornet, qui a déjà donné au moins deux versions différentes. Il évoque même sa « mythomanie », prétend qu'il est un désaxé et qu'il a, par le passé, eu plusieurs problèmes avec le milieu, ce qu'atteste une prostituée entendue lors de l'enquête.

Les rares éléments matériels retenus contre Max Azoulay étant écartés, Me Ambre réclame le bénéfice de la présomption d'innocence pour son client. Il conclut en martelant aux journalistes sa conviction que Marc Cornet a très bien pu agir seul, ou avec l'aide d'un complice qu'il se refuse à citer.

Les déclarations de Mes Ambre et Claude déclenchent une vive polémique avec les défenseurs de Marc Cornet et laissent augurer de l'âpreté des plaidoiries futures. À ce stade des débats, l'enquête piétine et l'on ne sait toujours pas si les deux fiancés ont été tués à l'intérieur du Cydaris ou plus tard, après avoir été emmenés dans la Simca 1100.

Dans les six mois qui suivent cette conférence, Me Ambre dépose encore trois demandes de mise en liberté provisoire pour Maxime Azoulay. Le juge Blondet les rejette en bloc. Pourtant, le 20 mars 1979, à la surprise générale, la huitième est acceptée par la Chambre de mise en accusation présidée par M. Souppe, assisté de l'avocat général Bourges. Toutefois, Max Azoulay ne sera pas libéré immédiatement car il est sous le coup d'une autre condamnation, prononcée en novembre 1978, et qui s'élève à deux ans et demi de prison pour proxénétisme.

Au printemps 1979, un nouveau juge, Mme Morin, est nommé à la place de M. Blondet. Le 14 mai 1979, Marc Cornet est à nouveau jugé en correctionnelle pour un vol commis en août 1977 au préjudice de son employeur, un garagiste, Jean Ferry. Au cours de cette audience, Cornet profère des injures à l'encontre du juge Blondet, le traitant de « pourri », ce qui lui vaudra une nouvelle inculpation pour outrage à magistrat. Pour ce vol, il est condamné à 14 mois de prison qui se confondront avec les autres peines.

Les interrogatoires et les confrontations se poursuivent. La tension est à son comble, les différents acteurs se donnant toutes sortes de noms d'oiseaux : « Salaud, pourriture, indic', profiteur, etc. » Mais rien ne ressort des débats... En dépit de son opiniâtreté, la juge ne parvient à reconstruire le déroulement logique des événements de la nuit du 14 octobre 1977.

Pressée par les défenseurs d'Azoulay d'abandonner les poursuites contre leur client, la juge Morin, constatant le manque de mobiles et de preuves matérielles, finit par rendre, le 28 juillet 1980, une ordonnance de non-lieu à son profit.

Cette décision ne clôt pourtant pas l'action contre Azoulay.

MM. Rousset et Pirastu, pères de Catherine et Pierre et partie civile dans ce dossier, font appel de cette ordonnance par l'intermédiaire de leurs avocats, Mes André Soulier et Dominique Bussy. Le 8 décembre 1980, cette démarche déclenche une réaction tout à fait inhabituelle de la Chambre d'accusation de Lyon. Alors qu'elle statue sur l'appel des parties civiles concernant le non-lieu dont a bénéficié Azoulay, elle décide d'ordonner la comparution devant eux de Marc Cornet. Celui-ci clame haut et fort qu'il a des révélations capitales à faire, et laisse entendre qu'il pourrait donner le nom d'un troisième participant aux meurtres. À la veille d'un procès d'assises et à une époque où, rappelons-le, la peine de mort est toujours en vigueur, Marc Cornet ne veut sans doute pas endosser seul la responsabilité d'une telle affaire.

La Chambre d'accusation ne veut négliger aucun élément et voit là un moyen supplémentaire d'approcher la vérité. Elle prend donc la décision exceptionnelle d'auditionner elle-même Marc Cornet. Le 23 décembre suivant, assisté de Mes Thomassin et Yanina Castelli, ce dernier comparaît devant la Cour d'appel de Lyon. Il révèle le nom de deux autres personnes, dont il prétend qu'elles ont activement participé aux meurtres. Mais, pas plus que pour Azoulay, il n'apporte d'éléments susceptibles de fournir à la justice des preuves matérielles et irréfutables.

La Chambre d'accusation ne peut, cependant, pas recevoir de telles informations sans les contrôler ; aussi nomme-t-elle un nouveau juge, M. Roux, pour mener l'enquête complémentaire afin de ne négliger aucun indice. Le juge Roux entend donc à nouveau, le 3 juillet 1981, Marc Cornet, qui lui donne deux noms : celui de sa propre compagne, Maria Martins-Pereira, et d'un homme jamais cité auparavant, Franco Gabriele, vaguement connu comme proxénète à Lyon.

Cornet accuse sans détour sa maîtresse d'avoir abattu Catherine Rousset et d'avoir largement pris part aux tortures, ceci pour une histoire de jalousie entre femmes. Quant à Franco Gabriele, il aurait exécuté Pierre Pirastu. Jusqu'à ce jour, Maria Pereira reconnaissait seulement avoir dissimulé l'arme du crime dans la poubelle d'un immeuble voisin, le lendemain du crime. Mais elle a toujours nié avoir été présente cette nuit-là. Elle affirme que Marc Cornet la met en cause par pure vengeance, car elle a cessé de le soutenir financièrement depuis quelques mois. Franco Gabriele, lui, était jusqu'ici censé accompagner Azoulay, qui passe donc du rôle d'acteur principal à celui de complice.

Le juge se réserve de convoquer Gabriele et souhaite d'abord organiser une nouvelle confrontation entre Marc Cornet et Max Azoulay. Elle a lieu dans son bureau le mardi 7 juillet 1981. Cornet affirme qu'Azoulay se trouvait bien au Cydaris la nuit des meurtres, mais qu'il ne l'a pas vu y participer directement. Azoulay, lui, ne modifie en rien ses précédentes déclarations et confirme qu'il n'était pas présent au Cydaris... en conséquence, il n'a rien vu ni entendu ! Me Ambre considère toujours Marc Cornet comme un affabulateur, qui tente de brouiller les pistes afin d'atténuer sa culpabilité.

Diverses confrontations ont lieu chez le juge Roux, qui rassemblent les divers protagonistes de ce roman noir. Les deux nouveaux mis en cause par Marc Cornet, Maria Pereira et Franco Gabriele, bénéficient d'un non-lieu, aucune preuve irréfutable n'ayant été retenue contre eux. Quant à Max Azoulay, la Chambre d'accusation finit, courant 1982, par confirmer le non-lieu prononcé par la juge Morin en juillet 1980. Ainsi, seul Marc Cornet sera envoyé devant les assises.

Trois juges d'instruction, M. Blondet, Mme Morin et M. Roux, se sont succédé dans cette longue quête de la vérité, et tous sont arrivés aux mêmes conclusions : Marc Cornet est coupable... mais est-il le seul coupable ? Question toujours sans réponse quand s'ouvre la session d'assises, le lundi 20 juin 1983.

À l'audience, Marc Cornet réitère ses aveux partiels : agacé par les jérémiades de Pierre Pirastu qui insistait pour recouvrer sa créance, Cornet aurait demandé à des relations, Max Azoulay et Franco Gabriele, de lui administrer une correction, qui hélas ! a mal tourné. Il affirme avoir dû quitter précipitamment le Cydaris vers minuit, alors que les fiancés étaient toujours vivants. En revenant vers 2 heures du matin, il les découvre morts et constate la présence de Max Azoulay, Franco Gabriele et Maria Pereira sur les lieux. Toujours selon lui, Maria lui avoue avoir tué Catherine Rousset, mais il s'agirait d'un accident ; elle cherchait à lui faire peur avec le fameux revolver 22 long rifle dont elle n'avait pas compris le fonctionnement, quand le coup est parti malencontreusement.

Maria Pereira, entendue comme témoin, car elle n'est plus inculpée depuis son non-lieu, nie en bloc. Le 22 juin, troisième jour du procès, est marqué par une scène poignante entre le père de Catherine Rousset et Marc Cornet. M. Rousset l'adjure de lui dire ce qu'il s'est passé cette nuit-là. Il l'interpelle en lui rappelant qu'il est revenu chez lui avec les ossements de sa fille dans un sac en plastique ! L'émotion envahit la salle. Lorsque Marc Cornet rétorque une nouvelle fois qu'il est innocent, la salle le hue et les injures fusent.

L'avocat général, M. Donadille, requiert contre lui la réclusion à perpétuité, invoquant le fait que seul Marc Cornet avait un mobile et que lui seul se trouvait de façon certaine sur les lieux du crime. En outre, Cornet a mal manœuvré en donnant plusieurs versions des faits. Son attitude arrogante et têtue déplaît au public et le dessert totalement.

Bien entendu, ses avocats plaident qu'il n'a pu agir seul, mais n'apportent aucun élément pour étayer leurs propos. Me Thomassin parlera longuement de Maria Pereira, de sa personnalité trouble, et surtout du rôle qu'elle a forcément joué, mais que l'on ne peut définir exactement.

Jeudi 23 juin 1983, six ans après les faits, les jurés de la Cour d'assises du Rhône condamnent Marc Cornet à vingt ans de réclusion criminelle. Ainsi se termine, aux yeux de la loi, une des affaires les plus mystérieuses de cette décennie à Lyon. Cependant, à la fin du procès, un malaise persiste. Seule certitude dans cette sinistre histoire : on ne saura jamais comment ni pourquoi, une nuit d'octobre 1977, sont morts les « Fiancés de Lyon ».

Seconde partie

Je souhaite à présent donner la parole à Marc Cornet, en reproduisant le plus fidèlement possible les propos qu'il m'a tenus lors de nos nombreuses rencontres.

« Avant d'entamer le récit de cette nuit, et pour une meilleure compréhension, je veux parler un peu de l'environnement qui était le mien à l'époque des faits.

Depuis deux mois environ, courant août 1977, j'avais pris le Cydaris en gérance. Il s'agit d'un night-club, plutôt classique, dans lequel on peut boire et danser, qui ouvre vers 15 heures l'après-midi et ferme à 2 heures du matin. C'est un endroit plutôt chic où l'on trouve une clientèle venant d'horizons divers. Il est vrai que, comme partout dans ce type d'établissement, on peut y rencontrer quelques marginaux. J'ai quelquefois vu au Cydaris deux ou trois proxénètes lyonnais.

C'est à travers ces relations, et avec mon accord, que ma compagne d'alors, Maria Martins-Pereira, a décidé de se prostituer. Ce qui a motivé cette décision, ce sont les problèmes d'argent que nous connaissions. J'étais resté un grand moment sans travailler et l'argent qui rentrait dans la caisse du Cydaris servait surtout à rembourser les traites du crédit que j'avais dû prendre. Elle en avait marre de tirer le diable par la queue et, comme elle est belle fille, il lui fut d'autant plus facile de franchir le pas au mois de septembre 1977. Bien que n'étant pas un naïf complet, je ne me suis jamais intéressé de près au monde de la prostitution ; j'ignorais donc comment m'y prendre sur le plan pratique et j'ai demandé à une connaissance, René Spennato, connu dans le monde des proxénètes de Lyon, de m'aider.

Il trouve à Maria une place sur le parking des usines Berliet à Vénissieux, et elle y travaillait donc au moment des faits. Pour l'emmener sur son lieu de travail, je demande à des amis de l'accompagner, ou à des taxis (dont un nommé Mario), afin que l'on ne me remarque pas, car je ne veux pas avoir d'ennuis avec la police des mœurs. Voilà mon environnement à quelques jours des faits : ma position sociale et financière n'est pas florissante, mais elle s'améliore régulièrement et je peux espérer un avenir meilleur.

Ce vendredi 14 octobre 1977, je me souviens avoir ouvert le Cydaris vers 15 h 30. J'étais très fatigué, car j'avais passé la nuit précédente avec une amie de rencontre, une relation d'un copain de Gerland, Jean-Louis F... Je n'avais pas fermé l'œil de la nuit. Rien de spécial ne s'est produit jusqu'à environ 21 h 30, heure à laquelle sont arrivés Pierre Pirastu et sa fiancée Catherine Rousset. Ils ont pris un verre, et Pierre (que l'on appelait familièrement "Pat") a demandé à me parler.

Je connaissais Pierre depuis quelques années, et nous sommes souvent sortis ensemble, comme la plupart des jeunes, dans les bals, les vogues[1]*, les*

---

1. Mot typiquement lyonnais désignant les fêtes foraines.

discothèques... on était une bonne équipe de copains. Et puis avec le temps, l'âge venant, certains ont pris des compagnes, ont eu des enfants et l'on s'est perdu de vue. Pierre était le seul avec qui je sois resté en relation.

Un incident que l'on avait vécu ensemble nous avait un temps rapprochés. Dans le courant de l'année 1974, on s'était disputé et battu avec des gens de la SNCF. Dans cette échauffourée, deux d'entre eux avaient été blessés, dont l'un sérieusement puisqu'il avait été hospitalisé et n'avait pu reprendre son travail avant deux semaines. Ils avaient porté plainte pour coups et blessures, et Pierre Pirastu et moi avions été condamnés en correctionnelle à verser 6 000 francs d'amende, et ce, de façon solidaire. Or à cette période, je n'avais pas de travail, j'étais insolvable... c'était la galère complète. J'ai donc dit à Pierre : "Écoute, Pat, pour le moment, je ne peux rien donner, de ton côté, fais ce que tu veux, mais si tu paies pour nous deux, je te promets que dès que j'aurai de l'argent, je te rembourserai ma part." »

Pierre est relancé plusieurs fois par la justice et, comme il craint que l'amende se transforme en contrainte par corps, il finit par la payer. Bien sûr, il m'a réclamé plusieurs fois ma part, mais je ne pouvais pas car ma situation n'évoluait pas dans le bon sens. Je vivais de petits boulots et de petites combines, et tout ça n'allait pas très loin. Jusqu'aux derniers mois précédant les faits, Pierre venait toujours me voir en copain et ne se montrait jamais agressif. Mais voilà, Catherine, arrivée récemment dans sa vie, le tarabustait sans arrêt pour qu'il me réclame cet argent. Pat avait changé.

D'ailleurs, je m'étais déjà accroché avec elle une fois, dans un bar (chez Francky) et je lui avais dit de s'occuper de ses affaires ; Pat et moi étions assez grands pour régler nos problèmes. Je me souviens que cette scène s'est déroulée devant plusieurs témoins. Lors de cette dispute, j'ai dû la menacer de lui donner une gifle pour la faire taire et, en quittant le bar, elle s'est retournée et m'a traité de "sale petit con".

Ce vendredi soir, il y a du monde au Cydaris, lorsqu'ils arrivent à 21 h 30. Comme Pierre commence à me parler de cet argent que je lui dois encore (je précise que je lui avais déjà remboursé 1 000 francs dans les jours précédents) et que je ne veux pas que des clients puissent l'entendre, je lui demande de s'en aller et de revenir vers 23 h 30, car je sais que l'on sera tranquille pour discuter. Ils sont d'accord et repartent en promettant de revenir plus tard.

La soirée se poursuit, et vers les 23 heures arrive un ami, André Roche. Il veut me parler en privé et me dit : "Marco, j'ai besoin de toi ce soir, car je devais faire un boulot avec un autre gars et il n'est pas venu. Je t'explique et tu me diras si tu es d'accord : un de mes amis a monté à Villeurbanne une partie de poker avec de gros joueurs, et on s'est mis d'accord avec lui pour leur prendre leur fric. Il suffira que l'on sonne à la porte de l'appartement, il nous ouvrira et on braquera la table. On n'aura qu'à ramasser l'argent et se tirer, tout ça avec des risques minimes car il y a fort peu de chances pour qu'ils aillent porter plainte, les parties de poker clandestines étant interdites."»

L'idée me plaît bien : l'opération est facile et j'ai besoin d'argent. J'accepte et je fais le point avec Dédé sur le matériel dont nous avons besoin : une arme chacun, des gants et une cagoule feront l'affaire. On a déjà tout ça chez nous, on se donne rendez-vous à minuit, dans un bar de l'avenue de Saxe, pas loin de chez moi.

À 23 h 30, Pierre et Catherine sont de retour. Je leur offre un verre pour les faire patienter car il y a encore du monde, notamment Mario, le chauffeur de taxi, avec quelques amis. Il y a aussi un nouvel ami à moi, Maxime Azoulay, qui est venu avec un nommé François Gabriele, appelé le plus souvent Franco ; ils consomment pas mal de whisky. Ils vont jouer tous deux un rôle primordial dans ce qui va suivre et l'abus d'alcool ne sera sûrement pas étranger à leur comportement de folie. Je dois dire que, ce soir-là, j'ai demandé à Max Azoulay d'être présent car une ou deux semaines auparavant j'ai été agressé par trois hommes, et sa présence me rassure.

Dédé Roche m'a promis que l'opération ne durerait pas plus d'une heure et, comme je compte bien ramener l'argent qui me permettra de rembourser Pierre, je lui dis que je fais une course et que je reviens rapidement. À 23 h 50, je quitte le Cydaris pour rejoindre Dédé Roche et je pars à pied par l'avenue de Saxe. À minuit, j'arrive à ce bar ; je me souviens qu'il était sur le point de fermer, car le patron montait les chaises sur les tables. Dédé arrive dans une Mercedes blanche, je monte avec lui, nous passons chez moi prendre le matériel et nous partons.

Arrivés sur place, un immeuble situé au début du cours Tolstoï, sur le côté gauche, nous montons au deuxième étage. Dédé sonne, la porte s'ouvre et on braque tout le monde, y compris celui qui est en cheville avec nous, pour donner le change. On rafle tout ce qui traîne, tant sur la table que dans les portefeuilles, et on s'en va en refermant derrière nous. L'opération est plutôt bonne et l'on dispose de près de 200 000 francs. En partant, on est d'abord passé à la Croix-Rousse, dans un bar, chez un certain Tony, qui était, paraît-il, un ami d'André Ben Arrab. Après deux ou trois verres, Dédé m'a demandé ce que je voulais faire.

Comme on avait été plus long que prévu, il était 1 h 45, j'ai pensé que le temps qu'on revienne au Cydaris, tout le monde serait parti et que ma compagne Maria aurait fermé. Je lui ai donc demandé de me ramener directement chez moi, rue Chaponnay. On y est arrivé à 2 heures, Dédé est tout de suite reparti, je suis monté à l'appartement et j'ai appelé Maria, pensant qu'elle était déjà rentrée. J'ai vite compris qu'elle n'était pas là et je me suis un peu inquiété. J'ai alors décidé de retourner au Cydaris tranquillement, à pied, pensant la rencontrer sur le chemin.

À 2 h 15, j'arrive à la boîte, et je vois, tout au fond (il faut savoir que le Cydaris était composé de deux pièces en enfilade séparées par une ouverture en arche, et que le bar était à gauche en entrant), Maria assise sur un fauteuil blanc. Je passe derrière le bar, je me sers un whisky tout en pensant au coup que l'on venait de faire avec Dédé. Pendant que je sirote mon verre, Maria se lève et s'avance vers moi, les bras croisés et le visage blême. D'une petite voix, elle me dit : "Ils sont morts."»

Je devine à son air catastrophé qu'il ne s'agit pas de paroles en l'air et l'angoisse me prend car je crois comprendre. Le ciel m'est tombé sur la tête, et j'essaie de réfléchir très vite... J'ai vu, quand je suis parti vers minuit, que l'ambiance était tendue entre Max Azoulay et Pierre Pirastu, et que Catherine prenait part à la conversation pour soutenir son fiancé. J'ai également remarqué que Max et son ami Franco avaient beaucoup bu et qu'ils semblaient très excités. Je comprends à demi-mot la situation, et je demande à Maria où sont les corps.

Elle me désigne le fond de la salle sans dire un mot. J'y vais. Je vois tout de suite, à l'entrée de la seconde pièce, le corps de Catherine, nu et ensanglanté, et un peu plus loin, devant l'entrée des toilettes, celui de Pierre, également nu et couvert de sang. Je remarque que Pierre a les mains attachées dans le dos et je mesure l'horreur de la situation en me rendant compte qu'il a été émasculé. Je me tourne vers Maria et lui demande simplement : "Qui ?" Elle répond, sans plus de commentaire : "Franco."»

Je reste abasourdi, ne sachant que dire ni que faire, quand la porte du fond (la sortie de secours du Cydaris, qui donne dans l'impasse Molière) s'ouvre : je vois d'abord apparaître Azoulay, puis Gabriele, qui étaient allés chercher la Simca 1100 de Catherine, pour la garer dans l'impasse, de façon à ne pas être repérés au moment de charger les corps. Azoulay passe derrière le bar et me demande de le rejoindre. J'en profite pour reprendre deux grands verres de whisky, parce que j'ai la nausée, mais j'ai l'impression de boire de l'eau tellement je suis anxieux, et je n'obtiens pas l'effet escompté... Les choses se sont bien passées ainsi et je ne vais pas me réveiller d'un cauchemar!

Franco Gabriele, lui, est installé sur un coin du bar et il regarde les papiers des fiancés. Azoulay me dit: "Marco, ne t'inquiète pas, on va s'occuper de tout, il suffira que tu nettoies bien les traces de sang." Il me pose des questions, me demandant depuis combien de temps je connaissais Pierre Pirastu, s'il était un bon copain pour moi, et si je pensais que la police, compte tenu de mes relations avec lui, risquait de venir m'interroger sur sa disparition. Je lui réponds que oui, car sa famille savait très bien qu'il me voyait et nos relations communes connaissaient cette histoire d'argent entre nous.

Il commence donc à me donner des conseils et me demande d'ouvrir le lendemain, à la même heure que les autres jours, et surtout de ne changer aucune de mes habitudes. Je dois dire que dans ces moments, j'ai bien cru, ne serait-ce qu'à la façon dont Franco me regardait, qu'ils allaient nous éliminer aussi, Maria et moi, pour ne pas laisser de témoins derrière eux. D'ailleurs, quelque temps plus tard, alors que je me trouvais dans un fourgon cellulaire avec Max Azoulay, ce dernier m'a avoué que Franco voulait me tuer aussi, et que c'est lui qui l'en a empêché. Je savais déjà, à ce moment-là, que Maria était aussi occasionnellement la maîtresse de Franco et que son côté "dur" lui plaisait beaucoup.

En attendant, Max me dit qu'il faut tout nettoyer de façon à ce qu'il ne reste pas la moindre trace. Après discussion, on décide que Franco et Maria emmèneront les corps, pendant qu'Azoulay et moi procéderons au nettoyage. Gabriele et Azoulay se sont chargés de mettre les corps dans la voiture et je fais le guet devant la sortie de secours. Le corps de Pat est placé en premier sur la banquette arrière, et celui de Catherine dans le coffre. Franco prend le volant avec Maria à ses côtés. Pendant leur absence, Azoulay et moi nettoyons méticuleusement la moquette avec du détergent. Ensuite, on dispose les fauteuils-poufs pour camoufler les taches qui pourraient rester. De cette façon, on ne voit plus rien de ce qu'il s'est passé... du moins en apparence!

Puis, Azoulay me ramène à l'appartement vers environ 3 heures. Il repart aussitôt en me recommandant une nouvelle fois de ne rien dire à personne, et je commence à attendre Maria. Je suis dans un état de fébrilité extrême et je n'arrive pas à penser de façon rationnelle, d'autant plus que c'est ma seconde nuit blanche d'affilée. L'angoisse me tord le ventre... Je descends trois fois dans la rue pour guetter Maria, tout en me cachant, par crainte qu'une patrouille de police ne me remarque à cette heure tardive. Lorsque je remonte la troisième fois, vers 5 h 30, elle est là. J'avais la tête tellement prise par ce qui venait d'arriver que je ne l'avais pas vue entrer. Bouleversé et sous tension, je lui donne même une gifle, ce qui n'est pas dans mes habitudes.

Je lui demande où ils étaient et elle me répond qu'ils sont allés à la campagne, du côté de l'Ain. Son jean est maculé de sang ; je lui conseille d'ôter immédiatement ses vêtements et ses chaussures, et de se laver minutieusement, ongles et cheveux compris, afin qu'il ne reste aucune trace sur elle. J'entasse ses vêtements dans un grand sac pour aller les jeter. Alors qu'elle est dans son bain, je lui redemande ce qu'il s'est passé, parce que cette tragédie me paraît invraisemblable, et que j'ai besoin de comprendre.

Maria me raconte que la dispute a commencé entre Franco et Pierre, tous deux excités par l'alcool. Catherine a voulu s'en mêler et les choses ont commencé à dégénérer : des insultes et des coups ont été échangés. Azoulay s'en est bien sûr mêlé, et Maria, jalouse de Catherine car elle pensait que, quelque temps auparavant, elle avait eu des relations avec moi, s'y est mise. La suite fut le produit d'une véritable folie collective... une fuite en avant dans la démence aveugle.

Elle me raconte avoir tué Catherine, mais sans le vouloir, car elle ne connaissait pas le maniement du revolver. Ce type d'arme ne comportant pas de cran de sûreté, le barillet bascule librement de gauche à droite, et inversement. Elle ignorait que l'arme était chargée ; elle a voulu impressionner Catherine qui, d'après elle, l'avait insultée, en pointant le revolver vers son visage. Sans imaginer les conséquences de son geste, elle déclare avoir relevé le chien, ce qui a eu pour effet de positionner la balle en face du canon ; puis elle a appuyé sur la gâchette. Catherine a reçu la balle en pleine tête et est morte sur le coup. Gabriele reprend l'arme des mains de Maria, remet une cartouche et tire à bout portant sur Pierre, qui est déjà presque dans le coma après les mauvais traitements qu'il a subis. D'après Maria donc, Pierre a été tué simplement pour éviter qu'il témoigne un jour du meurtre de Catherine. Maria précise enfin qu'elle a jeté le revolver dans la poubelle d'un immeuble voisin.

À ce moment de son récit, la nausée et le remords m'envahissent : je songe que si j'étais resté, j'aurais pu éviter une telle absurdité. Ce sont plusieurs vies qui basculent dans le vide... pour rien ! Ou, en réalité, pour quelques mauvaises paroles prononcées sous l'effet de l'alcool... Je ne saurai jamais quelles ont été les vraies raisons de cette dispute, car Maria ne m'a jamais fourni d'explication claire, ni dit comment tout cela avait commencé... J'ai essayé de la questionner davantage, en vain. J'ai la tête vide, la fatigue m'envahit, et je tente de dormir un peu, mais je ne peux trouver le sommeil que par intermittence.

Vers 15 h 30, le samedi 15 octobre 1977, j'ouvre le Cydaris avec Maria. Un peu plus tard arrive un homme connu dans le quartier ; il s'agit d'Angelo Stasi, propriétaire de la boîte Le Romain, sur les quais de Saône. Nous avons un ami commun, Roland Giglio, que l'on surnomme "Tchicouette". Angelo commande une boisson et me fait savoir qu'il souhaite me parler. Je m'approche de lui ; il m'annonce alors qu'il est un ami proche de la mère de Catherine Rousset, et que l'on vient de retrouver la voiture de Catherine pleine de taches de sang. On sait qu'ils devaient passer au Cydaris la veille au soir.

Il me demande donc si je les ai vus et si je sais quelque chose car il voudrait avoir la solution avant la police. J'hésite à lui parler, bien que j'aie confiance en cet homme. Le poids de ce qu'il s'est passé la nuit précédente est lourd à porter pour moi tout seul. Mais j'ignore encore ce qui m'attend et je pense que j'ai du temps pour en discuter avec lui, car je suis exténué et veux attendre d'être en meilleure condition pour avoir l'esprit plus clair. Je lui dis donc que j'ai bien vu les fiancés à 21 h 30, mais qu'ils sont repartis et ne sont pas réapparus par la suite. Comme j'avais une course à faire, Angelo m'a emmené chez moi dans sa Citroën GS de couleur crème, puis m'a ramené au night-club juste après. Il est ensuite reparti et je ne l'ai pas revu.

En fin d'après-midi, autour de 19 h 30, Maria jette un œil à l'extérieur et me dit : "Marco, il y a des flics dehors." Je lui demande de continuer à faire normalement son boulot, et de leur ouvrir s'ils sonnent. Quelques minutes après, ils sonnent effectivement ; Maria leur ouvre et ils se précipitent sur moi. L'un me braque un revolver sous le cou, un autre dans les reins, et ils me plaquent contre un mur, en criant : "Donne-nous tout de suite tes papiers." Pendant que d'autres policiers contrôlent l'identité des clients présents et les font évacuer au fur et à mesure, ils me bombardent de questions, fouillent rapidement, récupèrent les quelques documents administratifs qui concernent le Cydaris, et nous embarquent finalement au commissariat de la rue Vauban.

Alors commence un interrogatoire serré... Pour une bonne compréhension, il me faut préciser que, le matin même, pendant que Maria prenait son bain, je lui ai indiqué la marche à suivre en cas d'arrestation. Je lui ai conseillé de bien dire que nous étions rentrés ensemble du Cydaris et qu'il ne s'y était rien passé de spécial. Au cas où les choses tourneraient mal, elle doit déclarer avoir quitté seule le Cydaris vers minuit, en me laissant sur place et, bien sûr, en n'ayant rien vu. Pour la tranquilliser, je lui assure que, dans le cas où la police s'acharnerait sur elle, je trouverais un moyen pour détourner l'attention sur moi. Tout cela fonctionne assez bien puisqu'elle est relâchée au bout de vingt-quatre heures de garde à vue...

mais pour peu de temps, car une seconde perquisition permettra de retrouver des traces de sang, et elle sera à nouveau arrêtée une dizaine d'heures plus tard.

En fait, avec ces premiers mensonges, je m'enferre complètement... Comme, dans ma tête, je suis innocent des meurtres, je me persuade que de toute façon, à un moment ou à un autre, la vérité éclatera. Il me semble en effet inouï que, dans une affaire aussi grave, les choses ne soient pas rapidement éclaircies... et je m'imagine rapidement lavé de l'accusation la plus lourde, celle des crimes. Curieusement, et même si je vis un peu en marge des lois, j'ai confiance en la justice, et je ne pense pas qu'elle puisse se tromper. Certes, je ne suis pas innocent de tout, puisque j'ai aidé à faire disparaître les corps et à effacer les traces, mais ces actions me paraissent secondaires.

Ma naïveté me perdra définitivement car, à cause de mes premiers mensonges, la police, puis le juge d'instruction me verront comme un coupable et un dissimulateur. Ils garderont cette impression tout au long de l'enquête, et leurs efforts tendront vers un seul but : prouver ma culpabilité. Je suis convaincu qu'à cause de leur opinion première, ils négligeront des indices, des témoignages, ou du moins qu'ils ne leur accorderont pas l'importance méritée.

Mon interrogatoire sera sans pitié. Placé au centre d'une très grande pièce, je suis entouré de plusieurs inspecteurs, dont deux femmes. J'ai les mains menottées dans le dos et, pour m'humilier et mieux me faire craquer, on m'oblige à rester debout, en slip, et on se moque de moi. Pas rasé, après trois jours sans dormir ni manger, je dois offrir une image pitoyable ! Une des femmes policiers a alors l'idée de faire entrer Maria (elle se trouve dans un bureau à côté) pour la faire profiter de ce spectacle désolant. En me voyant, ma compagne fond en larmes et l'inspectrice lui lance : "Mais comment tu peux faire pour coucher avec un type pareil, il faut vraiment que tu aies de drôles de goûts !" Après une série de railleries du même acabit, elle ramène Maria effondrée dans l'autre pièce. Nous sommes en garde à vue depuis près de trente-six heures et nos nerfs sont à vif.

On me laisse m'asseoir, et les flics présents sortent les uns après les autres. Je sens qu'ils vont s'acharner sur Maria, car ils la sentent plus faible. Avec moi, il ne reste qu'un inspecteur, qui vient s'asseoir à mes côtés ; il va jouer le rôle du flic compréhensif et essayer de me confesser. "Tu sais, me dit-il, nous, on ne croit pas que tu sois coupable, mais on ne peut pas gober que tu ignores ce qu'il s'est passé chez toi. On veut bien croire une partie de ton histoire, mais on est persuadés que tu n'as pas pu faire ça tout seul et que tu en sais beaucoup plus ; c'est ce qu'on veut que tu nous dises."

Alors, pour dégager Maria, je lui réponds : "Oui, c'est vrai, ma femme est rentrée avant moi, seule, et elle n'y est pour rien. Elle a quitté le Cydaris vers minuit, et moi je suis parti aux environs de 0 h 45." Il me demande alors si je suis d'accord pour redire tout ça devant son chef, j'accepte. Il va rapidement chercher le commissaire, l'un se met à la machine à écrire et commence à taper ma déposition, pendant que l'autre pose les questions. Très rapidement, tous les policiers rappliquent pour savoir, et laissent ainsi Maria tranquille.

Je leur raconte la soirée en précisant qu'après avoir fait un peu de ménage et rangé le bar, j'ai quitté le Cydaris. Je leur affirme que la dernière fois que j'ai vu les deux fiancés, ils étaient toujours vivants. Malheureusement pour moi, je ne peux leur donner mon emploi du temps à partir de minuit, car cela m'obligerait à impliquer mon ami Dédé Roche, et je ne veux pas qu'il ait des ennuis par ma faute. C'est pourquoi je déclare être rentré directement chez moi, et à pied. Cette fidélité nuira à ma défense, car lorsque Dédé, par la suite, m'autorisera à révéler le coup de la partie de poker, il sera trop tard pour être crédible. Mais ce sont des règles établies entre nous et il est normal que je les aie respectées.

Maria, dans sa déposition, dira que je lui ai demandé, le samedi dans la matinée, de se débarrasser du revolver en le jetant dans une poubelle, quelques immeubles plus loin. Mais en dépit de cela, elle s'en tiendra toujours à la seconde version que je lui avais donnée... Elle est rentrée seule vers minuit et ne savait rien, point final!

Le lundi en fin d'après-midi, la police nous emmène au palais de justice et nous présente au juge Blondet. D'un abord plutôt sympathique, il est jeune, environ trente ans, de taille moyenne, mince et un peu dégarni... Je lui trouve cependant une expression indéfinissable. Dans son regard flotte une expression mi-sérieuse, mi-rieuse, qui ressemble fort à de la moquerie. Visiblement, le courant ne passera pas entre nous.

L'interrogatoire est bref; après les questions de routine sur mon identité, il ne m'interroge qu'une fois sur l'affaire proprement dite: "Maintenez-vous les dernières déclarations que vous avez faites à la police?" Maria et moi-même acquiesçons, et le juge nous signifie notre inculpation pour enlèvement et séquestration de personnes. Nous sommes alors transférés, moi à la prison Saint-Paul et elle, à Montluc.

On me place en quartier de haute sécurité (QHS): je suis donc seul dans ma cellule, et on me donne le strict minimum pour vivre. Il m'est interdit de communiquer avec qui que ce soit et les parloirs avec ma famille sont prohibés. Ce séjour en QHS, qui deviendra très vite un enfer, se prolongera jusqu'au procès, soit six ans.

Le juge Blondet me convoque rapidement et, comprenant la gravité des faits, j'évoque Maxime Azoulay et déclare que j'ai quitté le Cydaris vers minuit, laissant Azoulay en compagnie des deux fiancés. Je précise que je l'ai vu les ligoter sur la banquette et leur mettre du sparadrap sur la bouche pour étouffer leurs cris. Je ne dis pas, à ce moment-là, que je les ai vus morts, ni que je suis revenu au Cydaris dans la nuit. Azoulay est arrêté le mercredi 19 octobre, soit quatre jours après les faits. Il nie tout en bloc, y compris qu'il me connaît, alors que de nombreuses personnes l'ont aperçu avec moi. En guise d'alibi, il prétend avoir regardé un film à la télévision dans la soirée du 14 au 15 octobre. Les enquêteurs lui demandent de quel film il s'agit et Azoulay leur donne un titre. Ils vérifient et constatent que ce film a été diffusé quelques jours plus tôt... Son alibi ne tient plus !

Le juge me confronte à Azoulay ; comme je ne veux pas porter seul le chapeau d'une affaire aussi grave et, il faut bien le dire, aussi moche, je maintiens mes accusations contre lui, d'autant plus que je ne me sens aucunement solidaire de ses actes. Pour moi, ces meurtres ont été gratuits et j'estime qu'Azoulay n'a maintenant qu'à assumer ses débordements. Je n'ai pas encore, à ce stade de l'instruction, parlé de François Gabriele et ce, pour des raisons qui me sont personnelles. Au cours d'une des nombreuses auditions chez le juge, je modifierai ma version et dirai que je suis revenu au Cydaris vers 2 heures du matin, que j'ai vu Azoulay charger les fiancés dans la Simca 1100 de Catherine, mais que, malgré de sérieuses blessures, ils étaient encore en vie. Il est vrai que si j'avais dit la vérité dès le début, les choses se seraient mieux passées pour moi, mais je me suis enlisé dans mes mensonges... ce qui a causé ma perte.

Rien de spécial ne se produisit jusqu'à la découverte des corps, à La Boisse, le 25 août 1978. Je fus alors inculpé, en même temps qu'Azoulay, d'assassinat, ce qui pouvait nous valoir la peine de mort. Le temps passe, et je réalise que je risque d'être le seul à me retrouver devant la Cour d'assises, accusé de ces deux meurtres. Un nouveau juge, Mme Morin, est nommé au printemps 1979, à la place du juge Blondet. Elle prononce un non-lieu au profit de Max Azoulay le 28 juillet 1980. Comme les parties civiles ont fait appel, la Chambre d'accusation, qui statue sur le bien-fondé de ce non-lieu, accepte de m'entendre en comparution personnelle. Cette démarche prouve que la Justice ne doit pas être bien sûre d'elle et qu'elle craint de commettre une erreur judiciaire.

Le 23 décembre 1980, je comparais devant la Cour d'assises. Je révèle ce que j'aurais dû dire dès le début : la participation active de Maria Pereira et de François Gabriele aux meurtres. La Chambre d'accusation ordonne alors un complément d'enquête et en charge le juge Roux. Il fait rechercher Gabriele, le fait arrêter et l'interroge, ainsi que Maria Pereira. Mais il ne peut, trois ans après les faits, retrouver aucun indice matériel ni aucune preuve flagrante les accusant, et rend alors une ordonnance de non-lieu. La Chambre d'accusation confirmera, dans le courant du premier semestre 1982, le non-lieu qu'avait prononcé la juge Morin en faveur de Max Azoulay.

Ainsi je reste le seul inculpé et, en octobre 1982, on me signifie mon renvoi devant la Cour d'assises du Rhône. Entre-temps, la peine de mort a été abolie (suite à l'élection de François Mitterrand) et la sanction maximale que j'encours désormais est la réclusion à perpétuité. Mais je garde encore espoir que la vérité jaillisse.

Hélas ! cela ne se produira pas. Le 23 juin 1983, bien que mes avocats aient démontré que je n'avais pu agir seul, je fus condamné à vingt ans de réclusion criminelle. Je ne m'étendrai pas sur le déroulement du procès, qui a déjà été raconté. J'ai en fait été incarcéré quatorze années, dont six en QHS, ce qui m'a affecté physiquement et moralement pour le restant de mes jours.

Si j'ai accepté de parler aujourd'hui, c'est parce que je suis innocent. Certes, je ne suis pas blanc comme l'agneau... mais je n'ai pas tué ! Ce livre me donne l'occasion de m'exprimer et je tenais à le faire, ne serait-ce que pour ma fille, qui aura cinq ans quand il paraîtra.

Je tiens à mettre en évidence les éléments qui me sont favorables, souvent occultés ou traités avec indifférence. J'ai souvent été dépassé par les événements et je suis loin d'avoir tout compris. L'aspect très médiatique de cette affaire a contribué à fausser le débat. Le juge Blondet, qui a tenu le premier rôle en tant que magistrat instructeur, m'a tout de suite pris en grippe. J'ai eu l'impression qu'il a fini par en faire une affaire personnelle et qu'il voulait à tout prix que je sois coupable.

Et pourtant, en examinant les détails, on s'aperçoit qu'il n'y a contre moi aucun témoin, aucune preuve matérielle accablante, ni aucun mobile. En effet, comment peut-on raisonnablement penser que, si j'avais eu l'intention de tuer les fiancés, je leur aurais demandé de venir chez moi ? C'était la meilleure façon d'être découvert, et même si je ne suis pas un intellectuel, je ne suis quand même pas idiot au point de ne pas l'avoir compris ! Quant à cette histoire de dette vis-à-vis de Pat Pirastu, je me demande comment on peut imaginer que j'aurais tué deux personnes pour 2 000 francs... Non, ce mobile ne tient pas. Certaines personnes, avocats ou policiers, ont avancé l'idée que je cherchais à mettre Catherine en condition pour la pousser à se prostituer... Je puis affirmer que cette idée est totalement fausse et qu'il n'a jamais été question de cela.

Je tiens à le redire haut et fort : aujourd'hui, j'ignore toujours pour quelle raison Pierre et Catherine ont été tués. Ce que je crois et que j'ai déjà dit, c'est que ce crime ne fut pas prémédité, et que seules les circonstances ont déclenché cette tragédie... Ce fut une suite d'incompréhensions qui aboutit à cette démence meurtrière.

Azoulay n'aurait jamais pu bénéficier d'un non-lieu, s'il n'avait eu un défenseur tel que Me Joannès Ambre. Celui-ci possédait un talent incontestable, et il a utilisé la pression des médias et les subtilités de la loi. Azoulay n'a jamais pu fournir d'alibi, mais son avocat a su faire jouer la présomption d'innocence. Pour répondre à mes accusations contre lui, Me Ambre me traitera d'affabulateur, de mythomane ! Mais quelle raison aurais-je eu d'accuser un homme sans motif ? Il ne répondra pas à cela, préférant ignorer cette question. Lorsqu'André Roche viendra dire que j'étais bien avec lui, entre minuit et 2 heures du matin, dans la nuit du vendredi 14 octobre, le juge Blondet prendra sa déposition avec ironie, sous-entendant qu'il s'agissait d'un alibi arrangé. Tous les arguments qui auraient pu plaider en ma faveur ont été occultés... J'étais le coupable idéal et la situation arrangeait tout le monde !

Après ma libération, en 1991, j'ai vécu quelques années à Paris, avant de revenir à Lyon (j'y ai été interdit de séjour pendant cinq ans). J'ai repris le métier de plombier que j'avais appris en maison de correction, à Sacuny, où j'avais séjourné entre l'âge de treize et dix-huit ans. J'essaie d'en vivre le mieux possible, avec ma femme et ma petite fille.

Alors que je m'étais juré d'entamer des recherches pour retrouver des témoins ou des preuves de mon innocence, je m'aperçois qu'avec le temps, la lassitude et la fatigue ont fait leur œuvre. Je ne suis même pas retourné sur les lieux... et pourtant, depuis cette fameuse nuit d'octobre 1977, cette histoire me hante encore. Si les familles de Pierre et Catherine me lisent, qu'elles sachent que, bien que je ne sois pas mort, comme leurs enfants, une méchante bête est tapie quelque part au fond de moi, que je ne peux chasser et qui me ronge un peu plus chaque jour... Cela s'appelle le remords, et il m'accompagnera jusqu'au bout de ma vie !»

Je reprends la parole à Marc Cornet pour donner mon opinion. À l'époque des faits, j'étais très pris par mon travail et je n'avais suivi l'affaire que de loin. J'y ai porté un regard neuf au moment de rédiger ces pages. Certes, je ne prétends pas détenir la vérité, mais je crois l'avoir approchée. J'ai passé plus de trente heures à discuter avec Marc Cornet, à enregistrer nos conversations, à lui poser des questions, à faire appel à ses souvenirs, mais aussi à sa conscience. J'ai recoupé ses dires avec d'autres sources.

J'ai écouté Marc Cornet, sincère et émouvant, me raconter son enfance : les « maisons de la ville » à Gerland, ses sept frères et sœurs, son passage de cinq ans en maison de correction... Une vie écrasée de misère, exempte de toute chaleur humaine, terreau idéal de tous les débordements. Cet homme qui a repris, depuis sa libération, une vie normale est de toute évidence rongé par le remords. Je crois à sa version des faits : quel serait son intérêt de falsifier la vérité, sachant qu'on ne peut en aucun cas rouvrir un procès d'assises ?

Si l'on n'a jamais pu trouver de mobile sérieux impliquant Marc Cornet, c'est peut-être tout simplement parce qu'il n'en existait pas...

Seul un homme semble avoir, sur le moment, compris la triste banalité de l'affaire ; il était journaliste au *Progrès de Lyon* et se nommait Marcel Legendre. Dès le mardi 18 octobre 1977, il écrivait dans l'un de ses articles : « Une dispute tragique, une querelle après boire, une mauvaise rencontre... » C'est précisément l'avis que je me suis forgé au cours de mes recherches, et c'est ma conclusion.

Bibliographie

Je ne me tairai jamais, de Joannès Ambre
Piège pour un flic, de Charles Javilliey
Piège pour un Gône, de Jean-René Groison
Lyon criminel, de Jean Seveyrat
Les Derniers Seigneurs de la pègre, de Le Taillanter
M... comme Milieu, de James Sarrazin
J... comme Justice, de Philippe Madelin
P... comme Police, d'Alain Hammon
B... comme Barbouzes, de Patrice Chairoff
Le Nouveau Milieu, de Franck Renaud
Enquête sur un juge assassiné, de Jacques Derogy
C... comme Combines, de N. Fournier et E. Legrand
A... comme Armes, d'Éric Gerdan
Le Shérif, de Jean Labrunie
Ennemis publics, d'Honoré Gévaudan
Flic de conviction, de Charles Pellegrini
Lyon, le sang et l'argent, de Pierre Mérindol
Lyon, le sang et l'encre, de Pierre Mérindol
Notre-Dame des Esclandres, de Marc Kunstlé et J.-C. Lamy

Tous les quotidiens ou périodiques des époques concernées : *Historia*, *L'Express*, *Paris-Match*, *Détective*, *Minute*, *Le Progrès de Lyon*, *Le Monde*, *Le Figaro*, *L'Humanité*, *Lyon-Matin*, *Lyon Libération*, ainsi que les signataires des articles concernés : Pierre Mérindol, Marcel Legendre, Robert Weil, Yves Allègre, François Cohendy, Roger Ranc, E.-G. Desprat, Charles Blanchard, François Caviglioli, Guy Dimeglio, Yves Leridon, René Raffin, Gérard Schmitt, Edmond Tramonay, Jean-Pierre Guillot, Éliane Begue, Jacques Maigne, Brigitte Kantor, Agnès Quenard, Christian Lionet...

Remerciements

Je tiens à remercier tout particulièrement les personnes qui ont bien voulu me faire confiance et me consacrer une partie de leur temps... de nombreuses heures pour certains. Comme elles viennent d'horizons divers, et pour ne froisser aucune d'entre elles, je les citerai par ordre alphabétique : Aillot Marcel, Alfani Robert, Baume Pierre, Cornet Marc, Gaden Marcel, H... Michel, Javilliey Charles, Marthouret Alain, Mérindol Pierre, Paltobedrossian Charles, Reynaud Daniel, Reynaud Robert, Rémond Pierre, Roger l'Arménien, Salmon Jean-Baptiste, Vidal Edmond, Vidal Joseph, V... Michel, V... Christian, Zakarian Pierre.

Merci aussi à ceux qui, pour diverses raisons, n'ont pas souhaité être nommés, et également à M. Yves Michel Grillet et à M. Laurent Amieux, du *Progrès de Lyon*, qui m'ont réservé le meilleur accueil lors de ma recherche de documents photographiques.

Le 30 mars 2002.

DANS LA COLLECTION « DOCUMENTS »
au cherche midi

CHRISTINE ABDELKRIM-DELANNE
Guerre du Golfe
La sale guerre propre

GEOFFROY D'AUMALE
JEAN-PIERRE FAURE
Guide de l'espionnage et du contre-espionnage
Histoire et techniques

JAMEL BALHI
Les Routes de la foi

PATRICE BAROIS
Le Tour du monde des volcans

ANDRÉ BENDJEBBAR
Histoire secrète de la bombe atomique française

LAURENCE BENEUX-SERGE GARDE
Le Livre de la honte
Les réseaux pédophiles

JEAN BERNARD
La Médecine du futur

GWENN-AËL BOLLORÉ
J'ai débarqué le 6 juin 1944

ISABELLE BRICARD
Dictionnaire de la mort des grands hommes

MICHEL BÜHRER
Rwanda, mémoire d'un génocide
textes et photographies

VIRGINIE BUISSON
Lettre retenues
Correspondance confisquée des déportés de la Commune en Nouvelle-Calédonie

JÉRÔME CAMILLY
6 juin 1944, le débarquement

BARTHÉLÉMY COURMONT
Terrorisme et contre-terrorisme

ALEXANDRE DOROZYNSKI
Moi, Vladimir Oulianov, dit Lénine
Le roman du bolchevisme

JEAN-LUC EINAUDI
Un Algérien, Maurice Laban

Viêt-nam
La guerre d'Indochine (1945-1954)

ÉRIC EUGÈNE
Le lobbying est-il une imposture ?

PHILIPPE EVEN
Les Scandales des hôpitaux de Paris et de l'hôpital Pompidou

PHILIPPE EVEN et
BERNARD DEBRÉ
Avertissement aux malades, aux médecins et aux élus

TRISTAN GASTON-BRETON
Sauvez l'or de la Banque de France !
L'incroyable périple (mai-juin 1940)

PASCAL GOBRY
Handicapés : l'enquête interdite

SYLVAIN GOUDEMARE
Marcel Schwob ou les Vies imaginaires

JOSEPH GOURAND
Les Cendres mêlées

JEAN-PIERRE GUICHARD
De Gaulle face aux crises

JEAN-LUC GUYAU
Le Défi paysan

FRANÇOISE et CLAUDE HERVÉ
Le Tour du monde à vélo

INSTITUT PIERRE MENDÈS FRANCE
Éthique et démocratie.
L'exemple de Pierre Mendès France
Préface de Lionel Jospin

ALAIN KALITA
Je suis né deux fois

L'ABBÉ PIERRE
Je voulais être marin,
missionnaire ou brigand
Carnets intimes

ALAIN LAVILLE
Un crime politique en Corse
Claude Érignac, le préfet assassiné

MICHEL LEBLANC
La Belle Histoire des pièces jaunes

LOÏK LE FLOCH-PRIGENT
Affaire Elf, affaire d'État

VÉRONIQUE LEFÈVRE
Au cœur de la matière
Recherche nucléaire

MARIE-AMÉLIE LOMBARD
ÉRIC DECOUTY
Les Avocats dans le secret des affaires

DOMINIQUE LORMIER
Les Combats victorieux de la Résistance
dans la libération, 1944-1945

LUIGI LUCHENI
Mémoires de l'assassin de Sissi
édition établie et présentée par Santo Cappon

JEAN-PIERRE LUMINET
Chutes et trouvailles célestes

THIERRY et AYMERIC MANTOUX
Jean-Pierre Raffarin,
l'homme que personne n'attend

PHILIPPE MAURICE
De la haine à la vie

FAWZI MELLAH
Clandestin en Méditerranée

PHILIPPE MÉLUL
Le Tour du monde en train

FLORENCE MONCORGÉ-GABIN
Quitte à avoir un père,
autant qu'il s'appelle Gabin

MARTIN MONESTIER
Les Poils
Histoire et bizarreries des toisons, des chevelus,
des barbus, des moustachus, des chauves, des
rasés, des hirsutes et autres trichosés

Peines de mort
Histoire et techniques des exécutions capitales,
des origines à nos jours

Suicides
Histoire, techniques et bizarreries
de la mort volontaire,
des origines à nos jours

Les Animaux-soldats
Histoire militaire des animaux,
des origines à nos jours

Histoire et bizarreries sociales
des excréments,
des origines à nos jours

Les Mouches :
le pire ennemi de l'Homme

Cannibales
Histoire et bizarreries de l'anthropophagie,
hier et aujourd'hui

Les Seins
Encyclopédie historique et bizarre des gorges,
mamelles, poitrines, pis et autres tétons,
des origines à nos jours

GASTON MONNERVILLE
Vingt-deux ans de présidence

THÉODORE MONOD
Le Chercheur d'absolu

Keiji Nakazawa
J'avais six ans à Hiroshima, le 6 août 1945, 8 h 15

Jean-Louis Noyès
Souvenirs d'un magnétiseur

Mohand Ouahrani
La France, tout un monde

Édith Piaf et Marcel Cerdan
Moi pour toi

Jacques Plaine
Souvenirs d'un libraire
illustré par Piem

Gilles Plazy
Gustave Courbet, un peintre en liberté

Jean-Luc Porquet
Jacques Ellul, l'homme qui avait (presque) tout prévu

Yves Pourcher
Pierre Laval vu par sa fille
d'après ses carnets intimes

Gisèle Prévost
Voyage au pays du luxe

Edvard Radzinsky
Nicolas II, le dernier des tsars

Maurice Rajsfus
Drancy, un camp de concentration très ordinaire, 1941-1944

La Police de Vichy,
Les forces de l'Ordre françaises au service de la Gestapo, 1940-1944

L'Humour des Français sous l'Occupation
en collaboration avec Ingrid Naour

La Police hors la loi. Des milliers de bavures sans ordonnances, depuis 1968

Les Français de la débâcle, Juin-septembre 1940, un si bel été

Mai 68. Sous les pavés, la répression, juin 1968-mars 1974

La Censure militaire et policière, 1914-1918

De la victoire à la débâcle, 1919-1944

Opération étoile jaune
suivi de
Jeudi noir

Jacques Rossi
Manuel du Goulag

Qu'elle était belle cette utopie !
Chroniques du Goulag

Jacques le Français
pour mémoire du Goulag
en collaboration avec Michèle Sarde

Mohamed Sifaoui
La France, malade de l'islamisme

Catherine de Silguy
Histoire des hommes et de leurs ordures, du Moyen Âge à nos jours,
préface d'Éric Guillon

Christel Trinquier
Femmes en prison

Véronique Vasseur
Médecin-chef à la prison de la Santé

Daniel Zimmermann
Jules Vallès, l'Irrégulier

Composition et mise en pages par Le vent se lève...
Imprimé en France par la Société Nouvelle Firmin-Didot
Dépôt légal : janvier 2003
N° d'édition : 76 - N° d'impression : 62512
ISBN : 2-74910-076-3